Jan Becker
mit Christiane Stella Bongertz

Das Geheimnis der Intuition

Wie man spürt, was man nicht wissen kann

W0194005

Piper München Zürich

Mehr über unsere Autoren und Bücher:
www.piper.de

Von Jan Becker liegt bei Piper vor:
Ich kenne dein Geheimnis
Du wirst tun, was ich will
Das Geheimnis der Intuition

Breite die Flügel aus und erhebe dich!
Für Romy Für Samuel Für immer ...

MIX
Papier aus verantwor-
tungsvollen Quellen
FSC® C083411

Originalausgabe
1. Auflage September 2014
5. Auflage November 2014
© 2014 Piper Verlag GmbH, München
Umschlaggestaltung: Mediabureau Di Stefano, Berlin
Umschlagabbildung: Carsten Sander
Illustration: Sven Binner
Satz: Kösel Media GmbH, Krugzell
Gesetzt aus der Whitman
Papier: Munken Print von Arctic Paper Munkedals AB, Schweden
Druck und Bindung: CPI books GmbH, Leck
Printed in Germany   ISBN 978-3-492-30460-3

Inhalt

Kapitel 9
Fragen Sie doch jemanden, der sich damit auskennt: Warum unsere Intuition unsere Probleme oft besser lösen kann als teure Berater

Kapitel 10
Erfinden Sie Ihr Selbst: Wie Sie mit Metamodelling Ihr ideales Ich erschaffen und wie Ihnen auch soziale Netzwerke dabei helfen können

Jetzt leben — ein Plädoyer fürs Bauchgefühl

Als ich vor einer Weile auf der Durchreise in Stuttgart war, habe ich auf einer Ausstellung zufällig eine Videoinstallation des chinesischen Künstlers Yang Zhenzhong gesehen. Zhenzhong hatte über mehrere Jahre hinweg Menschen auf der ganzen Welt gefilmt. Sie alle schauten in die Kamera und sagten nur einen einzigen Satz: »I will die« – Ich werde sterben. *I will die*, so lautete auch der Name der Installation. Die Aufnahmen waren bereits einige Jahre alt und manche der Interviewten waren sichtlich alt. Wahrscheinlich hatte sich die Prophezeiung bereits bewahrheitet.

Ich bekam eine Gänsehaut.

Da war sie, die einzige, allumfassende Wahrheit. *Ich werde sterben*, das ist ein Satz, der uns alle vereint. Der auf uns alle zutrifft. Egal, wo wir uns befinden und was wir tun.

Zu Hause stellte ich mich vor den Spiegel und sah mir fest in die Augen. Dann sagte ich zu mir selbst: »Ich werde sterben!« Die Worte hallten in meinen Ohren, ich bekam ein merkwürdiges Gefühl im Bauch und gleichzeitig fühlte ich mich stark und, ja, lebendig.

Denn ich wusste: Ich werde zwar eines Tages sterben, aber jetzt, jetzt lebe ich. Ein wunderbares Kribbeln erfasste meinen ganzen Körper und ich hatte das Gefühl, von einem goldenen Licht umschlossen zu werden.

Probieren Sie es aus, Sie werden es auch spüren.

Ich wusste, dieser Satz, der auf die Endlichkeit unseres Seins hindeutet, ist ungeheuer wichtig. Das Leben ist endlich. Die einzige Chance, es zu nutzen, haben wir jetzt. In diesem Augenblick. Jede Sekunde, die wir vertun, ist unwiederbringlich verloren. Statt unseren Blick in die Zukunft zu richten oder Vergangenes zu bereuen, müssen wir die Zeit nutzen, die uns gegeben ist.

Dabei hilft uns unsere Intuition. Sie kennt den richtigen Weg. Folgen Sie ihr.

Ihr Jan Becker

Kapitel 1

Mehr als ein Gefühl: Warum Intuition eine Lebenseinstellung ist

INTUITION

Dieses Wort hat einen besonderen Klang. Da schwingt etwas Geheimnisvolles mit. Ein Versprechen. *Irgendwo in dir, wispert es, liegt die tiefe Quelle der Weisheit verborgen. Sie ist mit der Weisheit der ganzen Welt verbunden. Ihre Wasser sind pure Wahrheit. Sie kennt dich ganz genau und sie weiß mehr, als du dir je vorstellen kannst. Wenn du in der Lage bist, Botschaften von ihr zu empfangen und – vor allem – zu verstehen, dann fliegt dir das Glück zu. Dann wird dein Leben ein Spaziergang. Du musst nie zweifeln. Alle deine Entscheidungen werden dich zu deinem Besten geleiten.*

Und wissen Sie was? So ist es! Dabei betrifft Intuition nicht nur die großen und vermeintlich wichtigen Dinge im Leben. Sie ist eine Lebenseinstellung. So wie das Glück in den kleinen Dingen wohnt, fängt auch Intuition im ganz Kleinen an. Ich lebe danach.

Das erläutere ich Ihnen am besten einmal anhand eines ganz normalen Tages in meinem Leben – und gebe Ihnen damit gleichzeitig einen kleinen Ausblick auf das, was Sie in diesem Buch erwartet.

Mein Tag beginnt damit, dass ich vor dem Wecker aufwache. Das ist meist dann, wenn die Sonne aufgeht. Die Weisheit meines Körpers registriert das Licht und weckt mich sanft.

Vielleicht würden Sie hier keine Intuition vermuten, doch sie steckt in den Genen: Menschen wachen seit vielen Millionen Jahren mit dem ersten Tageslicht auf. Unsere Spezies ist darauf programmiert, die lichten Stunden des Tages zu nutzen. Unser Körper ist darauf ausgerichtet. Es ist gesund, nach der Sonne zu leben. So bekommen wir automatisch genug Licht für unsere Seele und auch unser Körper kann das wichtige Vitamin D bilden, das unter anderem vor Depressionen schützt. Aber auch in vielen anderen Bereichen sind unsere Gene eine wichtige Quelle der Intuition – mehr dazu erläutere ich im nächsten Kapitel.

Nach dem Aufstehen folgt bald einer der wenigen festen Termine in meinem Tagesablauf: Ich bringe meinen Sohn in den Kindergarten. Eine Pflicht, die ich sehr gerne übernehme. Danach bin ich wieder frei und lasse mich im Moment treiben. Das heißt keineswegs, dass ich faulenze. Mein Unterbewusstsein kennt meinen Beruf und dessen Erfordernisse und steuert mich entsprechend – über meine Intuition. Ganz sanft und so, wie es mir entspricht. Wie das genau funktioniert, werden Sie noch erfahren. Wenn ich Lust bekomme, ein Buch über Hypnose zu lesen, dann mache ich das. Die Lust auf das Buch zeigt mir an, dass das jetzt wohl das Richtige ist. Wenn ich dagegen den Drang verspüre, an einer Nummer für mein Programm zu arbeiten, dann widme ich mich dieser Aufgabe.

Ich nehme mir das allerdings nicht vor. Ich schreibe keine To-do-Listen, ich muss mich zu nichts zwingen, alles fließt. Es kann sein, dass ich abends etwas gelesen habe, das mich noch so beschäftigt, dass ich morgens direkt wieder darauf zurückkomme. Oder ich habe plötzlich einen Einfall. Es kann zum Beispiel sein, dass mir in den Sinn kommt, lange nichts mehr von Schopenhauer gelesen zu haben. Dann greife ich in den Bücherschrank und nehme das entsprechende Buch mit in mein Stammcafé, das so etwas wie mein Außenbüro darstellt. Wenn ich schließlich dort sitze, kann es natürlich passieren, dass ich merke, dass der Schopenhauer nach einer Weile doch nicht mehr das Richtige ist. Auch an diesem Punkt höre ich auf meine Intuition. Dann lege ich das Buch eben wieder weg und nehme mir eine Zeitung. Ich komme selten in die Verlegenheit, dass ich mich nur auf eine Sache festlegen muss. Meistens kann ich auf andere Aufgaben ausweichen und damit das tun, was sich intuitiv am besten anfühlt in genau diesem Moment.

Natürlich habe ich trotzdem meine kleinen Gewohnheiten und Rituale. Das sind die wiederkehrenden Elemente, die meinem Tag bei aller Ungeplantheit Struktur geben. Sie dienen auch meinem Unterbewusstsein als Anhaltspunkte dafür, was jeweils gerade an Aufgaben ansteht. Ich gehe etwa zum Arbeiten fast immer in ein Café. Dort trinke ich dann sehr gerne schwarzen guten Kaffee. Nie käme es mir in den Sinn, einen Tee zu bestellen. Aber sobald ich etwas zu essen auswähle, lasse ich mich wieder neugierig von meiner Intuition leiten.

Falls Sie in einem Beruf arbeiten, der weniger frei gestaltbar ist als meiner, denken Sie nun vielleicht, dass ich gut reden habe. Wahrscheinlich habe ich tatsächlich mehr Möglichkeiten zu intuitiven Entscheidungen als die meisten Menschen in einem festen Job mit bestimmten Routinen. Ein Busfahrer kann nicht intuitiv eine neue Route fahren und eine Fließbandarbeiterin auch nicht mal eben intuitiv die Reihenfolge der Produktion ändern. Genauso wenig kann ich mitten in einer Hypnose auf der Bühne sagen, ach, jetzt mache ich doch lieber eine Gedankenlesenummer. Das Ändern um des Änderns willen ist auch nicht der Sinn der Intuition. Solange der Busfahrer und die Arbeiterin in ihrem Job glücklich sind, ist das völlig in Ordnung. Wenn beide allerdings jeden Morgen mit den sprichwörtlichen Magenschmerzen zur Arbeit gehen, ist das eine deutliche Botschaft der Intuition. Sie ist ein Seismograph dafür, was gut für uns ist – und registriert sofort, wenn uns etwas schadet. Wie Sie solche Botschaften vom Solarplexus entschlüsseln können, ist eins der Themen in diesem Buch. Natürlich ist es nicht in jeder Situation möglich, sofort einen ungeliebten Job zu wechseln. Die Augen nach Alternativen aufzuhalten ist aber nicht verboten. Oft tun sich ungeahnte Möglichkeiten auf, wenn man seinem Bauchgefühl folgt und danach eine Entscheidung trifft. Selbst dann, wenn man noch nicht sehen kann, wo die Reise hingeht.

Vielleicht sind Sie immer noch ein bisschen neidisch auf mein freies Leben. Ich gebe es zu, mein Tagesablauf fühlt sich auch für mich luxuriös an. Ich bin sehr dankbar dafür. Der Preis, den ich für diese Freiheit zahle, ist: Niemand gibt mir Sicherheit, außer ich selbst. Ich muss mich selbst in die Pflicht nehmen. Wenn ich nichts auf die Beine stelle, verdiene ich kein Geld. Wenn etwas schiefgeht, kann ich niemand anderen verantwortlich machen. Keinen Chef, keine Kollegen. Da gibt es nur mich selbst, denn ich treffe alle Entscheidungen in meinem Ein-Mann-Unternehmen, ich kann fast nichts delegieren. Aber das ist in Ordnung, diesen Preis zahle ich gern. Dafür lebe ich ein Leben, das zu hundert Prozent zu mir passt. Ein präsentes Leben, ganz nah an meinen wahren Bedürfnissen.

Die Entscheidung dazu habe ich sehr früh getroffen.

Auch sie fiel intuitiv. Ich erinnere mich noch genau, wie ich in meinem Kinderzimmer stand. Damals war ich sieben Jahre alt. Feierlich sah ich aus dem geöffneten Fenster in die Natur mit all ihren Wundern – da waren Bäume, die sich im Wind bogen, Schmetterlinge und zwitschernde Vögel. In diesem Moment schwor ich mir, nie erwachsen zu werden. Das bedeutete natürlich nicht, nicht zu wachsen. Groß und selbstständig werden wollte ich schon. Aber das, was man gemeinhin unter »Erwachsenwerden« verstand, war für mich schon in diesem Alter mit Zwängen verbunden. Mit vorgefertigten Wegen. Langeweile. Bereits damals war mir klar, dass ich keinen normalen Beruf ergreifen könnte. Ich wollte nie aufhören zu spielen. Nie damit aufhören zu staunen. Ich wollte immer die Freiheit haben, jederzeit alles zu werden, was ich will. Ich wollte Wunder machen. Diesen Anspruch habe ich noch heute.

DIE ERINNERUNGSSTÜTZE

Auf meiner Visitenkarte steht »Wundermacher«. Genau das, was ich mit sieben Jahren werden wollte – und tatsächlich geworden bin, denn mit allem, was ich tue, schaffe ich Staunen und Wunder. Sigmund Freud sagte einmal, das Glück bestehe darin, einen Kindheitstraum zu verwirklichen. Vielleicht erinnern Sie sich noch, wie Sie als Kind gesagt haben: »Wenn ich groß bin, mache ich das und das ...« Solche kindlichen Vorhaben werden selten in die Tat umgesetzt, aber sie bleiben im Unbewussten registriert und verfolgen uns das ganze Leben. Lassen Sie sich doch mal Visitenkarten drucken, auf denen Ihr Name steht und ein imaginärer Beruf, der Ihr kindliches Ideal beschreibt. Zum Beispiel »Marlena Schmied – Professorin für Unsichtbarkeit« oder »Karl Runge – Meister für das Fallen nach oben« oder »Carina Kurtz – Seifenblasendesignerin« und so weiter. Schauen Sie immer mal wieder auf die Kärtchen und verteilen Sie diese unter Ihren Freunden. Bei diesem kleinen Ritual handelt es sich um einen sogenannten »psychomagischen Akt« nach Alejandro Jodorowsky. Es wird Ihre Intuition beflügeln, denn Ihr Unterbewusstsein* wird Wege suchen, Ihren Traum auf irgendeine Weise wahr zu machen. Lassen Sie sich überraschen!

---

* Eine wichtige Anmerkung: Ich verwende in diesem Buch den umgangssprachlichen Begriff »Unterbewusstsein« für das – wie es korrekt heißen müsste – Unbewusste.

Hier ist der schöne Weg durch dein schönes Leben

Schon früh kristallisierte sich heraus, womit ich mein Leben wohl verbringen würde. Ich begann, mich für Hellseherei zu interessieren, für Gedankenlesen, Zauberei und Hypnose. Und ich spürte intuitiv: Das hier ist mein Weg! Diesen Weg habe ich dann kontinuierlich verfolgt. So, wie andere Menschen ihrem Wunsch nachgehen, Schauspieler zu werden oder Arzt. Bis zum Abitur bin ich dabei noch den Konventionen gefolgt. Doch nach dem Abi habe ich mich von den ausgetretenen Pfaden verabschiedet. Normalerweise beginnt man nach der Schule ja eine Berufsausbildung oder ein Studium. Später fängt man meist an, in einem auf bestimmte Weise definierten Beruf zu arbeiten. Doch das wäre mir zu eng gewesen. Ich habe mir stattdessen meinen eigenen Pfad gesucht.

Dabei bin ich dem Leitstern meines Interesses gefolgt und dort auch nur den Dingen, die mich so gepackt haben, dass sie sich nicht wie Arbeit anfühlten. Zwang unterdrückt meiner Erfahrung nach die Intuition, Freiheit beflügelt sie. Es ist für mich kein Aufwand, ein ganzes Buch am Tag zu lesen und abends noch 20 Seiten darüber zu schreiben. Ich spüre bereits im Tun eine vollkommene Erfüllung. Das ist absichtsloses Handeln. So, wie ein Kind mit größter Konzentration eine halbe Stunde lang eine Ameisenstraße beobachten kann und damit ja auch keinen Zweck verfolgt, staune ich über die Wunder, die unser Geist vollbringen kann. Das Tun und das Sein an sich zu genießen ist einer der Schlüssel zum glücklichen Leben. Eigentlich ist das nur logisch: Wenn man seine Befriedigung immer nur aus der Beendigung einer Aufgabe zieht, muss man die meiste Zeit darauf warten. Begeisterung an einer Sache ist hingegen einer der Wegweiser, die die Intuition aufstellt: Hier ist der schöne Weg durch dein schönes Leben!

(Wichtig dabei: Es ist vom schönen und nicht vom steinigen Weg zum schönen Leben die Rede.)

Mir war früh bewusst, dass ich durch den Verzicht auf eine »normale« Karriere das Risiko eingehe, vielleicht später wenig Geld zu verdienen. Oder auch mal gar keins. Da trifft es sich gut, dass mir Besitz und materielle Dinge überhaupt nicht wichtig sind. Ich habe kein Auto und wohne mit meiner Familie in einer nicht allzu großen Wohnung zur Miete. Was ich dagegen liebe, sind Dinge, die mich inspirieren. Die sind mal günstig und mal teuer, aber der materielle oder modische Wert ist nicht mein Maßstab. Sie müssen zu mir passen. Ich mag es zum Beispiel, mich besonders zu kleiden. Genauso, wie ich mich früher als Kind voller Begeisterung als Cowboy oder Indianer ausstaffiert habe, habe ich auch heute noch Spaß an der Verwandlung durch Kleidung. Das Leben ist für mich ein Theaterspiel. Eine Bühne, auf der man immer wieder Neues ausprobieren kann. Aus dem Spiel wird eine Realität – das ist auch das Prinzip des *Metamodelling*, einer spannenden Technik des Neurolinguistischen Programmierens, mittels der jeder sein Leben neu gestalten kann. Sie ahnen es: Später wird davon noch die Rede sein.

Ich bin nicht so arrogant zu behaupten, dass mein Lebensmodell besser ist als andere. Es ist lediglich *für mich* besser. Ansonsten ist es nur anders, das ist alles. Andere Menschen brauchen andere und vielleicht auch mehr Strukturen. So, wie einige in ihrem Inneren *intuitiv* spüren, dass ein Beruf mit geregelten Arbeitszeiten das Richtige für sie ist, spüre ich intuitiv, dass für mich das Gegenteil gilt.

Intuition ist für alle da — tun Sie doch, was Sie wollen!

Das Wunderbare ist: Egal, was wir gerade im Moment tun oder in welcher Situation wir stecken, jeder kann sein Leben intuitiver gestalten und damit glücklicher und zufriedener werden. Jeder kann mit der Intuition mehr Lebensfreude in sich wecken.

Eine Voraussetzung dafür ist die Vorurteilslosigkeit. Der Verzicht darauf, die Welt und andere Menschen durch vorgefertigte Brillen zu betrachten. Vorurteile behindern die Intuition, weil sie sie aussperren. Die Intuition reagiert auf die Wirklichkeit, wie sie auf uns einströmt (ich sage absichtlich nicht »wie sie ist«, denn auch das ist von Mensch zu Mensch verschieden) und reagiert dann darauf mit einem besonderen Gefühl, das uns den Weg weist. Ein Vorurteil ist dagegen schon vor der Erfahrung fertig wie das Fast Food von der Burgerkette. Oft weiß man bei beiden nicht recht, woraus sie im Detail eigentlich entstanden sind und woher sie kommen.

Die wichtigste Voraussetzung für ein intuitives Leben ist allerdings, ab sofort Verantwortung für seine Entscheidungen zu übernehmen. Nicht nur ein bisschen oder ab und zu, sondern vollständig. Wenn Sie intuitive Entscheidungen treffen, lernen Sie sich besser kennen. Sie merken, was zu Ihnen passt und was nicht. Mit jeder Entscheidung werden Sie treffsicherer. Irgendwann sprudeln die intuitiven Erkenntnisse, was in einer bestimmten Situation zu tun ist, aus Ihnen heraus. Aus Ihrem Bauch, der genau weiß, was das Beste für Sie ist. Für Sie und für niemanden anderen auf dieser Welt. Dann können Sie Ihre Beschlüsse natürlich nicht mehr auf Konventionen schieben, nicht auf »Das macht man so«, auf die Eltern, den Vorgesetzten oder auf die Umstände.

Gerade das kann im ersten Moment Angst machen. Wer

Verantwortung übernimmt, macht sich zunächst angreifbar. Aber langfristig macht es stark und selbstbewusst. Denn dadurch werden Sie vollkommen unabhängig von der Meinung anderer – und stärken Ihr Gefühl für Richtig und Falsch. Plötzlich haben Sie außerdem Freunde, die wirklich zu Ihnen und Ihrer Persönlichkeit passen. Ganz einfach, weil Sie sich trauen, so zu sein, wie Sie wirklich sind. Weil Sie sich nicht verbiegen und an Leute anpassen, die Ihnen eigentlich gar nicht liegen. Sie können mit einem Mal faszinierende Dinge tun, von denen andere sagen: Das macht man aber anders! Doch Sie sagen nur: Ich wollte es genauso tun! Und dann lächeln Sie vor Glück und Lebensfreude.

Kommen Sie mit, dann zeige ich Ihnen, wie es geht.

Kapitel 2

Die verborgene Weisheit:
Woher kommt Intuition?

» Wunder stehen nicht im Gegensatz zur Natur, sondern nur im Gegensatz zu dem, was wir über die Natur wissen.«

St. Augustin

Vor einigen Jahren hatte ich zugesagt, einem bayerischen Radiosender ein Interview zu geben. Direkt zu Beginn sagte die Moderatorin: »Herr Becker, wir haben einen Ton für Sie vorbereitet, den wir extra für diese Sendung aufgenommen haben. Können Sie uns diesen Ton beschreiben?« In diesem Moment hörte ich tatsächlich in mir einen Ton. Er klang wie ein Hammer, der auf Stein schlägt, ein ganz ungewöhnliches Geräusch. Meine Ratio rebellierte sofort, was das denn nun für ein Unsinn sei. Wenn ich bewusst darüber nachdachte, erschien es mir auch wahrscheinlicher, dass die Radioleute sich etwas Musikalisches hatten einfallen lassen und ich satt daneben lag mit meiner Vermutung. Aber der Hammer auf Stein war nun einmal das, was mir spontan durch den Kopf geschossen war. Es war der Gedanke, den mir meine Intuition geschickt hatte. Also sprach ich ihn aus. Die Moderatorin bekam riesige Augen. Dann drückte sie auf die Abspieltaste. Die Aufnahme war ein Hammer, der auf Stein schlägt: *Ding. Ding. Ding.*

Ich habe mir in solchen Situationen über die Jahre antrainiert, mich automatisch zu entspannen und die Intuition kommen zu lassen. Die Ratio hat in diesem Augenblick nichts zu melden. Die Intuition ist wie eine Katze. Sie kommt nicht auf Befehl. Sondern nur dann, wenn sie sich sicher fühlt und die Szenerie nicht zu viel Hektik und Lärm aufweist. Also sorge ich für Ruhe in mir, auch wenn drum herum Tohuwabohu herrscht. Ich kann die Antwort ja rational gar nicht wissen. Ich kann sie nur ahnen, ich bin also auf meine Intuition angewiesen. Und die lässt mich selten im Stich. Ich bin schon in Tausenden von Situationen gewesen, in denen ich meiner Intuition gefolgt bin und Eingebungen hatte, die sich bewahrheitet haben. Das hat mein Vertrauen in sie gestärkt. Und je mehr Vertrauen ich habe, umso entspannter bin ich und umso zuverlässiger sind die intuitiven Eingebungen. Wie ich an sie gelange, ist hingegen oft auch für mich ein Mysterium – ich weiß aber, dass ich sie habe.

Wichtig ist, dass ich solche Erfahrungen zulasse, denn sonst käme ich ja nie in eine Situation, diese Treffer zu landen. Nur so kann ich immer mehr auf sie bauen. Immer wieder wollen mich Journalisten testen, das Misstrauen ist schließlich Teil ihres Berufs. Erst vor ein paar Tagen hat mich eine Journalistin während eines Interviews provozierend angesehen und gesagt: »Na, was denke ich denn gerade, Herr Becker?« Ich hatte sofort eine schwarze Katze im Sinn – und habe den Gedanken geäußert. Es stimmte und die Journalistin war für einen kurzen Moment sprachlos.

Nur, weil wir nicht wissen, woher unser Wissen stammt, ist es nicht weniger wahr

Intuition – das ist unmittelbar vorhandenes Wissen, es erscheint uns zur rechten Zeit am rechten Ort. Ohne Nachdenken. Scheinbar aus dem Nichts. Aber nichts kommt wirklich aus dem Nichts, alles hat einen Ursprung. Doch woher genau dieses Wissen stammt, ist eine Frage, die Menschen seit vielen Jahrtausenden bewegt und die nicht bis ins Letzte zu beantworten ist. Jedenfalls noch nicht. Wissenschaftler haben inzwischen bei der Erforschung bestimmter Fälle intuitiver Eingebung Antworten nicht nur gesucht, sondern auch gefunden. Gerade die Hirnforschung hat große Fortschritte in der Erkundung unseres Unterbewusstseins gemacht. Dass es das Unterbewusstsein ist, aus dem intuitive Erkenntnisse hervorsprudeln, steht für Wissenschaftler außer Frage. Aber wie es zu einer telepathischen Eingebung kommen kann, wie ich sie im Falle der Radiosendung hatte, das lässt sich bislang nicht wirklich erklären – höchstens vermuten und beschreiben. Das Unterbewusstsein scheint hier Zugang zu einer Sphäre der Information zu haben, deren Existenz noch nicht geklärt ist. Telepathie ist dabei kein Humbug. Man kann sie in wissenschaftlichen Experimenten zweifelsfrei beobachten. Es gibt sie! Es ist wie mit der Hypnose, die sich ja auch nicht bis ins Letzte erklären lässt, dabei aber sehr gut beobachtbar und beschreibbar ist.

Ich mache mich in solchen Momenten wie in jenem im Radio nicht aktiv auf den Weg zur richtigen Information. Das würde nicht funktionieren. Ich lehne mich zurück, entspanne – und lasse die Antwort zu mir kommen. Die Eingebung, die ich da hatte, war nicht die einzige, die auch mich selbst besonders verblüfft hat. Ich hatte auch schon Intuitionen, die mich in die Zukunft haben schauen lassen. Vielleicht war das Zufall. Wahrscheinlich gibt es aber bisher noch nicht aufgedeckte Kanäle der Wahrnehmung, die die Zeit durchdringt. Vielleicht hat die einsteinsche Raumzeitkrümmung etwas damit zu tun – spannend ist das allemal.

Zu meinen verblüffenden Vorhersagen gehörte unter anderem die Siegesprophezeiung für meinen damals abstiegsgefährdeten Lieblingsfußballverein Borussia Mönchengladbach in einer Fernsehshow. Dabei hatte der Klub die letzten Spiele alle vergeigt, die Chancen standen denkbar schlecht. Dennoch hat die Borussia nach einem – vor allem für mich – extrem nervenaufreibenden Spiel dann tatsächlich gewonnen.

Verblüfft hat mich auch das Zutreffen einer Vorhersage, die die Reporterin eines anderen Radiosenders von mir haben wollte. Sie hatte mich gefragt: »Was wird am Dienstag der kommenden Woche die Schlagzeile einer großen deutschen Boulevardzeitung sein?« Spontan schoss mir der beunruhigende Gedanke »Terror in einer Stadt mit B« durch den Kopf. Ich hätte gerne einen positiveren Gedanken gehabt, aber was sollte ich tun, das war nun einmal das, was meine Intuition mir eingegeben hatte. Ich kritzelte alles, wie vereinbart, auf einen Zettel. Der wurde in einem Safe bis zum Dienstag gelagert. Am Montag, dem 15. April 2013, explodierten während des Boston-Marathons zwei in Rucksäcken versteckte Sprengsätze nahe der Zielgeraden. Drei Menschen wurden getötet, Hunderte verletzt. Die Schlagzeile am Dienstag lautete: »Terror in Boston« – es war unheimlich! Noch heute beschäftigen mich Fragen wie die, was ich hätte tun sollen, wenn mir nicht nur der Anfangsbuchstabe der Stadt eingefallen wäre, sondern ganz konkret der Name »Boston«. Hätte ich die Behörden alarmieren müssen? Hätte man mir geglaubt, wenn ich gesagt hätte »Hallo, hier ist Jan Becker aus Deutschland, ich bin eine Art Hellseher und habe so ein Gefühl, bei euch passiert in Kürze was Schlimmes«? Wäre ich selbst als Terrorist verdächtigt worden? Und was, wenn sich meine Prophezeiung als falsch herausgestellt hätte und durch meinen Anruf riesige Kosten entstanden wären? Viele Fragen, die mich nicht unbedingt glücklich gemacht haben. Dabei ist so eine Eingebung ein Gefühl, verbunden mit Buchstaben. Beides ist einfach plötzlich da.

Ahnungen fliegen durch Raum und Zeit

Ich frage mich immer häufiger: Gibt es überhaupt Zeit? Natürlich gibt es eine Zeit, die auf unseren Körper zutrifft, denn wir alle altern und sterben schließlich. Es gibt Jahreszeiten, Bäume wachsen, werden grün, werfen ihre Blätter ab. Aber gibt es auch eine Raumzeit? Gibt es nicht vielleicht nur Veränderung, keine Zeit? Wie bewegen wir uns in diesen Dimensionen?

Fragen über Fragen.

Dass über unsere Intuition ein Blick in die nahe Zukunft möglich ist – was auf eine zeitliche Parallelität schließen ließe – legen Experimente nahe, die der Psychologieprofessor Daryl Bem von der Cornell University im US-amerikanischen Ithaka durchgeführt hat. In einem dieser Experimente legte er einer Gruppe von Studenten eine Liste von Vokabeln vor. Diese Wörter sollten die Studenten so gut wie möglich memorieren. Anschließend wurde ihnen die Liste weggenommen. Die Probanden schrieben im ersten Schritt die Wörter nieder, an die sie sich noch erinnern konnten. Erst danach wurden per Zufallsgenerator einige Wörter aus der Wortliste ausgewählt, die die Studenten nun besonders intensiv üben sollten. Was sie auch taten.

Das Verblüffende an diesem Experiment war, dass sich die Studenten schon im ersten Schritt – also bevor der Zufallsgenerator aktiv wurde – am besten an jene Wörter erinnert hatten, die ihnen erst *später* zum intensiven Üben gegeben wurden. Als hätten sie ihre Fühler in die Zukunft ausstrecken können, als gebe es verschiedene Zeitebenen, die parallel existieren. Andere Wissenschaftler haben Bems Forschungen angezweifelt, weil sie die Experimente bisher nicht reproduzieren konnten. Meine Erfahrungen sagen mir allerdings, dass es so etwas wie Vorahnungen geben muss.

Auch die Experimente von Gertrude Schmeidler unterstützen diese These. Die in Harvard promovierte Psychologin hat ebenfalls auf dem Gebiet der hellseherischen Wahrnehmungen geforscht und dabei den sogenannten *Sheep-Goat-Effekt* entdeckt:

Für ein Experiment rekrutierte sie Menschen, die nach eigenen Angaben an übersinnliche Wahrnehmung glaubten. Das war die *Sheep*-Gruppe, die »gläubigen Schäfchen«. Als Kontrollgruppe suchte sie Menschen zusammen, die der Hellseherei äußerst skeptisch gegenüberstanden. Das war die *Goat*-Gruppe, die »störrischen Ziegenböcke«.

Alle Probanden sollten das Gleiche tun: Sie sollten in einem Kartenspiel die nächste Karte erraten. Diejenigen, die fest an ihre übersinnlichen Fähigkeiten glaubten, schnitten bei diesem Spiel besser ab als die Skeptiker. Aber das war noch nicht alles: Letztere waren nicht nur einfach ein bisschen schlechter im Erraten der nächsten Karte. Sie waren viel schlechter als die statistische Wahrscheinlichkeit es eigentlich erlaubte. Das war insofern interessant, als die Skeptiker ja der mathematischen Wahrscheinlichkeit mehr glaubten als allem anderen.

Aus diesem Experiment lassen sich verschiedene Schlüsse ziehen. Zum einen, dass Hellsehen wahrscheinlich funktioniert – allerdings nur, wenn man offen dafür ist. Wer allerdings Skeptiker ist, wird es wohl auch für immer bleiben, denn die Chance, vom Gegenteil überzeugt zu werden, ist gering.

Sie sind neugierig geworden? Probieren Sie Ihre Fähigkeiten, in die Zukunft zu schauen, doch einfach spielerisch selbst aus!

WELCHE FARBE HAT DIE ZUKUNFT?

Alles, was Sie brauchen, um Ihre Wahrsager-Fähigkeiten zu trainieren, ist eine Tüte Gummibärchen. Sie können auch Bonbons oder Weingummi in möglichst vielen verschiedenen Farben nehmen. Greifen Sie zunächst zur Tüte mit Süßigkeiten und schauen Sie nach, welche Farben darin enthalten sind. Nun schließen Sie vor jedem Griff in die Packung die Augen. Machen Sie eine Vorhersage, welche Farbe die nächste Süßigkeit haben wird. Dabei denken Sie nicht lange nach. Der erste Impuls zählt. Dieses Spiel können Sie auf der nächsten Urlaubsfahrt mit Ihren Kindern spielen. Wenn es nicht so viel Süßes sein soll, funktioniert das Ratespiel auch mit einem Beutel voller verschiedenfarbiger Legosteine – aber bitte nicht runterschlucken.

Sie können das Spiel der Farben natürlich noch in anderen Varianten testen. Wenn Sie gerade auf der rechten Spur der Autobahn fahren, können Sie voraussagen, welche Farbe und Marke der Wagen hat, der Sie als Nächstes überholen wird (Achtung: In den Rückspiegel schauen gilt nicht!). Sitzen Sie gerade im Café, tippen Sie, welche Farbe die Kleidung des nächsten Gastes hat, der das Lokal betreten wird. Sie können auch versuchen, vorherzusehen, ob es ein Mann oder eine Frau sein wird.

Am Anfang klappt das vielleicht noch nicht ganz so gut, aber mit ein bisschen Übung – und Glauben an Ihre Fähigkeiten – sollten Sie bald erste Erfolge verzeichnen können. Eines kann ich Ihnen vorhersagen: Spaß macht das Spiel in jedem Fall – und es ist ein spannender Zeitvertreib, wenn Sie auf jemanden warten müssen.

(Frei nach einem Spiel aus »*Psychic and Other ESP Party Games*« von David Hoy)

Versteckte Kanäle der Wahrnehmung

Schon oft habe ich mich gefragt, ob die Schamanen der Natur-völker in früheren Zeiten vielleicht einen besonderen Kanal genutzt haben, um zu ihren Erkenntnissen zu gelangen. In vielen Naturvölkern behandeln Schamanen nur dann einen Patienten, wenn ihnen ein Geist dazu die Erlaubnis gibt. Der Schamane versetzt sich dabei zunächst in eine Trance. In dieser Trance reist er in eine parallele Welt der Geister, wo er ein Traumwesen aufsucht und um Rat bittet. Dieses Wesen teilt ihm mit, wie er zu verfahren hat und ob eine Behandlung des Patienten Sinn macht.

Ich erkenne in dieser Vorgehensweise natürlich erst einmal eine Visualisierung des Unbewussten. Die Ratio – das Bewusstsein – ist abgeschaltet. Der Schamane erlaubt seinem Unterbewusstsein, ungefiltert zu ihm zu sprechen. Ohne den Kritiker im Kopf. Dadurch können zum Beispiel Sinneseindrücke, die er sonst nicht beachten würde, zur Quelle der Erkenntnis werden. Der Schamane spürt, ob dem Patienten zu helfen ist, auch wenn er das nicht rational erklären kann. Vielleicht wird die Wissenschaft eines Tages herausfinden, dass Schamanen unbewusst wahrgenommene Gerüche, Hormone oder andere Signale von ihren Patienten aufgefangen und ebenso unbewusst analysiert haben. Schließlich haben die Medizinmänner viele Jahre der Erfahrung gesammelt, und das ist ein Erfahrungsschatz, der zwar nicht immer bewusst zugänglich ist, aber der Intuition zur Verfügung steht.

Wenn wir uns sensibler machen für die Energien, die in uns fließen und uns umgeben, schulen wir unsere Sinne und damit die Intuition. Die folgende Übung lässt uns erfahren, dass das Universum unendliche Energie ist:

DIE ENERGIEANTENNE

Schließen Sie die Augen. Atmen Sie durch den Mund ein und durch die Nase aus. Beim Ausatmen spüren Sie, wie sämtliche Anspannung aus Ihrem Körper weicht. Atmen Sie noch einmal ein und wieder aus. Sie werden immer entspannter. Und dann noch ein drittes Mal. Nun machen Sie die Augen wieder auf und schauen in die Mitte Ihrer Handfläche. Versuchen Sie, sich dort einen Kreis vorzustellen. Stellen Sie sich vor, wie Ihr ganzer Körper von einer Energie umgeben wird, die durch den Kopf in den Körper hineinfließt und durch den Arm in die Mitte der Handfläche. Dort sammelt sie sich im Kreis wie in einem Bassin. Nun werden Sie dort ein leichtes Prickeln verspüren, das mit der Konzentration darauf zunimmt. Wenn Sie jetzt mit der Hand in wenigen Zentimetern Abstand über Ihren Körper fahren – am besten mit geschlossenen Augen –, werden Sie merken, wie sich das Energiefeld der Hand und des Körpers verändert, je nachdem, über welchem Bereich Sie sich gerade befinden. Die Energie des Körpers »spricht« mit der Ihrer Hand – und umgekehrt.

Sie können die Übung auch mit Ihrem Partner oder einem Freund/einer Freundin zusammen machen und dann wechselseitig die Energien des anderen erspüren. Wo ist das Gefühl wärmer? Wo am intensivsten? Wo gibt es Widerstand? Das stärkt Ihren sechsten Sinn und die Intuition für andere Menschen.

Das Geheimnis der magischen Orte und magischen Zeitpunkte

In Höhlenmalereien werden häufig schamanische Rituale dargestellt, in denen die Medizinmänner Menschen heilen. Man nimmt an, dass ihre Erschaffer unter Trance gemalt haben.

Auch sie hatten also den Kontakt zum Unbewussten. Deswegen sind dann vermutlich Figuren entstanden, die aussehen wie Menschen mit Tierköpfen – und nicht, weil die Schamanen tatsächlich so ausgesehen hätten.

Vielleicht wurde die Intuition der Schamanen und die der Künstler der Höhlenmalereien ja auch von magischen Kräften aus Himmel und Erde beflügelt. Der Kognitionswissenschaftler und Neurologe Michael Persinger von der kanadischen Laurentian University ist zum Beispiel überzeugt, dass der Erdmagnetismus mit übersinnlichen Wahrnehmungen korreliert. Dort, wo der Magnetismus niedrige Werte aufweist, berichten Menschen eher als anderswo über telepathische oder hellseherische Fähigkeiten. Persinger experimentierte daraufhin mit niederfrequenten Magnetfeldern und kam zu dem Ergebnis, dass sie telepathische Gedankenübertragung zwischen zwei Personen fördern können. Außerdem befeuerten sie seiner Ansicht nach intuitive Einsichten.

James Spottiswoode vom Laboratorium für Kognitionswissenschaft im kalifornischen Palo Alto hat sich wiederum mit der sogenannten Sternzeit – der *Local Sidereal Time* (LST) – und ihrem Einfluss auf intuitive Erkenntnisse befasst. Die Sternzeit hat nichts mit Horoskopen oder ähnlichen Dingen zu tun, sondern ist die Zeitkonstruktion, mit der Astronomen rechnen. Die Sternzeit richtet sich zwar auch, wie unsere »normale« Zeit, nach der Erdrotation, allerdings nicht in Abhängigkeit von der Sonne, sondern in Abhängigkeit von den Sternen. Dabei ist ein Tag so lang wie die Zeitspanne zwischen zwei aufeinanderfolgenden Passagen desselben Sterns über demselben Breitengrad. Auch ein sternzeitlicher Tag entspricht in etwa der Dauer einer Erdrotation, ungefähr 23 Stunden und 56 Minuten. Spottiswoodes Beobachtungen nach treten jeweils um 13.30 Uhr LST die meisten übersinnlichen Wahrnehmungen auf. Warum das so ist, ist ungeklärt – noch.

Ich schließe aus Persingers und Spottiswoodes Forschungsergebnissen: Es gibt Einflüsse da draußen, die uns intuitiver machen. Subtile Energien, die unsere Sinne schärfen und die uns Dinge in und außerhalb von uns wahrnehmen lassen, die uns normalerweise entgehen würden. Anders gesagt: Es gibt tatsächlich magische Orte und magische Zeitpunkte! Wahrscheinlich gibt es auch Menschen, die sensibler auf diese Einflüsse reagieren. Kreative Menschen berichten etwa überproportional oft von übersinnlichen Wahrnehmungen. Pianisten zum Beispiel, oder Maler. In der Kunst wird eine außergewöhnliche Wahrnehmung oft Inspiration genannt. Ich bin mir allerdings sicher, dass wir alle die Fähigkeit zu außergewöhnlichen Wahrnehmungen haben. Wir müssen sie nur zulassen, trainieren und ganz genau hinhören.

Wann die Intuition aus den Genen kommt – und vielleicht sogar aus dem Universum

Bei meinem Sohn habe ich vor einiger Zeit etwas Interessantes beobachtet. Als er ganz klein war, war er im Umgang mit Hunden sehr sorglos. Kaum konnte er laufen, rannte er hinter dem Hund meiner Eltern her und war nicht zimperlich mit seinen Liebkosungen. Doch je älter er wird, umso mehr Respekt entwickelt er vor den Vierbeinern. Niemand hat ihm gesagt, dass ein Hund auch eine Gefahr sein und beißen könnte. Er hat nie schlechte Erfahrungen gemacht. Dennoch weicht er auf dem Gehweg zur Seite oder möchte auf den Arm, wenn sich ein Hund nähert. Irgendwo in seinen Genen muss die Erinnerung der Spezies Homo sapiens gespeichert sein, dass Tiere uns auch angreifen können.

Kinder haben, das wurde mir in diesem Moment bewusst, eine ganz ursprüngliche, angeborene Intuition, die sie emotional und auch praktisch schützt. Ganz kleine Babys brauchen noch kein eigenes Gefahrenbewusstsein. Sie können ohnehin nicht weglaufen oder sich verteidigen. Für sie ist es dagegen wichtig, Beschützerinstinkte zu wecken. Ein Säugling schreit nicht nur deshalb nachts, weil er Hunger hat oder die Windel voll ist. Er weiß auch intuitiv, dass er der kleinste Teil der Gruppe ist und darum muss er prüfen, ob seine Beschützer noch da sind. Er bringt sich in Erinnerung. Die Natur hat uns Erwachsenen hingegen mitgegeben, uns von Säuglingsschreien intuitiv angesprochen zu fühlen. Wir können über alle möglichen Geräusche hinweg hören, aber nicht über das Weinen eines Babys. Selbst wenn wir uns gerade noch im Tiefschlaf befanden, setzen wir uns bei den ersten Lauten automatisch in Bewegung. Auch diese Reaktion ist angeboren und intuitiv. Manchmal ist aber noch nicht einmal ein leises Krähen nötig: Mütter scheinen oft auch über Distanz zu spüren, wenn mit dem Nachwuchs etwas nicht in Ordnung ist oder das Baby etwas braucht. Die mütterliche Intuition meldet sich sogar schon lange vor der Geburt: Frauen, die schwanger sind, »wissen«, welche Lebensmittel ihrem Baby schaden könnten. In den ersten Monaten, wenn der Embryo am empfindlichsten ist, wird den meisten Schwangeren schon beim Gedanken an schädliche Stoffe wie Alkohol oder Kaffee übel und sie rühren sie deshalb nicht an. Stattdessen entwickeln sie Gelüste auf Nahrungsmittel, die Nährstoffe enthalten, die in einem spezifischen Moment der Schwangerschaft für die Entwicklung des Babys wichtig sind. Die berühmten Essiggurken mit Schokoladensauce sind da nur ein extremes Beispiel. Frauen mit Eiweißmangel bekommen oft Appetit auf Fleisch, andere verdrücken Unmengen an Obst und Gemüse und stellen damit die Vitaminversorgung sicher. All das geschieht intuitiv – die Frauen analysieren schließlich nicht erst ihre Nährstoffdefizite und stellen danach einen Ernährungsplan auf. Das würde viel zu lange dauern. Ihr Körper weiß von sich aus, was er benötigt.

In unseren Genen ist aber noch viel mehr intuitives Wissen gespeichert als die richtige Versorgung des Nachwuchses. Der

Psychologe Dennis Shaffer von der Ohio State University führte mit Studenten ein sportliches Experiment durch. Die jungen Leute sollten einen in einer Turnhalle herumfliegenden Spielzeughelikopter fangen. Dabei trugen sie eine Kamera auf dem Kopf, mittels derer ihre Bewegungsmuster später analysiert werden konnten. Alle Probanden fingen den Helikopter nach kurzer Zeit. Alle waren der Ansicht, bei der Helikopterjagd eine individuelle und vollkommen rationale Strategie verfolgt zu haben. Eine Studentin erklärte, es käme auf eine gleichbleibende Geschwindigkeit an. Ein anderer Proband war der Ansicht, man müsse die Bewegung des Helikopters genau beobachten und sich dann blitzschnell daran anpassen. Der nächste meinte, man müsse sich nur einen günstigen Winkel zum Helikopter suchen, um ihn dann abzufangen.

Doch die Kamera brachte eine Überraschung zutage: Sämtliche Studenten hatten intuitiv die exakt gleiche Strategie angewendet. Ihr Bewegungsmuster war nicht nur ähnlich: Es war bis ins Detail übereinstimmend. Sie alle hatten sich so platziert, dass sich der Helikopter für sie vor dem Hintergrund der Turnhallenwand auf einer geraden Linie bewegte, bevor sie ihn abfingen. Das geschah vollkommen unbewusst. So ähnlich, wie alle Katzen Mäuse auf die gleiche Weise fangen, hatten sich die Studenten den Helikopter alle auf die gleiche Weise geschnappt. Das intuitiv richtige Verhalten – wobei »richtig« hier das Verhalten meint, das zum Fangen des Objektes geführt hat – war in diesem Fall als identisches Programm im Gehirn gespeichert. Es ist anzunehmen, dass sich diese Fangstrategie im Laufe der Evolution als erfolgreich erwiesen hat. Ein Überlebensvorteil für unsere Vorfahren, der sich im Genpool durchgesetzt hat.

»Eines Tages wird man offiziell zugeben müssen, dass das, was wir Wirklichkeit getauft haben, eine noch größere Illusion ist als die Welt des Traumes.« Salvador Dalí

Erfahrungen lassen sich vererben – als Intuition

Es wird allerdings noch faszinierender: In jüngerer Zeit haben Genforscher festgestellt, dass der Evolution auch noch viel schnellere Mechanismen zur Verfügung stehen als die zufällige Mutation, deren Resultate durch Selektion nach dem *Survival-of-the-Fittest*-Prinzip sich erst nach sehr langer Zeit zeigen. Wissenschaftler in der noch jungen Disziplin Epigenetik haben herausgefunden, dass Erfahrungen und Gewohnheiten sich auch unmittelbar auf das Erbgut auswirken können. Während also das gerade beschriebene intuitive Fangen eines Objekts für alle Individuen einer Spezies auf dem gleichen »Programm« zu beruhen scheint, gibt es offensichtlich auch personalisierte Programme.

Ein Beispiel dafür liefert eine Studie an der Emory University School of Medicine in Atlanta in den USA. Dort hat man Mäuse regelmäßig beängstigende Erfahrungen machen lassen. Zeitgleich setzte man die Nager einem Kirschblütenduft aus. Nach einer Weile hatten die Mäuse den Blütenduft mit dem unangenehmen Ereignis verbunden. Die bedauernswerten Tiere bekamen nun bereits Angst, wenn ihnen nur der Duft in die Nase stieg. So weit handelt es sich noch um klassische Konditionierung wie beim berühmten Pawlow'schen Hund, der zu sabbern begann, sobald die Futterglocke ertönte. Das Erstaunliche zeigte sich, als die Mäuse sich später fortpflanzten: Auch die Kinder und Kindeskinder der Mäuse reagierten intuitiv mit Furcht auf den Kirschblütenduft. Und das, obwohl sie selbst nie schlechte Erfahrungen damit gemacht hatten. Der Duft war im Erbgut der Mäuse-Großeltern mit Gefahr verknüpft worden. Aus der Erfahrung der Vorfahren war eine Intuition geworden.

Das funktioniert in etwa so: Neben der DNA-Doppelhelix – dem eigentlichen Erbgut – befinden sich in der Peripherie des

Zellkerns auch immer verschiedene andere Stoffe. Dazu gehören sogenannte Methylreste und Ribonucleinsäure, kurz: RNA. Wissenschaftler haben diese scheinbar funktionslos herumlungernden Stoffe lange Zeit für Zellmüll gehalten. Bis sie beobachteten, dass sie sich unter bestimmten Voraussetzungen zum Beispiel gezielt an bestimmte Gene heften – und diese blockieren. Sie sind kein Müll, sondern wichtige Schalter. Außerdem können sich Proteine im Zellkern durch äußere Einflüsse so verändern, dass bestimmte Gene in der Doppelhelix entweder angeknipst oder ausgeschaltet werden. Die Erbinformation wird in allen diesen Fällen an äußere Lebensbedingungen und Erfahrungen angepasst – eben personalisiert – und in dieser modifizierten Form an die direkten Nachkommen weitergegeben.

Eine revolutionäre Entdeckung!

Dass diese Ergebnisse nicht nur für Mäuse, sondern auch für Menschen gelten, halten die Wissenschaftler für mehr als wahrscheinlich. Einschneidende Erfahrungen können also buchstäblich generationenübergreifende Erinnerungen schaffen. Der Bereich unserer Intuition, der von den Genen gesteuert wird, beruht somit nicht nur auf der extrem langsamen Evolution unserer Spezies über Millionen von Jahren, sondern außerdem gewissermaßen auf einer blitzschnellen individuellen Evolution.

Das heißt, unsere persönliche Intuition wird von den Erfahrungen unserer Eltern und Großeltern mitbestimmt – im Guten wie im Schlechten. Falls Sie also unter unerklärlichen Ängsten leiden, kann es sich lohnen, auch in der Lebensgeschichte der direkten Ahnen Ursachenforschung zu betreiben. Der Zweite Weltkrieg hat vermutlich auch in heutigen Generationen deutliche Spuren hinterlassen.

Im Zusammenhang mit der Epigenetik bin ich übrigens auf ein kurioses Detail gestoßen. Jemand, von dem man es am wenigsten erwartet, ging bereits lange vor den Entdeckungen der Epigenetiker davon aus, dass sich Lebewesen an die Umwelt anpassen und dies auch direkt an die nächste Generation weitergeben können: der Vater der Evolutionstheorie, Charles Darwin. Den entsprechenden Part seiner Theorie (in der er mit seinem vermeintlichen »Konkurrenten«, dem Zoologen und Botaniker Jean-Baptiste de Lamarck, einer Meinung war) ließen allerdings die Neo-Darwinisten seit den Vierzigerjahren unter den Tisch fallen, weil sie ihn für Quatsch hielten. Ein Beispiel für die Arroganz des jeweils gerade herrschenden Wissenschaftsglaubens ...

Für meine Arbeit haben die Erkenntnisse der Epigenetik vor allem sehr subtile gedankliche Folgen. Ich leite in meiner Hypnosepraxis auch Rückführungen, in denen die Hypnotisierten gedanklich zurück bis in frühere Leben gelangen können. Bisher sah ich in den filmartigen Sequenzen, die Menschen unter dieser speziellen Form der Hypnose erleben, vor allem eine symbolische Projektion des Unbewussten. Wenn man aber vor dem Hintergrund der epigenetischen Forschungsergebnisse einmal darüber nachdenkt, könnte es ja tatsächlich sein, dass man in so einer Rückführung auf die Erfahrungen der Eltern, Großeltern oder sogar lange verstorbener Ahnen Zugriff bekommt. Zeitreisen mithilfe der Gene: eine spannende Vorstellung!

Da ich alles, was ich mit anderen Menschen mache, auch an mir selber ausprobiere, habe ich natürlich auch schon einmal eine Rückführung mit mir selbst machen lassen. Ich sah mich damals als Ritter vor einem Burgtor. Ich war schon recht alt, hatte einen langen weißen Bart, der mir auf die Rüstung fiel und trug ein Schwert in der Hand. Plötzlich überkam mich eine große Traurigkeit. Ich wusste, dass es mein Auftrag war, nun durch dieses Tor zu reiten und die Menschen dort drinnen in der Burg niederzumetzeln. In diesem Moment schwor ich mir, nie wieder Befehle von irgendjemand anderem auszuführen – falls ich noch einmal geboren werden würde.

Wer weiß, wessen Erfahrungen das waren! Auf jeden Fall kann es sehr gut sein, dass das freie Leben, das ich heute führe, etwas mit diesen Erlebnissen zu tun hat. Erstaunlich ist dabei auch, dass ich von Kindesbeinen an wusste, wie man ficht. Vollkommen intuitiv. Als Kinder haben wir im Wald immer auf einem umgefallenen Baumstamm, der in etwa zwei Metern Höhe einen Weg überbrückte, mit Stöcken gegeneinander gefochten. So lange, bis einer von uns die Balance verlor und gezwungen war, herunterzuspringen. Vor mir hatten von Anfang an alle Respekt, denn ich blieb immer der Sieger, ich bezwang Gleichaltrige genauso wie deutlich Ältere.

Zufall?

Wenn Sie neugierig geworden sind und selbst einmal zuhause eine »Rückführung light« ausprobieren möchten, können Sie ein Skript nutzen, das ich entwickelt habe, um mein Gegenüber besonders schnell in Kontakt mit seinem früheren Leben zu bringen. Klassischerweise geleitet man als Hypnotiseur sein Gegenüber in Trance über eine Zeitachse, eine *Timeline*, vom jetzigen Leben zurück über Jugend und Kindheit. Dabei passiert man irgendwann den Punkt der Geburt und geht noch weiter zurück, bis man die früheren Leben erreicht. Dabei können jedoch Traumata in der eigenen Vergangenheit aktiviert werden, etwa in der Kindheit, die zu heftigen Reaktionen führen können – etwas, was sicher nicht wünschenswert ist, wenn man allein zu Hause sitzt, denn wenn alte Wunden aufbrechen, sollte man sich in der Obhut eines erfahrenen Therapeuten befinden. Der kann eine solche Reaktion auffangen.

Für den Hausgebrauch habe ich also eine »Abkürzung« erdacht. Über das Erzählen einer Geschichte bringe ich mein Gegenüber direkt in sein früheres Leben. Dabei nutze ich das Faktum, dass uns auch Geschichten in Hypnose versetzen können. Denken Sie an Kinder, die gebannt einem Märchen lauschen oder an den Zustand, wenn Sie nach dem Abend im Kino zurück in die Wirklichkeit treten – Sie waren nicht einfach im Kino, Sie waren tatsächlich für ein paar Stunden in einer anderen Welt!

Auch wenn ich mein Gegenüber normalerweise in Hypnose versetze, funktioniert das folgende Skript sehr gut in jedem anderen entspannten Zustand. Sie können die Geschichte allein für sich visualisieren oder sie einem Freund oder Ihrem Partner vorlesen. Lassen Sie sich überraschen, was dabei herauskommt.

DER WEG INS FRÜHERE LEBEN

Schließ die Augen.

Du befindest dich auf einem hohen Gebäude.

Von dort siehst du einen verschlungenen Weg in einen Wald hinein.

Du nimmst eine Wendeltreppe hinunter.

Steigst immer tiefer.

Stockwerk für Stockwerk.

Bis du im Erdgeschoss bist.

Verlasse das Gebäude, bis du zu dem Weg kommst.

Geh den Weg entlang.

Nach einer Weile stößt du auf eine Parkbank.

Setz dich dorthin.

Atme tief durch.

Lass alle Anspannung entweichen.

Nun geh weiter.

Du siehst ein Haus.

Die Tür ist offen.

Geh hinein.

Am Ende des Raumes siehst du nun eine Tür.

Geh hin und öffne sie.

Die Schwelle ist die zu deinem früheren Leben.

Tritt ein.

Was siehst du?

Die universelle Erinnerung

Wenn es um die Deutung von Rückführungen geht, wäre es eine Sensation, wenn der britische Biologe Rupert Sheldrake recht behielte. Sheldrake geht nämlich noch einen Schritt weiter als die Epigenetiker: Er ist überzeugt, dass Erlerntes nicht nur an Nachkommen weitergegeben werden kann, sondern an alle Individuen der gleichen Spezies – als eine kollektive Erinnerung. Diese Weitergabe soll über etwas funktionieren, das er morphogenetische Felder nennt. Diese Felder lenken laut Sheldrake auch die Entwicklung von Pflanzen und Tieren in bestimmte Bahnen. Erst sie und nicht ausschließlich die Gene machen also im Prinzip eine Katze zu einer Katze und einen Brombeerbusch zu einem Brombeerbusch. Man muss sich das wohl vorstellen wie »Wolken« aus unsichtbarer, aber sehr wirksamer Information, die um den Globus – und ja vielleicht sogar im ganzen Universum – umherwabern und die wir alle anzapfen können. Sie sollen das Entstehen und das intuitive Verhalten aller Lebewesen beeinflussen, aber auch das physikalische und chemische »Verhalten« unbelebter Stoffe wie etwa das von Wasser oder Mineralien. Etwas, was an einer Stelle bereits existiert, hat es nach dieser Theorie an anderer Stelle leichter, die gleiche Form anzunehmen. Das passt zur Beobachtung von Chemikern. Die stellten fest, dass die Züchtung neuer Kristallverbindungen beim ersten Mal sehr lang dauert, sich die Entstehung der Kristalle danach allerdings deutlich beschleunigt.

Die morphogenetischen Felder organisieren nach Sheldrakes Ansicht auch Phänomene wie den Vogelflug und Fischschwärme – beides Beispiele für tierische Intuition. Sie sorgen außerdem dafür, dass etwas, was viele Menschen oder Tiere bereits erlernt haben, für andere Individuen derselben Art leichter und schneller erlernbar wird. Und sie machen Telepathie möglich.

Sheldrakes Thesen sind ebenso faszinierend wie umstritten. Stellten sie sich als korrekt heraus, könnte das wohl nicht nur bisher rätselhafte intuitive Eingebungen erklären – wie etwa meine Vorhersage, dass eine Radiomoderatorin mir das Geräusch von einem Hammer auf Stein vorspielen will –, es löste möglicherweise auch einige bisher unbeantwortete oder verdrängte Fragen der Biologie. Zum Beispiel, wieso sich Zellen in einem Embryo unterschiedlich entwickeln, obwohl doch alle Zellen durch Teilung dieselbe Erbinformation erhalten. Wer sagt den Zellen: Du gehörst zu einem Arm und du wirst eine Nase? Es klingt unglaublich, aber niemand weiß das so genau. Morphogenetische Felder könnten auch einen Erklärungsansatz für ungelöste Rätsel der Kulturgeschichte bieten. Etwa, wie es sein kann, dass Künstler im Mittelalter in Moscheen und an anderen religiösen Stätten des Orients extrem komplizierte und völlig regelmäßige Muster aus zehnzackigen Sternen an die Wände malten, obwohl sie nach allem, was Wissenschaftler heute wissen, zur Berechnung dieser Muster keinerlei Voraussetzung hatten. Die zugehörigen mathematischen Formeln wurden erst sehr viel später, gegen Ende des vorigen Jahrhunderts, entschlüsselt.

Woher also kam das Wissen?

Einer der prominentesten Freunde von Sheldrakes Ideen war der vor Kurzem verstorbene Quantenphysiker Hans-Peter Dürr, der lange Zeit der engste Mitarbeiter des Nobelpreisträgers Werner Heisenberg war. Dürr hielt es für möglich, dass die Quantenphysik eines Tages die Erklärung für die Existenz morphogenetischer Felder liefern könnte. Bis das so weit ist, wird aber wohl noch ein bisschen Zeit vergehen. Kommen wir darum von einer möglichen universellen Erinnerung, die das ganze Universum umspannt, zu unseren ganz individuellen Erfahrungen. Denn die sind für unsere persönliche Intuition von mindestens ebenso großer Bedeutung.

Somatische Marker – der Seismograph unserer Intuition

Wenn wir uns entschließen, unserer ganz eigenen Intuition auf die Spur zu kommen, lernen wir gleichzeitig etwas über unser Innerstes und unsere Gefühle. Mein Lehrer im Geiste,

Alejandro Jodorowsky – der Chilene ist als Regisseur, Schauspieler, Schriftsteller, Magier und Tarologe erfolgreich –, hat einmal gesagt, dass viele Probleme nur dadurch entstehen, dass man Sehnsüchte unterdrückt.

Vieles spricht aus meiner Sicht dafür, dass Jodorowsky recht hat. Wenn wir unseren Herzenswünschen, Gefühlen und Leidenschaften keinen Raum geben, verschwinden sie nicht etwa. Sie stauen sich auf wie Wasser vor einem Damm. Eines Tages wird dieser Damm wahrscheinlich brechen. Unterdrückte Sehnsüchte lassen sich nur auf bestimmte Zeit bändigen. Das Brechen des Dammes äußert sich dann zum Beispiel in Midlife-Krisen und in überstürzten Aktionen, die das bisherige Leben in Trümmer legen – als »Kollateralschaden« auch das, was die Betroffenen eigentlich gerne behalten hätten. Da wäre es viel besser, sich von vornherein einzugestehen, was man zum Glücklichsein braucht, und das wohl dosiert ins Leben einzubauen. Tun wir das nicht, erlahmt in uns eine essentielle Energie. Diese Lebensenergie ist das, was man in der Kultur des Alten China Qi oder unter Yogis Prana nennt. Doch egal, wie sie bezeichnet wird: Wir müssen im Fluss unseres eigenen Lebens bleiben. Nur dort wartet das Glück auf uns und nur dort bleiben wir gesund. Seelisch und körperlich.

Die gute Nachricht ist: Unser Unterbewusstsein hilft uns dabei. Es sendet über unsere Intuition rechtzeitig S.O.S.-Zeichen, sobald wir uns von unserem Fluss des Lebens entfernen und in gefährlichen Stromschnellen verfangen. Es sagt uns umgekehrt auch, wenn wir auf dem richtigen Weg sind. Dafür benutzt es unseren Körper.

Unser Körper spricht zu uns. Aus der Geschichte der Hypnose gibt es viele Überlieferungen, wie Patienten sich selbst unter Hypnose erstaunlich genau diagnostiziert haben. Die Patienten konnten in Trance in ihren Körper hineinspüren und dem Hypnotiseur mitteilen, an welchen Körperstellen etwas nicht stimmte. Diese Körperstellen fühlten sich anders an als die gesunden. Oft schon lange bevor sich irgendwelche offensichtlichen Krankheitszeichen zeigten. Zwar waren diese Menschen als Laien nicht in der Lage, eine medizinisch korrekte Diagnose zu stellen. Doch sie konnten dem Arzt entscheidende Hinweise geben, um festzustellen, was mit ihnen los war.

Unser Körper hält für uns nicht nur unter Hypnose Botschaften bereit, allerdings verstehen wir ihn nur in der Stille. Damit meine ich nicht unbedingt eine tatsächliche Lautlosigkeit. Ich meine einen ruhigen Geist. Je mehr Eindrücke auf uns einstürmen, je lauter das Hintergrundrauschen wird, umso schlechter hören wir die Botschaft. Leider haben viele von uns verlernt, diese Signale zu deuten.

Menschen, die ein Burn-out erlitten haben, erinnern sich zum Beispiel später häufig an Vorzeichen, die sie ignoriert haben. Das kann eine plötzliche Kraftlosigkeit sein, ein Gefühl der Enge in der Brust oder ein unkontrollierbares Zittern. Das intuitive Körpergefühl sagt »Stopp!«, doch die Ratio kämpft dagegen an. Sie befiehlt »Du musst aber!« und treibt Körper und Seele in die Krise. Statt die Signale ernst zu nehmen und der Sache auf den Grund zu gehen, machen viele Menschen weiter, wie sie es gewohnt sind. Mit verheerenden Folgen für die seelische und körperliche Gesundheit.

Dabei sind die sogenannten »somatischen Marker« unseres Körpers ein ausgefeiltes System. Sie teilen uns mit, wenn etwas gut oder schlecht für uns ist. Eine tiefere Intelligenz, die sich in Empfindungen manifestiert. Der portugiesische Neurowissenschaftler António Damásio hat den Begriff der somatischen Marker geprägt.

Ihnen auf die Spur gekommen war er durch die ärztliche Dokumentation eines Unfalls bei Eisenbahnarbeiten Anfang des 19. Jahrhunderts in den USA. Einem jungen Vorarbeiter, Phineas Gage, war bei einer Explosion eine Eisenstange durch den Schädel getrieben worden. Er verlor ein Auge, aber darüber hinaus erholte er sich sehr gut – obwohl man direkt nach dem Unfall jeden Moment mit seinem Tod gerechnet hatte. Nach einer Weile war er wieder in der guten körperlichen Verfassung wie vor dem Unfall. Auch sein Gedächtnis und seine Sinne – natürlich mit Ausnahme des fehlenden Auges – funktionierten ausgezeichnet. Allerdings hatte sich seine Persönlichkeit auf rätselhafte Weise verändert. Er verhielt sich auf einmal unberechenbar und unvernünftig. Seine Gewissenhaftigkeit war verschwunden, er blaffte seine Mitmenschen an, traf merkwürdige Entscheidungen und schadete sich damit permanent selbst. Bald verlor er seine Arbeit, weil er aufgrund seiner fehlenden sozialen Kompetenz als Vorarbeiter einfach nicht mehr taugte. Er verlor seine Freunde, weil er sie vor den Kopf stieß.

All das erinnerte Damásio an einen seiner Patienten: Elliott. Elliott zeigte nach einer Operation, bei der ihm ein Tumor aus dem Frontallappen des Gehirns entfernt worden war, ähnliche Wesensveränderungen wie Gage. Körperlich völlig genesen, verlor er aufgrund fataler Entscheidungen und von seiner Umgebung nicht nachvollziehbaren Verhaltens innerhalb kürzester Zeit seine Ersparnisse, seine Arbeit und seine Ehefrau.

Ein Vergleich der ärztlichen Unterlagen von Gage und Elliott brachte es an den Tag: Bei beiden Patienten war die gleiche Hirnregion, der präfrontale Cortex, in Mitleidenschaft gezogen worden. Das Problem dabei war nicht etwa verminderter Intellekt, die Intelligenz beider Männer war weiterhin intakt. Das Problem war, dass Elliott und Gage die Emotionen abhandengekommen waren. Weder Körper noch Kopf funkten »Stopp!«, wenn sie sich in Richtung Unglück bewegten. Nichts zeigte ihnen den Weg. Sie konnten in alltäglichen und sozialen Situationen nicht mehr einschätzen, welches Verhalten angemessen war. Kurz: Sie hatten einen wichtigen Bereich ihrer Intuition verloren. Damit fehlte ihnen ein Instrument zur Orientierung in alltäglichen Situationen. Das war ein wesentlich größeres Handicap, als man sich bislang hatte vorstellen können.

Elliott und Gages Verhalten war wahllos geworden. Eine Handlung war für sie so gut wie die andere. Menschen, die kein körperliches Schmerzempfinden haben, verletzen sich ständig, weil sie nicht merken, wenn sie irgendwo anstoßen. Genauso »verletzen« sich Menschen mit einer Schädigung, wie sie Elliott und Gage erlitten haben, in sozialen Zusammenhängen. Kein Grummeln in der Magengegend warnt sie, wenn sie im Begriff sind, etwas zu tun, was ihnen nicht guttun wird. Sie haben keine Schmetterlinge mehr im Bauch, wenn sie einer einst geliebten Person gegenüberstehen. Nie verspüren sie Kribbeln der Vorfreude, wenn sie etwas besonders gut machen. Wenn sie einen Thriller sehen, gibt es für sie keinen Nervenkitzel. Und kein Schamgefühl hält sie davon ab, mit einer Bemerkung andere Menschen bloßzustellen.

Das Gehirn im Bauch

Nach der Theorie der somatischen Marker gibt es ein emotionales Gedächtnis, in dem unsere Erfahrungen abgelegt sind. Wie der Name schon sagt, gilt das nur für die Erfahrungen, die so bedeutungsvoll waren, dass sie mit einer Emotion einhergingen. Das Prinzip ist einfach: Positive Erfahrungen sind mit angenehmen Körperempfindungen markiert, während nicht so schöne Erlebnisse mit Unwohlsein verknüpft werden.

Diese Sicht deckt sich mit Entdeckungen anderer Wissenschaftler. Der New Yorker Neurologe Michael Gershon hat den Begriff des *gut brain*, des »Bauchhirns« – oder, wörtlich übersetzt, des »Darmhirns« – geprägt. Mehr als 100 Millionen Nervenzellen formieren sich in unserem Verdauungssystem und bilden dort die Grundlage für unser intuitives Bauchgefühl. Das Nervensystem im Bauch spiegelt dabei das unseres Gehirns. Die Nervenzellentypen sind die gleichen, es benutzt die gleichen Botenstoffe und die gleichen Rezeptoren. Was wir denken, hat darum häufig eine Reaktion im Bauch – und umgekehrt. Forscher nehmen an, dass Menschen mit Depressionen aus diesem Grund oft mit Verdauungsschwierigkeiten, Unverträglichkeiten oder entzündlichen Darmkrankheiten zu kämpfen haben. Aus dem gleichen Grund kann eine wohlig warme Wärmflasche auch Gedanken zur Ruhe bringen.

Der Physiologe Emeran Mayer von der University of California in Los Angeles schreibt dem Bauchhirn sogar ein eigenes Erinnerungsvermögen zu. Genau wie im »echten« Gehirn werden im Bauch zu jeder Erfahrung neuronale Netzwerke angelegt, die mit einer bestimmten Empfindung einhergehen. Bei wiederholtem Gebrauch werden diese Erinnerungsnetzwerke stabiler. Dabei sind die »Datenmengen«, die vom Bauch in Richtung Kopf übermittelt werden, bedeutend größer als die Impulse in umgekehrter Richtung – das Verhältnis beträgt 90 zu 10 Prozent. Das Kopfhirn funkt in aller Kürze eine Wahrnehmung. Das Bauchhirn erklärt daraufhin unmissverständlich mittels einer körperlichen Empfindung, was davon zu halten ist.

Nehmen wir an, Ihr Chef ist Choleriker. Er bekommt beim geringsten Anlass Wutausbrüche, die er an seinen Angestellten auslässt. Wenn Sie das ein paar Mal erlebt haben, wird Ihr Bauch eine Begegnung mit Ihrem Chef wahrscheinlich schon vorsorglich mit einem unguten Körpergefühl quittieren. Zum Beispiel mit Aufruhr im Darm. Weil die Verdauung über das vegetative Nervensystem aber auch andere Körperfunktionen mit steuert, kann ein aus der Balance gebrachter Darm noch weitere Beschwerden verursachen. Etwa Herzrasen oder Atemnot. Jedes Mal, wenn Sie nur an den launischen Chef denken, wird dasselbe neuronale Netzwerk aktiviert und damit obendrein auch noch jedes Mal verstärkt. Das ungute Gefühl ist Ihre Intuition. Sie können sie so interpretieren, dass Sie so schnell wie möglich den Job wechseln müssen, um der Ursache schlechter Energie – dem Chef – und damit dem schlechten Bauchgefühl auszuweichen.

Ihr Bauchgefühl muss aber natürlich nicht unbedingt schlecht sein. Positive Erlebnisse werden auf die gleiche Weise gespeichert. Wenn Sie etwa gelernt haben, dass Sie ein Besuch in der Sauna entspannt, dann kann schon ein intensiver Gedanke daran Ihren ganzen Körper entspannen. Gedanken haben Macht!

In der Hypnose und Selbstsuggestion – die streng genommen auch eine Selbsthypnose ist – nutzt man diese Mechanismen der Verknüpfung. Man kann schlechte Erfahrungen bewusst mit neuen Bildern »überschreiben«. Man kann in positiv besetzten Situationen auch bewusst körperliche Anker setzen, die man dann in einer psychisch belastenden Situation als Gegenmittel nutzen kann. *Anchoring* nennt sich dieser einfache Trick, mit dem Sie ein Mittel gegen schlechte Gefühle zur Verfügung haben. Eine erste Notfallmedizin, die Sie zum Beispiel gegen Niedergeschlagenheit, Nervosität oder Traurigkeit anwenden können und die ich Ihnen mit dem folgenden Skript an die Hand geben möchte.

Sorgen Sie vor der Übung für eine angenehme Raumtemperatur, eine bequeme Unterlage und ein paar Minuten ungestörte Ruhe. Sie können das Skript so oft durchlesen, bis Sie es sich gemerkt haben. Sie können es sich von einer Person Ihres Vertrauens vorlesen lassen oder es auch auf Band aufnehmen und wie eine geführte Meditation abspielen.

Zur Vorbereitung erinnern Sie sich an eine Situation, in der Sie vollkommen glücklich gewesen sind. Versuchen Sie, sich diese Situation in allen Details vor Ihr geistiges Auge zurückzurufen. Vielleicht haben Sie noch ein altes Parfum, das Sie damals benutzt haben, oder können es sich besorgen? Benutzen Sie es! Gerüche sind eng mit unseren Emotionen verknüpft.

Sobald Sie Ihre persönliche Glückserinnerung kennen, kann es losgehen.

DER ANKER DER SCHÖNEN GEFÜHLE

Leg dich entspannt hin.

Schließ deine Augen.

Lass den Atem ruhig in den Körper fließen.

Spüre, wie dein Bauch sich hebt und senkt.

Hebt und senkt.

Dein Atem fließt ein und aus.

Ein und aus.

Du merkst, wie mit jedem Ausatmen alle Anspannung deinen Körper verlässt.

Mit jedem Einatmen spürst du, wie Entspannung bis in deine Zehenspitzen fließt.

Atme so oft ein und aus, bis du vollkommen entspannt bist.

Nun erinnere dich an die glückliche Situation.

In allen Einzelheiten.

Spüre sie.

Sieh jedes Detail.

Spüre dabei, wie das Glück durch deinen Körper fließt.

Steigere es.

Das Glück fließt.

Steigere es noch mehr.

Noch mehr.

Steigere es, so sehr du nur kannst.

Dann drücke fest deinen Daumen und den kleinen Finger zusammen.

Diese Übung machen Sie mehrmals hintereinander, am besten an mehreren aufeinanderfolgenden Tagen. Sie verbinden damit das Gefühl des Glücks zuverlässig mit dem Zusammenpressen der Finger und können darauf in Zukunft immer zurückgreifen. Lassen Sie sich aber dadurch nicht davon abhalten, etwas gegen die belastende Situation an sich zu tun. Eine belastende Situation am Arbeitsplatz ändert sich leider nicht einfach dadurch, dass Sie die Finger zusammenpressen.

Kapitel 3

Mit allen Sinnen im Hier und Jetzt: Wie Sie Ihre Intuition stärken

Als mein Sohn zum ersten Mal auf seinen eigenen Füßen stand, hatte er ein unbeschreiblich glückliches Strahlen im Gesicht. Man sah ihm an, dass er gerade ein ganz wichtiges Gefühl erlebte: Dort, wo ich stehe, kann niemand anders stehen. Dieser Ort war seiner in diesem Moment. So ist es für jeden von uns. Dort, wo wir stehen, kann sich niemand anders befinden. Wir nehmen Raum ein. Wir stehen mit den Füßen auf dem Boden. Jetzt, in diesem Moment. Wir *sind*. Es gibt für das Entwickeln und Erspüren der Intuition nichts Wichtigeres, als die Füße auf dem Boden zu spüren.

Das meine ich genauso wörtlich wie bildlich gesprochen. Machen Sie sich das doch einmal bewusst. Stellen Sie sich hin. Am besten barfuß auf eine Wiese. Öffnen Sie die Füße schulterbreit, sodass Sie einen sicheren Stand haben. Spüren Sie Ihre Füße auf der Erde. Spüren Sie, wie Sie dort stehen. Füllen Sie Ihren Stand mit Ihren Gedanken aus. Ihre Aufgabe ist es, da zu stehen. Kraftvoll, mit allen Sinnen. Der Sinn der Übung ist einfach: Wir müssen in der Gegenwart verankert sein, um Zugang zur Intuition zu bekommen. Sie ist ein Gefühl im Jetzt, das wir mit unseren Sinnen wahrnehmen können. Wir finden sie nicht im Gestern oder im Morgen. Wir müssen nicht in irgendeinem sphärischen Überraum schweben, sondern wir können unsere Intuition nur jetzt finden. In jedem Moment, in unserer Realität. Wir müssen ihr nur Kanäle öffnen.

Das regelmäßige Training der meisten Sportarten stärkt zum Beispiel die Intuition. Ein Fußballer kann nicht erklären, wie und warum er den perfekten Pass abgegeben hat. Er wusste nur im richtigen Moment, was zu tun ist. Das in Worte zu fassen, ist kaum möglich und ein Grund, warum Interviews mit den Spielern am Spielfeldrand selten erhellend sind. Doch egal, welche Sportart wir lernen, die Bewegungsabläufe zwingen uns, uns auf den Moment zu fokussieren und schulen unsere ganzheitliche Wahrnehmung. Ein Volleyballspieler verfolgt den Ball mit dem ganzen Körper, intuitiv wie eine Katze. Dabei registriert er unbewusst die Bewegungen der Gegner und Mitspieler. Ein Tänzer hört die Musik und der Körper bewegt sich automatisch mit, intuitiv, ohne mit anderen Tänzern zu kollidieren – nun ja, meistens jedenfalls. Ein geübter Judoka spürt den Zug, den der Gegner auf seinen Körper ausübt und reagiert sofort mit der richtigen Bewegung.

Diese Intuition kommt nicht aus irgendeinem magischen Raum. Sie speist sich aus der Erfahrung, dem Training. Sportler sind während sie üben oder spielen in einer Art hypnotischer Trance. Sie sind vollkommen im Moment, in völliger Konzentration auf das Jetzt, alles andere blenden sie aus – jedenfalls dann, wenn sie gut sind. Jeder Trainer von Teamsportlern kann bestätigen, dass Spieler ab einem bestimmten Trainingsniveau aus physischer Sicht austauschbar sind. Was den Unterschied von gut zu Spitzenklasse und von Spitzenklasse zu Weltklasse ausmacht, das ist die Intuition, der Geist. Die magischen Augenblicke des absoluten Verschmelzens mit dem Augenblick und dessen Geschehnissen. Dann können Wunder passieren. Nicht nur im Sport.

Die Schule der Wahrnehmung

Auch meine Arbeit mit Hypnose und Telepathie beweist mir täglich: Sich auf den Moment zu fokussieren öffnet ein Tor zur Intuition. Damit Ihnen Ihre Intuition nicht nur beim Üben Ihrer liebsten Sportart zu Diensten ist, sondern auch in Alltagssituationen, ist es wichtig zu lernen, wie man sich jederzeit im Augenblick verankert und entspannt.

Das ist viel einfacher, als Sie vielleicht glauben. Sie können dazu zum Beispiel eine Entspannungstechnik erlernen – aber das ist keineswegs erforderlich. Es ist ohnehin so, dass nicht alle bekannten Techniken auch für alle passen. Der eine beruhigt mit Meditation seine Gedanken, der nächste braucht zur Entspannung laute Musik. Eine beherrscht ihren Gedankenfluss, indem sie ihre Wohnung streng nach Feng-Shui-Prinzipien einrichtet und pedantisch Ordnung hält, ein anderer macht Yoga und das Chaos um ihn herum perlt einfach ab. Verschiedene Menschen lassen sich nicht über einen Kamm scheren.

Jeder tickt anders.

Unsere Gemeinsamkeit ist, dass wir alle auf diesem Erdball wandeln. Wir alle haben unsere Sinne, unsere Wahrnehmung. Wer nur aufmerksam ist, tut schon einen großen Schritt, um in Kontakt mit seinem Unbewussten zu treten. Und er bereitet damit auch seinen »übersinnlichen« Fähigkeiten den Boden. Die sind wahrscheinlich gar nicht so übersinnlich, sondern schlummern in allen von uns – denn nur, weil wir sie nicht bis ins Letzte erklären können, sind sie noch lange keine Erfindung.

Der Weg zur Intuition führt in jedem Fall über die Sinne.

Nehmen Sie sich darum jeden Tag Zeit, Ihre Wahrnehmung zu trainieren. Zum Beispiel jetzt.

DEN BLICK SCHÄRFEN UND DIE OHREN SPITZEN

Beginnen Sie damit, sich einmal umzuschauen.

Dann verharren Sie zunächst mit dem Blick auf einem Gegenstand, zum Beispiel einer Tasche. Nehmen Sie jedes Detail wahr. Die Farbe der Tasche und ihre Schattierungen. Die kleinen Risse oder Narben im Leder oder die Knicke im Stoff. Beschädigungen und Verzierungen. Kratzer auf den Schnallen. Kommentieren Sie *nicht* innerlich, was Sie sehen. Geben Sie *kein* Urteil wie »schön« oder »abgenutzt« ab. Nehmen Sie einfach nur auf, als seien Sie ein Besucher von einem anderen Stern und die Tasche ein unbekanntes Objekt, das Sie zum ersten Mal sehen.

Wenn Sie das getan haben, lösen Sie den Blick vom Gegenstand und machen Sie Ihren Blick einmal ganz breit. Von einem Zoom wird Ihr Fokus zum Weitwinkel. Versuchen Sie, alles in Ihrem Blickfeld gleichzeitig wahrzunehmen, saugen Sie es auf. Die Menschen, die Umgebung, den Fußboden, den Himmel. Werten Sie auch dieses Mal nicht.

Wenn Sie merken, dass Sie Ihren Fokus verlieren, verengen Sie ihn wieder auf ein bestimmtes Objekt, nun vielleicht auf eine Tasse mit Kaffee. Sehen Sie wieder jedes Detail. Den Tropfen auf der Untertasse, den Milchschaum am Tassenrand. Den Löffel mit der kleinen Kaffeepfütze darin.

Im nächsten Schritt fokussieren Sie auf den Zwischenraum zwischen Ihnen und dem Objekt, auf das vermeintliche »Nichts«. Dieses »Nichts« ist keineswegs nichts, es ist voll mit Information. Es trägt die Signale, die bei unseren Sinnesorganen ankommen, die unsichtbaren Schwingungen unserer Mobiltelefone und nicht zuletzt telepathische Information, wenn wir schon vorher spüren, was der andere sagen will, und überrascht rufen: »Das habe ich auch gerade gedacht!« Das Nichts hat es in sich.

Diese Übung lässt sich mit allen Sinnesorganen wiederholen. Fokussieren Sie sich das nächste Mal auf Ihren Geruchssinn: Wie riechen Sie selbst? Wie riecht der Kaffee, wie riecht der Mensch, der neben Ihnen sitzt? Von da aus können Sie dann zum Tastsinn übergehen. Wie fühlt sich das T-Shirt auf Ihrer Haut an, wie das Haar auf Ihrem Kopf, die Brille auf der Nase, die Tastatur unter Ihren Fingern, der Stuhl unter Ihrem Po, wie fühlt sich die Luft an, die Temperatur? Suchen Sie sich auch besonders intensive sinnliche Erfahrungen. Wann sind Sie etwa zuletzt barfuß über eine taunasse Wiese gegangen und haben jeden Zentimeter genossen?

Denken Sie auch an das Schmecken. In meinem vorherigen Buch »Du wirst tun, was ich will« habe ich ein Ritual beschrieben, das »Die Rosinen erschmecken« heißt. Dabei begeben Sie sich an einen ruhigen Ort und legen sich eine Rosine auf die Zunge. Spüren Sie die Form der schrumpeligen Trockenfrucht. Dann lassen Sie diese ganz langsam auf der Zunge zergehen und merken dabei, wie sich die Süße langsam steigert – erst ganz zum Schluss zerbeißen Sie sie. Wenn Sie keine Rosinen zur Hand haben, können Sie fast alles andere nehmen. Ein Stück Schokolade. Ein Löffelchen Eis. Eine Frucht. Ein Butterbrot. Machen Sie jede Mahlzeit zu einem Zelebrieren des Genusses. Schauen Sie, schnuppern Sie, schmecken Sie. Dadurch essen Sie übrigens auch langsamer, was Ihrer Verdauung und Ihrer Figur zugutekommt: Sie merken, wann Ihr Sättigungsgefühl einsetzt.

Und wann haben Sie zuletzt richtig hingehört? Schließen Sie die Augen. Horchen Sie auf das Zwitschern der Vögel. Das Rauschen der Heizung. Die Schritte auf der Straße. Die Straßenbahn um die Ecke. Die Geräusche in Ihrem Körper, Ihren Atem, das Rauschen des Blutes. Sie können sogar der Stille lauschen – denn auch sie klingt.

Wenn Sie Ihre Sinne auf diese Weise beschäftigen, beruhigen Sie nicht nur Ihren Geist. Sie kosten auch den Moment voll aus – das Leben. Denn das Leben geschieht nicht in der Vergangenheit oder Zukunft. Es passiert genau jetzt.

Das folgende kleine Experiment schult nicht nur Ihre Sinne, sondern schärft auch Ihre Fähigkeit, die subtile Antwort Ihres Körpers auf sinnliche Wahrnehmungen zu lesen. Dabei handelt es sich um nichts anderes als die somatischen Marker, die Sie aus dem vorherigen Kapitel kennen.

LASSEN SIE SICH AN DER NASE HERUMFÜHREN

Wie wäre es am nächsten Wochenende mit einem kleinen Ausflug auf den Wochenmarkt? Am besten einige Zeit nach dem Frühstück, ungefähr dann, wenn Sie zwar noch leicht gesättigt sind, aber aus Erfahrung wissen, dass Sie bald wieder Appetit entwickeln werden. Ihre Aufgabe ist es nämlich, die Zutaten für Ihr Mittagessen anhand von Duft, Haptik und Aussehen auszuwählen. Es gibt Menschen, die ernähren sich ausschließlich auf diese Weise. Die dahinter liegende Theorie des instinktiven Essens besagt, dass unser Körper genau weiß, welche Nährstoffe, Mineralien und Vitamine er gerade benötigt und unsere Sinne entsprechend darauf programmiert. Wer seinen Sinnen aufmerksam lauscht, wird auf diese Weise automatisch zu den richtigen Lebensmitteln geführt.

Ein wichtiger Hinweis: Gehen Sie wirklich auf den Wochenmarkt, nicht in den Supermarkt! Im Supermarkt besteht die Gefahr, dass Sie mittels unterschwelliger Werbebotschaften, ausgeklügelter Platzierung der Waren, Durchsagen, gezielt verströmter Düfte und Speziallampen, die das Aussehen von Obst und Gemüse raffiniert verändern, manipuliert werden. Dadurch sollen Sie etwas kaufen, was Sie eigentlich gar nicht möchten (wie das genau funktioniert, lesen Sie übrigens auch in meinem Buch »Du wirst tun, was ich will«). Auf dem Wochenmarkt sehen Sie dagegen Früchte, Gemüse, Brot, Fleisch und Fisch in unverfälschtem Tageslicht. Auch ihre Aromen können die Lebensmittel hier ungehindert verströmen.

Lassen Sie sich Zeit bei dieser Übung. Gehen Sie langsam

durch die Reihen. Schauen Sie sich alles genau an. Wenn Sie eine Frucht optisch anspricht, treten Sie näher. Befühlen Sie das Obst. Wie fühlt es sich unter Ihren Fingern an? Wie sieht es aus? Riechen Sie daran. Achten Sie auf körperliche Reaktionen. Was duftet besonders verführerisch? Wobei läuft Ihnen das Wasser im Munde zusammen? Ist das ein Nahrungsmittel, das Sie in sich hineingeben wollen?

Wir vergessen im Alltag ja oft, dass Nahrung nicht nur ein Magenfüller ist, sondern dass wir sie uns buchstäblich einverleiben. Wenn wir nur schnell unseren Hunger befriedigen, realisieren wir nicht, ob das, was wir da in uns hineinstopfen, wirklich gerade ein *Leben*smittel für uns ist und ob es uns auch guttut. Ich habe einmal eine Reportage über das »Tal der Hundertjährigen« in Ecuador gesehen, wo es besonders viele alte Menschen gibt, die sich bester Gesundheit erfreuen. Eine Reporterin bot dort einer alten Dame einen Schokoriegel an. Die Dame fragte verwundert, was dieses Ding sei, und die Reporterin antwortete, das sei etwas zu essen. Darauf schüttelte die alte Frau den Kopf, lachte und erwiderte sinngemäß: »Ich bin doch nicht verrückt! Ich weiß doch nicht, was darin ist. Das stecke ich nicht in mich hinein!« Ihre Sinne konnten mit dem Schokoriegel nichts anfangen, also lehnte sie ihn ab – eine intuitive und sehr kluge Reaktion.

Darum: Erst wenn ein Lebensmittel Sie auf mehreren sinnlichen Ebenen anspricht, kaufen Sie es. Zu Hause bereiten Sie dann eine Mahlzeit aus den auf dem Markt erworbenen Zutaten. Falls Sie kein geübter Koch sind: Es gibt im Internet Kochportale, auf denen Sie nur die vorhandenen Zutaten eingeben müssen, und schon werden passende Rezepte ausgespuckt. Wenn gerade kein Wochenmarkt ist oder Sie keine Gelegenheit haben, ihn zu besuchen: Eine Variante dieser Übung besteht darin, dass Sie zu Hause im Kopf verschiedene Lebensmittel durchgehen und sie sich diese so plastisch wie möglich vorstellen. Achten Sie auch hier wieder auf Ihre jeweilige

Bauchreaktion. Sie können auch ein Kochbuch anschauen und Ihre Reaktion auf die jeweiligen Gerichte beobachten. Anschließend schreiben Sie eine Einkaufsliste für den Supermarkt – und halten sich daran.

Guten Appetit!

Alternativ können Sie auch mit Ihrem Unterbewusstsein ausmachen, Ihnen beim »richtigen« Gericht im Kochbuch ein Zeichen zu geben – zum Beispiel mit der folgenden einfachen Übung. In meinen hypnosetherapeutischen Sitzungen wende ich sie oft vor der eigentlichen Hypnose an, um den ersten Kontakt mit dem Unterbewusstsein herzustellen. Das können Sie ebenfalls ganz einfach ausprobieren und dabei wie meine Klienten am eigenen Leib erfahren, wie einfach es ist, selbst bei vollem Bewusstsein mit dem Unbewussten zu kommunizieren.

DAS ORAKEL DES WEISEN SCHWANS

Setzen Sie sich an einen Tisch und stützen Sie einen Arm auf den Ellbogen – wenn Sie Linkshänder sind, den linken Arm, Rechtshänder nehmen den rechten. Die Hand hängt mit lockerem Handgelenk in der Luft. Dann sprechen Sie Ihr Unterbewusstsein direkt an, als sei es eine andere Person. Sagen Sie laut: »Wenn du (das Unterbewusstsein) mit mir kommunizieren willst, dann soll sich nun etwas an meiner Hand bewegen.« Das kann ein Fingerzucken sein oder ein Drehen der Hand, was auch immer. Wichtig ist, die Hand wirklich vollkommen entspannt zu lassen.

Es ist für mich immer sehr lustig zu beobachten, wie verblüfft meine Klienten sind, wenn ihre Hand sich plötzlich völlig ohne bewusstes Zutun zu ihnen dreht, oder der kleine Finger nach oben schnellt. Probieren Sie es aus! Sie benötigen dazu keinen Therapeuten, nur eine ruhige Minute und einen abgeschirmten Raum. Sobald Sie Kontakt zu Ihrem Unterbewusstsein haben, können Sie Fragen stellen und vorher mit dem »Weisen Schwan« vereinbaren, dass ein Fingerzucken »Ja« bedeutet, während ein Ausbleiben der Bewegung ein »Nein« ist. Das wird sicher eine spannende Fragestunde!

Machen Sie es sich schön bequem!

Was Kleidung mit der Intuition zu tun hat? Im Prinzip erst einmal wenig – aber die falsche Kleidung kann Ihr Bauchgefühl abschnüren wie eine zu enge Jeans. Vielleicht sind Sie ja modisch interessiert und wollen immer gut aussehen, tragen zum Beispiel gern Bauchweg-Mieder, enge Gürtel oder schwindelerregende Pumps. Das ist in Ordnung, wenn Sie sich in diesen Kleidungsstücken wohl und nicht eingeengt fühlen. Aber sobald etwas drückt, ziept, einengt, reibt oder gar wehtut, ist das nicht nur lästig, sondern behindert auch die Intuition. Die Energie fließt nicht mehr richtig. Als hätten wir einen lästigen Mückenstich, kehren die Gedanken immer wieder zum unangenehmen Gefühl zurück. Wenn wir uns mit Kleidungsstücken beengen, beengen wir auch unseren Geist! Bequeme Kleidung bedeutet natürlich nicht, dass Sie sich einen weiten Sack überhängen sollen. Nicht jeder muss wie ein Vollblut-Yogi in weiten weißen Stoffhosen herumrennen.

Bequeme Kleidung kann toll aussehen, sie kann auch eng anliegen, aber bequem ist sie eben nur, wenn sie wirklich passt und vor allem alltagstauglich ist. Falls Sie hohe Schuhe nur eine Stunde tragen können, ohne Blasen zu entwickeln, dann sind diese für einen Tag, an dem Sie viel stehen müssen, eben nicht geeignet. Kaufen Sie am besten Schuhe mit Fußbett und Anti-Shock-Sohle und Kleidung mit einem kleinen Anteil Elasthan für die bessere Passform – damit Sie sich in jeder Lebenslage rundum wohlfühlen. Wenn Sie sich ein Kleid eine Nummer kleiner kaufen, um sich zur Diät zu motivieren, müssen Sie sich nicht wundern, wieso Sie Schwierigkeiten haben, sich zu entspannen.

Ich meine es ernst: Machen Sie es sich bequem! Das heißt, investieren Sie im Zweifel lieber in ein paar Kleidungsstücke weniger, dafür aber in solche, die von besserer Qualität oder gar maßgeschneidert sind. Sie müssen Ihnen natürlich auch gefallen und nicht allein bequem sein – aber etwas nur um des modischen Looks willen zu kaufen, dessen Qualität und Passform zu wünschen übrig lässt, kann sich rächen.

Eine gute Anschaffung sind übrigens auch Dinge wie ein bequemer Lieblingssessel, im Sommer eine Hängematte für den Garten, kuschelige Kissen, ein angenehmer Bürostuhl oder ein hervorragendes Bett – so können Sie sich entspannen, wo immer Sie sich gerade befinden.

Wenn all das auch noch gut aussieht, umso besser. Die Umgebung schön und angenehm zu gestalten fördert ebenfalls die Intuition, denn unsere Sinne sind pausenlos aktiv. Sobald wir etwas Schönes wahrnehmen, entspannt sich der Geist und öffnet sich von ganz allein. Ganz besonders den Bereichen, in denen Sie sich häufig aufhalten, etwa Ihrem Arbeitsplatz im Büro oder dem Homeoffice, sollten Sie bewusste Aufmerksamkeit bei der Gestaltung widmen. Das signalisiert Ihrem Unterbewusstsein auch, dass Sie sich selbst wichtig nehmen. Das wiederum ist ein ganz essenzielles Signal für Ihre Intuition. Nur ein Mensch, der sich selbst für wert befindet, ein wunderbares Leben zu führen, kann auch entsprechende Hinweise aus seinem Unterbewusstsein erhalten, die ihn auf genau diesen Weg zu seinem wunderbaren Leben leiten. Sie stoßen mit Ihrer Wertschätzung für sich selbst eine Kettenreaktion an.

In meiner Umgebung finden sich zum Beispiel viele kuriose Gegenstände aus anderen Jahrhunderten, kleine Kästchen, Maschinen, deren Sinn und Zweck sich erst auf den zweiten Blick erschließen. Das sind Dinge, die ich auf Flohmärkten oder bei Auktionen entdeckt habe – sie erinnern mich daran, was ich bin. Und wenn ich auf meinen in London angefertigten Gehstock schaue, seinen glatten Knauf befühle, komme ich ganz zu mir selbst. Dann werde ich zum Gedankenleser, zum Hypnotiseur, zum Magier. Eben zum Wundermacher und damit zu mir selbst.

Kleine Geschenke an Ihre Sinne

Wenn es Ihnen schwerfällt, Details zu finden, die Ihnen guttun, orientieren Sie sich bei der Gestaltung einfach an Ihren Sinnen. Integrieren Sie mindestens einen »Schmeichler« für jeden Sinn in Ihre unmittelbare Umgebung. Suchen Sie etwas in Ihrer Lieblingsfarbe, zum Beispiel eine Lampe, einen Vorhang oder ein Bild, das Sie schon beim Blick darauf in eine schöne Landschaft entführt. Falls Sie keine ausgewiesene Lieblingsfarbe haben, können Sie in der Farbpsychologie Unterstützung finden: Rot regt an, Rosa macht gelassen, Orange macht Appetit und gute Laune, Grün entspannt und macht kreativ, Gelb hebt die Stimmung und macht ebenfalls kreativ, Blau kühlt und beruhigt – kann aber auch Kraft rauben.

Besorgen Sie sich dann etwas, das Sie gerne anfassen und befühlen. Das kann ein schöner Stein sein, eine besondere Tasse, die angenehm in der Hand liegt, oder auch ein geschliffener Schreibtisch aus Holz. Suchen Sie bewusst Musik aus, die Sie als angenehm und beruhigend empfinden und die Sie im Hintergrund leise abspielen können. Damit ist nicht ein pausenlos dudelndes Radio gemeint, sondern Musik, die Ihnen wirklich etwas gibt. Falls Ihnen nichts einfällt, probieren Sie es doch einmal mit Mozart. Seine Sonate für zwei Klaviere in D-Dur haben Wissenschaftler am Center for the Neurobiology of Learning & Memory an Studenten getestet, die daraufhin nicht nur entspannter waren, sondern auch in IQ-Tests deutlich besser abschnitten.

Haben Sie Düfte, die Ihnen angenehme Empfindungen bereiten? Vielleicht erinnert Sie Lavendel an Südfrankreich, Wildrosenduft an Urlaube in Dänemark? Dann könnten Sie sich einen Raumbedufter besorgen, in den Sie ätherische Öle tropfen können oder auch eine Handcreme mit solchen Ölen, die Sie bei Bedarf benutzen. Falls Apfelduft Sie vom Garten Ihrer Oma träumen lässt, in dem Sie besonders glücklich waren, stellen Sie ganz einfach eine Schale Äpfel auf. Stimmungsaufhellend auf fast alle Menschen wirkt der Duft von Zitronen, Bergamotte – den übrigens auch Earl Grey-Tee verströmt – und Orangen. Zimt und Pfefferminze wirken dagegen motivierend.

Vergessen Sie nicht Ihren Geschmackssinn. Haben Sie immer etwas griffbereit, von dem Sie wissen, dass es Ihnen besondere Geschmackssensationen verschaffen kann. Dabei geht es um das Aroma, nicht darum, etwas in sich hineinzustopfen. Wenn eine Tüte Gummibärchen bei Ihnen keine fünf Minuten übersteht, sollten Sie lieber etwas anderes wählen. Vielleicht ein starkes Lakritz, von dem Sie immer nur ein oder zwei Stückchen auf einmal essen können. Oder sehr dunkle, intensive Schokolade. Einen besonderen Tee. Genießen Sie bewusst, es geht darum, über Ihren Sinn vollkommen das Hier und Jetzt zu spüren. Denken Sie an die vorhin erwähnte Achtsamkeitsübung, bei der Sie ganz langsam eine Rosine erschmecken sollten – genauso machen Sie es mit Ihrer Lieblingsnascherei.

Seien Sie es sich wert, es sich mit allen Sinnen schön zu machen, das ist keine Nebensache, es geht um Ihr Leben – und Ihre Intuition!

ICH SCHMECKE DAS, WAS DU GRAD SCHMECKST

Mit dem Geschmackssinn und Ihrer Intuition können Sie auch wunderbar spielen – Sie können nämlich tatsächlich telepathisch übermitteln, was Sie gerade schmecken. Besorgen Sie sich dazu Bonbons in eindeutigen und nicht zu ähnlichen Geschmacksrichtungen. Sie sollten sehr gut zu unterscheiden sein, etwa Pfefferminz, Zitrone, Lakritz, Schokolade, Eukalyptus und Karamel. Setzen Sie sich einem Partner gegenüber und nehmen Sie ein Bonbon, ohne dass der andere sieht, wofür Sie sich entschieden haben. Schließen Sie die Augen und lassen Sie es auf der Zunge zergehen. Konzentrieren Sie sich nur auf den Geschmack. Dabei müssen Sie nicht denken »Zitrone, Zitrone, Zitrone«. Es reicht vollkommen, einfach nur konzentriert zu schmecken. Aufgabe Ihres Partners ist es, intuitiv zu erraten, was Sie da gerade genüsslich auf der Zunge zergehen lassen. Er schließt dazu ebenfalls die Augen. Dann konzentriert er sich darauf, das Aroma zu erspüren, das Sie ihm telepathisch schicken. Er lässt das Wasser im Mund zusammenlaufen, bis er eine Ahnung des Aromas schmeckt. Dann gibt er seinen Tipp ab. Anschließend werden die Rollen gewechselt. Dieses Spiel bringt fast immer verblüffende Erfolgserlebnisse und macht unglaublich viel Spaß. Man kann es auch wunderbar mit Kindern auf langweiligen Auto- oder Bahnfahrten spielen. Wenn Sie als Fahrer ebenfalls mitmachen, sollten Sie allerdings aus naheliegenden Gründen darauf verzichten, die Augen zu schließen.

Die Meditationen des Alltags

Die meisten von uns haben ein ständiges Geschnatter im Kopf, einen permanenten Selbstdialog. Es kann passieren, dass wir gerade am Meer am fabelhaftesten Sonnenuntergang vorbeispazieren und für dieses Wunder vollkommen blind sind, obwohl wir unsere Augen weit geöffnet haben. Es schießt uns stattdessen durch den Kopf, was wir noch einkaufen müssen, wir denken darüber nach, was jemand anders zu uns gesagt hat, planen den nächsten Tag oder grübeln, wie wir ein Problem lösen können. Dieses ständige innere Gerede verhält sich zur Intuition wie ein wimmelnder, lauter Bahnhof, auf dem ständig Lautsprecherdurchsagen zu hören sind: Leise Töne werden nicht mehr wahrgenommen. Aber die Intuition kommt auf leisen Pfoten daher. Sorgen Sie darum, so oft es geht, für Ruhe. Wenn Sie das nächste Mal spazieren gehen, versuchen Sie, eine Weile gar nichts zu denken. Das klappt, indem Sie sich zum Beispiel auf den Fluss Ihrer Atmung konzentrieren. Das ist bereits eine Meditation. Man braucht keine komplizierten Atemübungen, um das zu erreichen. Unser Körper und unser Geist beherrschen bereits alles. Von der Atmung gehen Sie dazu über, den Energiefluss in Ihrem Körper zu erspüren. Spüren Sie, wie sich jeder einzelne Körperteil anfühlt. Ihr Fuß im Schuh, Ihre Wade unter der Jeans. Ihr Oberschenkel, Ihr Bauch und so weiter. Fühlen Sie das leichte Kribbeln, wenn Sie Ihre Aufmerksamkeit in Ihre verschiedenen Körperteile lenken?

Wenn Sie das eine Weile getan haben, können Sie mit der meditativen Wahrnehmung Ihrer Umgebung weitermachen. Nehmen Sie alles auf: Den Wind auf der Haut. Das Geräusch Ihrer Kleidung. Das Rauschen der Blätter in den Bäumen. Den Duft der Blüten am Wegesrand. Das Lichtspiel der Sonne auf dem Kies. Das Tuckern des Mofas, das vorbeifährt. Werten Sie dabei nicht. Geben Sie keine inneren Kommentare oder Urteile ab. Spüren Sie lediglich das Sein.

Diese Übung können Sie natürlich auch bei jeder anderen Tätigkeit machen. Beim Kochen, beim Wäschewaschen oder auch nur beim Sitzen auf dem Sofa. Wenn Sie diese einfache Meditation zu einem festen Bestandteil Ihres Alltags werden lassen, werden Sie Ihre gedankenfreie Zeit immer weiter ausdehnen können. Dadurch wird Stress reduziert. Jeder solche meditative Moment wirkt wie ein kleiner Miniurlaub. Eines Tages werden Sie einfach nur »Stopp« denken und schon sind die Gedanken und Sorgen ausgeknipst. In diesen stillen Raum können nun intuitive Eingebungen strömen. Plötzlich fallen Ihnen Dinge auf, die Sie vorher nicht entdeckt haben. Auf einmal sind da Bilder, die mit dem Kontext gar nichts zu tun haben. Ideen. Kreativität.

DER GEDANKENSTOPPER

Das folgende, sechsstufige Ritual mache ich immer, wenn ich in eine negative Gedankenspirale aus Sorgen und Pflichten gesogen werde und ich dem sofort Einhalt gebieten will. Machen Sie die Probe aufs Exempel! Das Ritual macht Ihnen Ihr Denken bewusst und hebt Sie aus allem Negativen direkt ins Jetzt:

1. Ich erkenne einen negativen Denkprozess und denke sofort an ein großes rotes Stoppschild.
2. Ich sage innerlich mehrmals das Wort »Löschen«.
3. Ich atme tief ein und wieder aus, entspanne mich.
4. Ich drehe den Gedanken von zuvor vom Negativen ins Positive (der Gedanke »Ich kann doch nicht ...« wird zu »Ich werde das schaffen ...«, aus »Ich habe Angst, dass ...« wird »Ich bin neugierig, was passieren wird.«). Diesen neuen, positiven Satz sage ich nun mindestens 20 Mal innerlich auf.

5. Ich atme tief ein und aus.
6. Ich lächele für mindestens 30 Sekunden, am besten für zwei Minuten.

Das Ergebnis ist immer durchschlagend und unmittelbar.

Das Intuitions-Notizbuch

Manche Leute schreiben jeden Bissen auf, den sie essen, um ein Gefühl dafür zu bekommen, was sie eigentlich täglich zu sich nehmen. Andere haben ein Notizbuch am Bett liegen, um nachts ihre Träume notieren zu können. Wie wäre es stattdessen mit einem kleinen Intuitions-Notizbuch? Schreiben Sie es auf, wann immer Ihnen ein ungewöhnlicher Gedanke aus dem »Nichts« kommt. Egal was. Das kann zum Beispiel eine Lösung für ein Problem sein, eine Geschäftsidee, eine überraschende telepathische Erkenntnis oder der intensive Gedanke an einen anderen Menschen.

Nehmen wir an, Sie müssen plötzlich an Ihre Großmutter denken – und eine Minute später ruft sie an. Das ist so ein Fall für das Notizbuch. Genauso wie eine großartige Idee oder eine Problemlösung, die Ihnen auf einmal in den Sinn kommt. Schreiben Sie zunächst den Gedanken selbst auf. Und dann notieren Sie, was Sie in dem Moment gerade getan haben, als Ihnen der Gedanke kam. Wie haben Sie sich gefühlt? Waren Sie gestresst oder glücklich? War etwas anders als sonst? Wenn Sie mehrere solcher Situationen zu Papier gebracht haben, werden Sie bald ein Muster erkennen. Vielleicht hören Sie bei Ihren Intuitions-Momenten immer gerade Musik oder gehen spazieren. Oder Sie stellen fest: Wenn ich bügele, bekomme ich die tollsten Ideen. (Hausarbeit und Aufräumen sind übrigens schöne Möglichkeiten, meditative Momente im Alltag zu erleben. Wenn wir Ordnung in etwas Äußeres bringen, überträgt sich das auf unser Innenleben.)

Aber Achtung: Wenn Sie merken, wie Ihre Intuition sich Raum verschafft, kann das sehr beeindruckend sein. Plötzlich fühlt man sich wie ein Magier mit übersinnlichen Fähigkeiten. Hüten Sie sich nun davor, sich zu überschätzen und plötzlich alles erspüren zu wollen – das erzeugt einen Erfolgsdruck, unter dem die Intuition sich ganz schnell wieder verkrümelt. Die Intuition braucht eine gewisse Demut. Stellen Sie sich vor, Sie haben einmal aus einer Eingebung heraus ein Los gekauft und tatsächlich eine gewisse Summe Geld gewonnen. Wenn Sie nun, beflügelt von dieser Erfahrung, den ganz großen Gewinn wittern und ständig in sich hineinhorchen, ob Sie denn vielleicht wieder ein Los kaufen sollten, hören Sie am Ende höchstens noch eine Art Phantomintuition. Dann ist der Wunsch der sprichwörtliche Vater des Gedankens – und Sie sind nicht mehr in Kontakt mit Ihrem Bauchgefühl.

MOMENT MAL!

Heute habe ich in der Sonne gesessen und einen duftenden Kaffee und ein Croissant genossen. Ich habe einem Freund geholfen und meine Frau und meinen Sohn lange in die Arme genommen. Welche schönen Momente haben Sie heute erlebt? Schreiben Sie jeden Abend (mindestens) drei schöne Momente Ihres Tages auf – oder so viele, wie Ihnen einfallen. Mit dieser Übung fokussieren wir unser Unbewusstes auf die Schönheit in unserem Leben – und geben damit unserer Intuition den Befehl, noch mehr davon aufzuspüren.

Gehen Sie auf Empfang –
öffnen Sie Ihre Intuitions-Kanäle

Es gibt in jeder Bevölkerungsgruppe, in jedem Land, in jeder Gesellschaft Menschen, die einen besonders guten Kontakt zu ihrer Intuition haben. Diese Menschen sind keine Zauberer. Sie unterscheiden sich kaum von den anderen. Der einzige Unterschied besteht darin, dass sie bereit sind, hinzuhören. Sie nehmen sich selbst, ihr Ego, nicht so wichtig und gehen nicht von vornherein davon aus, alles sowieso zu wissen. Sie lassen die Intuition zu.

Kulturelle Glaubenssysteme spielen bei diesem Zulassen eine große Rolle. Wenn man in einer Gesellschaft groß wird, in der Geister eine normale Erscheinung sind, wird man offener für intuitive Eingebungen des Unbewussten sein – und wird diese dann eben als Botschaft der Geister interpretieren. Die Annahme der Existenz von Geistern öffnet der Intuition einen Kanal, durch den sie sich ausdrücken kann. Ist diese Parallelwelt gesellschaftlich tief genug verankert, wird sie nicht als Widerspruch zu einer rationalen Weltsicht empfunden. In Mexiko kann sich etwa selbst ein Atomphysiker auf den Weg zu einer Hexe machen, um sich vor einem bösen Zauberspruch zu schützen. Auch in der japanischen Naturreligion des Shintoismus glaubt man an gute Geister, meist die verstorbenen Ahnen, und deren Gegenspieler. Es gibt Rituale, um böse Geister zu vertreiben und Götter, die einen beschützen. Plötzliche Einsichten sind darum nichts Unheimliches, das man am besten ignoriert oder unterdrückt, sondern im Zweifel einfach göttlich.

Auch in unserer Gesellschaft gibt es Menschen, die an Engel glauben, an Astrologie oder Schutzgeister. Damit geben sie ihrer Intuition ein Sprachrohr. Doch das sind die wenigsten. Dennoch haben wir alle intuitive Fähigkeiten in uns.

Wenn es Ihnen schwerfällt, sich auf die Existenz übersinnlicher Wesen einzulassen, hilft es Ihnen vielleicht, wenn Sie wissen, dass Geister, Götter und auch Engel nur Hilfsmittel sind, um unser Unterbewusstsein hören zu können. Sie sind Symbole – suchen Sie sich eins aus! Bei der Vielfalt der existierenden Religionen und Glaubensrichtungen ist es schließlich recht unwahrscheinlich, dass allein eine Gemeinschaft Bescheid weiß und alle anderen völlig daneben liegen. Wahrscheinlicher ist es, dass sich irgendwo darunter eine Wahrheit verbirgt, die für alle Menschen die gleiche ist, ob gläubig oder nicht.

Die Persönlichkeit spielt auch eine große Rolle bei der Frage, ob es uns leichtfällt, auf die Intuition zu horchen. Extrovertierte Menschen zeigen zum Beispiel häufiger eine Begabung zum intuitiven Wahrnehmen als introvertierte. Das liegt daran, dass Extrovertierte es gewohnt sind, alles, was in ihnen ist, wichtig zu nehmen und nach außen zu tragen. Introvertierte haben zwar genauso gute intuitive Einsichten, aber sie sind skeptischer und behalten ihre Erkenntnisse eher für sich. Sie trauen ihrer Intuition weniger, weil es sie unter Stress setzen würde, ihr offen zu folgen: Was sollen denn die anderen denken?

Wenn Sie also eher introvertiert sind: Machen Sie sich bewusst, dass das, was da an Botschaften von Ihrem Bauchgefühl kommt, etwas ist, dass Sie ernst nehmen dürfen. Sie müssen es ja gar nicht an die große Glocke hängen, wenn Sie Ihrer Intuition folgen. Tun Sie es einfach. Sie sind niemandem Rechenschaft schuldig. In Ihnen wohnt eine Weisheit, die Sie besser kennt als jeder andere Mensch auf diesem Planeten. Manchmal helfen auch kleine Tricks, um dem Bauchgefühl auf die Sprünge zu helfen, wie zum Beispiel eine der beiden folgenden Übungen:

DAS MÜNZ-ORAKEL

Nehmen Sie drei Münzen zwischen die Handflächen, als wollten Sie würfeln. Schütteln Sie sie. Stellen Sie dabei eine Frage, die mit Ja oder Nein beantwortet werden kann. Wenn nun mehr Münzen mit der Zahl nach oben liegen, bedeutet das Ja. Liegen mehr Münzen mit dem Bild nach oben, heißt das Nein. Der eigentliche Sinn des Orakels ist aber nicht, der Anweisung ohne Wenn und Aber zu folgen. Fragen Sie sich: Gefällt Ihnen die Antwort? Oder sträubt sich etwas in Ihnen vehement dagegen? In jedem Fall wissen Sie jetzt, was Ihr Unterbewusstsein will.

DAS UNBEWUSSTE MIT DEM PENDEL BEFRAGEN

Für diese mysteriöse Übung benötigen Sie ein Pendel. Falls Sie keines besitzen, können Sie einfach eines herstellen, indem Sie einen Ring oder einen anderen kleinen und relativ schweren, symmetrischen Gegenstand, zum Beispiel einen alten Schlüssel, an einer Kordel befestigen. Nun denken Sie sich ein Wort aus. Zum Beispiel »Giraffe« (Sie können aber auch jedes andere Wort nehmen). Dieses Wort schreiben Sie einmal orthographisch korrekt auf eine kleine Karteikarte. Auf drei andere Kärtchen des exakt gleichen Formats schreiben Sie das Wort absichtlich falsch, etwa »Kiraffe«, »Schiraffe« oder »Giraphö«. Nun drehen Sie die Karten um und mischen sie gründlich. Anschließend nehmen Sie ein Kärtchen – weiterhin mit dem Wort nach unten – und halten das Pendel darüber. Dafür nehmen Sie das Ende der Kordel locker zwischen Daumen und Zeigefinger. Legen Sie fest, welche Richtung des Pendels »richtig« oder »falsch« bedeutet. Sagen wir, ein im Uhrzeigersinn schwingendes Pendel bedeutet »richtig«, die Gegenrichtung »falsch«. Nach einer Weile wird das Pendel beginnen, in eine Richtung zu kreisen. Sie werden erstaunt sein über die Treffsicherheit. Wie es dem Unterbewusstsein, das

das Pendel steuert, möglich ist, quasi durch die Kärtchen hindurchzusehen, wird möglicherweise immer ein Rätsel bleiben, aber es funktioniert! Haben Sie das eine Weile geübt, so können Sie natürlich auch eine Frage stellen, wenn Ihnen einmal eine Entscheidung auf den Nägeln brennt. Das Schöne dabei: Wenn Sie einen inneren Widerstand gegen die Antwort des Pendels verspüren, wissen Sie sofort, welcher Meinung Ihre Intuition ist.

Kapitel 4

Ich kenne dein Geheimnis: Wie wir alle intuitiv in Verbindung stehen

Vor einigen Jahren wollte ein TV-Sender meine Gedankenlese-Fähigkeiten auf die Probe stellen. Am Bahnhof in Berlin wurde mir eine mir bis dahin unbekannte Frau vorgestellt und ich bekam ihren Wohnungsschlüssel in die Hand gedrückt. Nun sollte ich per Gedankenkraft herausfinden, wo die Dame lebt. Zunächst habe ich zu diesem Zweck das Kontaktgedankenlesen angewendet (siehe auch die auf den nächsten Seiten folgende Übung gleichen Namens). Dazu berührte ich meine Mitspielerin leicht am Arm, während sie jeweils bloß an eine Richtung *denken* sollte: geradeaus, rechts oder links. Ich empfing bei jedem dieser Gedanken einen kaum merklichen Impuls in eine bestimmte Richtung und marschierte los. Diese Art des Gedankenlesens – oder besser Gedankenerspürens – lässt sich mit dem sogenannten Carpenter-Effekt gut erklären: Der englische Mediziner und Naturwissenschaftler William Benjamin Carpenter hat 1852 zum ersten Mal beschrieben, dass ein Gedanke an eine Bewegung eine winzige motorische Reaktion in genau dem Muskel auslöst, der für die gedachte Bewegung zuständig wäre. Wenn die Frau also »links« dachte, spürte ich ganz subtil einen Linksdrall.

So weit, so wenig mysteriös.

Doch nach einer Weile hatte ich plötzlich das Gefühl, diese Berührung nicht mehr zu benötigen. Ich ließ die Dame los. Das Gefühl, Witterung aufgenommen zu haben, war stark.

Schließlich überholte ich die Frau und schritt voran durch einen mir völlig unbekannten Stadtteil. Nach einer Weile hatte ich die Frau, die weiterhin fokussiert an ihren Heimweg denken sollte, komplett abgehängt. Ich sah sie nicht mehr, ich hörte nicht einmal mehr ihre Schritte. Dann, ganz plötzlich, hatte ich den Impuls, stehen bleiben zu müssen. Ich stand vor einem Haus, sah hinauf zum Dach und ich wusste: Hier passt der Schlüssel! Es stimmte! Nicht nur ich wunderte mich darüber, wie präzise meine Intuition mich nach den nur gedachten Anweisungen der Frau geführt hatte. Die letzten Kilometer rein telepathisch.

Jeder kann Gedanken lesen

Gedanken, Stimmungen, Bedürfnisse oder Wünsche anderer Menschen aufzufangen und zu deuten ist ein besonders faszinierender Bereich der Intuition. Als Gedankenleser, aber auch als Hypnotiseur gehört das zu meinem Beruf. Doch ich verrate Ihnen ein Geheimnis: Ich bin nicht etwa eine große Ausnahme! Auch Sie können das. Ja, wir alle haben diese Fähigkeiten in uns. Wir müssen sie allerdings zulassen. Wer von vornherein abwehrt und sagt »Alles Humbug!«, wird nie solche faszinierenden Erlebnisse haben wie ich, als ich herausgefunden habe, wo die unbekannte Frau lebt. Denken Sie an den *Sheep-Goat*-Effekt aus dem zweiten Kapitel: Nur, wer an Wunder glaubt, erlebt sie auch!

Fähigkeiten wie das Gedankenlesen können wir sehr gut trainieren. Das fängt schon mit einfacher Beobachtung anderer Menschen an. Wenn Sie jemanden betrachten, werden Sie innerhalb von Sekundenbruchteilen merken, in welcher Stimmung die andere Person ist (es sei denn, der- oder diejenige ist ein hervorragender Schauspieler). Das liegt an den sogenannten Spiegelneuronen. Das sind die Nervenzellen im

Gehirn, die auch dafür sorgen, dass ein Baby schon mit ein paar Wochen zurücklächelt, wenn wir es anlächeln. Diese Nachahmungs-Neuronen sind außerdem dafür verantwortlich, dass wir sofort »angesteckt« werden, wenn jemand in unserer Nähe gähnt. Sobald wir den optischen Reiz des gähnenden Gegenübers empfangen, bringen die Spiegelneuronen unsere Gesichtsmuskeln dazu, diese Mimik zu imitieren. Das geschieht unbewusst. Wenn Sie Bescheid wissen, können Sie dagegen ankämpfen, das fühlt sich an, als würde man mit Gewalt die Muskeln im Gesicht festhalten.

Damit nicht genug. Unsere Gesichtsmuskeln reagieren sehr sensibel auf unsere Stimmung. Wenn wir skeptisch sind, runzeln wir unwillkürlich die Stirn. Denken wir an etwas Schönes, lächeln wir. Durch das – automatische – Nachmachen dieser zum Teil nur winzigen Bewegungen, können wir unmittelbar intuitiv nachempfinden, was unser Gegenüber fühlt. Das wiederum funktioniert über den Prozess des sogenannten *Facial Feedback*. Denn so, wie die Stimmung die Mimik beeinflusst, wirkt sich auch umgekehrt die Mimik auf die Stimmung aus. Versuchen Sie mal, bewusst zu lächeln und dabei längere Zeit schlecht gelaunt zu bleiben. Das ist genauso unmöglich, wie mit zornig zusammengezogenen Augenbrauen gute Laune zu bekommen.

Gleiches gilt für die Gestik und Körpersprache. Ich habe beobachtet, dass besonders ältere Frauen heute immer noch dazu tendieren, sich in Anwesenheit von Männern körperlich zurückzunehmen und möglichst wenig Raum zu beanspruchen. Sie sitzen mit angelegten Ellenbogen und eng übereinandergeschlagenen Beinen. Das sieht auf den ersten Blick vielleicht elegant aus, ist aber ein Korsett fürs Selbstbewusstsein. Die anderen merken sofort, dass sie mehr Platz bekommen haben – und nehmen ihn ein. Körperlich und verbal. So manifestieren sich alte Rollenbilder bereits unbewusst über die Körpersprache.

Hätten Sie gerne sofort mehr Selbstvertrauen? Dann nehmen Sie einmal bewusst eine Jubelpose ein, als hätten Sie gerade eine Goldmedaille gewonnen. Das wirkt zum Beispiel ganz wunderbar vor einem Vorstellungsgespräch. Ihr Geist empfängt die Botschaft: Alles ist super, ich habe gewonnen! Ihr ganzer Körper wird sich straffen und auch noch nach dem eigentlichen Jubeln eine selbstbewusstere Haltung annehmen. Wenn nun der potenzielle Vorgesetzte Sie so sieht, spürt er intuitiv: Diese Person ist sich ihrer selbst sicher. Sie weiß, was sie kann. Das ist schon die halbe Miete – schließlich werden Stellen meist viel mehr aus dem Bauch heraus besetzt, als sich Personaler eingestehen.

Ein anderer Vorschlag: Setzen Sie sich einmal richtig raumgreifend hin. Die Arme auf die Sofalehnen, die Beine breit aufgestellt (okay, das sollten Sie jetzt nicht unbedingt im Vorstellungsgespräch machen, denn das wirkt vermutlich eine Spur zu selbstsicher). Es geht darum, wie sich eine auf den ersten Blick vielleicht übertrieben wirkende Aktion auf Ihren Geist auswirkt. Sie werden feststellen, dass Ihre Psyche der Bewegung sofort folgt, denn ihr wird signalisiert: Ah, ich habe Raum, ich kann mich entfalten! Das fühlt sich gut an, nicht wahr?

Wir haben also einen ständigen Radar eingeschaltet, mit dem wir uns selbst und unsere Mitmenschen pausenlos wahrnehmen und interpretieren. Nicht bewusst, sondern intuitiv. Wir fühlen uns ein. Ganz ohne unser Zutun. Wundern Sie sich nicht manchmal, warum Sie eigentlich nicht mit etlichen Menschen zusammenstoßen, wenn Sie durch eine volle Fußgängerzone spazieren? Auch das liegt an den Spiegelneuronen. Unser Gehirn erkennt das Bewegungsmuster der anderen Menschen, selbst wenn sie sich nur am Rande unseres Sichtfeldes befinden. Das Gehirn antizipiert blitzschnell, wohin sie sich bewegen und stimmt unsere eigene Bewegung darauf ab. Es sei denn, jemand ändert abrupt sein Bewegungsmuster, weil ihm zum Beispiel eingefallen ist, dass er vergessen hat, Milch zu kaufen und er noch mal zurück zum Supermarkt muss. Dann passieren Kollisionen, die sonst sehr selten sind. Probieren Sie doch einmal aus, in einer dicht gedrängten Fußgängerzone Ihren Blick auf einen weit entfernten Punkt zu fixieren. Auf diesen Punkt bewegen Sie sich dann zu – ausnahmsweise einmal, ohne Ihre Mitmenschen zu beachten. Wie das Wasser sich vor Moses teilte, werden die Leute zurückweichen. Deren Spiegelneuronen erkennen sofort, dass Sie nicht darauf achten, wo Sie hintreten. Das führt zu einer unwillkürlichen Ausweichbewegung.

Das Einfühlen ist uns also in die Wiege gelegt und die Grundlage für Empathie. Wir sind Kooperationswesen und nur durch Kooperation sind wir dahin gekommen, wo wir heute sind. Wenn wir im Laufe der Evolution allein gegeneinander agiert hätten, wären wir längst ausgestorben. Ich glaube nicht an die These, dass wir im Grunde alle gegeneinander kämpfen.

Doch die Spiegelneuronen sind nur die Spitze des Eisberges. Ein winziges Guckloch ins Innere der anderen. Aber wenn Sie sich zuerst öffnen, können Sie Ihren Mitmenschen fast auf den Grund ihrer Seelen schauen – Sie können ihre Gedanken und Gefühle erraten. Wenn ich Menschen neu kennenlerne, passiert es oft, dass die bereits nach zwei Minuten sagen: »Komisch, ich habe das Gefühl, dich seit Ewigkeiten zu kennen. In deiner Nähe muss ich mich gar nicht verstellen.« In diesem Moment wird nicht nur meine Mimik, sondern meine Grundhaltung zurückgespiegelt. Eine Grundhaltung, die andere dazu bringt, mir zu vertrauen und sich mir zu öffnen:

– So sehr ich es auch liebe, mich zu verkleiden und Neues auszuprobieren, so sehr bleibe ich dabei immer ich selbst. Ich bin aufrichtig und spiele niemals etwas vor, was ich nicht bin oder fühle.

- Ich bin präsent im Moment, mit allen Sinnen auf das Jetzt fokussiert.
- Dabei bin ich vollkommen offen für mein Gegenüber, ich *be*urteile nicht.
- Ich höre aufmerksam zu und fühle mich in jeder Sekunde in mein Gegenüber hinein. Dabei öffne ich mich noch weiter, um ins Kleinste hinein zu erspüren, wo sich der andere Mensch gerade emotional befindet. Was ihn im Augenblick bewegt.

All das fühlt mein Gegenüber automatisch – und öffnet sich nun selbst. So wird intuitive Kommunikation auf allen Ebenen möglich.

KONTAKTGEDANKENLESEN

Mit dieser Übung habe auch ich mich an das Thema Gedankenlesen herangetastet – im wahrsten Sinne des Wortes. Bitten Sie dazu zunächst einen Mitspieler, sich neben Sie zu stellen. Fordern Sie nun die andere Person auf, mit festem Griff Ihren Unterarm zu umfassen. Nur nicht zimperlich, Sie müssen schon einen kräftigen Druck spüren. Nun soll Ihr Mitspieler nichts anderes tun, als intensiv an eine Richtung zu denken. Also rechts, links, vorne oder hinten. Dabei soll er sich keinesfalls bewegen. Während der andere so vor sich hin denkt, bewegen Sie Ihren Körper ganz leicht und probieren dabei vorsichtig alle Richtungen aus. Eine wird sich ganz subtil anders anfühlen – das ist die Richtung, an die Ihr Mitspieler denkt. Vielleicht klappt diese Übung nicht auf Anhieb, aber mit ein wenig Übung werden Sie merken, wo die buchstäbliche Reise hingehen soll. Tun Sie nun einen Schritt in die gedachte Richtung. Auf diese Weise kann Ihr Spielpartner Sie durch ein ganzes Wohnviertel dirigieren. Je öfter Sie üben, umso besser werden Sie – und eines Tages ist es so weit, dass

Sie diese faszinierende Fähigkeit nie wieder verlernen können. Sie ist in Ihr Unterbewusstsein gesunken, jederzeit abrufbar. Wenn Sie mögen, können Sie nach einer Weile auch einmal Ihre telepathischen Fähigkeiten testen und versuchen, den anderen loszulassen und ohne Körperkontakt nebeneinander her zu gehen, während Ihr »Mitgeher« nur an den Weg denkt. Sie werden nach einer Weile subtile Details im Bewegungsmuster erkennen. Machen Sie sich aber nichts daraus, wenn eins dieser Experimente nicht direkt klappt. Das muss nicht unbedingt an Ihnen als »Empfänger« liegen, manche »Sender« sind zu verkrampft, als dass Sie ihre Impulse gut erspüren könnten. Testen Sie die Sache einfach mit verschiedenen Menschen. Auch hier macht Übung den Meister.

Die Energie der Gedanken

Gedanken können nicht nur über unbewusste Bewegungen, sondern auch über Distanz aufeinander reagieren. Menschen umgibt eine Energie. Das erfahre ich in meiner Arbeit tagtäglich, aber auch im ganz normalen Leben. Manchmal ist diese Energie auch unangenehm. Es kommt vor, dass ich durch eine Fußgängerzone schlendere und hinter mir läuft im gleichen Tempo eine Person, deren Ausstrahlung bei mir Unbehagen auslöst. Dann bleibe ich vor einem Schaufenster stehen, bis diese Person mich überholt hat. Andere Menschen haben eine derart positive Ausstrahlung, dass man das Gefühl hat, sich in ihrem Energiefeld geradezu sonnen zu können.

Vielleicht hat das mit dem elektromagnetischen Feld zu tun, das durch die Bewegung des Wassers und des Blutes in unserem Körper jeden von uns umgibt. Vielleicht liegt die Erklärung tatsächlich verborgen in der heute so oft bemühten Quantenphysik. Darin, dass jedes kleinste Teilchen einen Gegenpart hat und diese jeweils in geheimnisvoller Abhängigkeit zueinander stehen. Ich halte es da allerdings mit dem Quantenphysiker und Nobelpreisträger Richard Feynman, der gesagt hat: »Wer glaubt, die Quantentheorie verstanden zu haben, hat sie nicht verstanden.« Statt mir also anzumaßen, Telepathie quantenphysikalisch zu erklären, beobachte und erfahre ich sie lieber. Dass es so etwas wie Telepathie tatsächlich gibt, wird immer wieder in Experimenten gezeigt. Wie sie genau funktioniert, konnte jedoch noch niemand zweifelsfrei beweisen.

Rupert Sheldrake, der schon erwähnte britische Biologe, hat in Experimenten mit signifikantem Ergebnis gezeigt, dass die meisten Menschen bemerken, wenn sie von hinten angestarrt werden. In einem Versuch fiel fast 60 Prozent der Probanden auf, dass sie jemand beobachtete. In anderen Versuchen ging Sheldrake der Telefontelepathie auf den Grund – also dem Phänomen, wenn man zum klingelnden Telefon greift und noch bevor man die Nummer des Anrufers sieht, unwillkürlich den Gedanken an eine bestimmte Person hat. Oder man denkt intensiv an jemanden, und kurz darauf ruft dieser Mensch an. Im Experiment benannten die Probanden für Sheldrake vier Kontaktpersonen. Nach dem Zufallsprinzip wurde nun aus den vier Personen eine ausgewählt, die tatsächlich anrief. Vor dem Abheben sollte der Proband seinen Tipp abgeben, wer am anderen Ende der Strippe war. Statistisch normal wäre eine Trefferquote von 25 Prozent. Tatsächlich lagen die Probanden jedoch in 45 Prozent der Fälle richtig. In anderen Versuchen hat Sheldrake Hunde beobachtet, die zu Hause genau dann unruhig wurden, wenn ihre Besitzer den Arbeitsplatz verließen. Und zwar auch dann, wenn das zu ungewohnten Zeiten passierte.

Ob die folgende telepathische Assoziationsübung auch mit Hunden funktioniert ist fraglich, aber sie kann dabei helfen, Sie und einen Partner auf eine gemeinsame Wellenlänge einzuschwingen. Ich mache sie sehr oft mit Klienten vor der eigentlichen Hypnosetherapiesitzung. Sie ist eine ideale Vorbereitung aufs Gedankenlesen.

DIE LICHTERSCHEINUNG

Auch für diese Übung brauchen Sie einen Partner. Entspannen Sie sich, indem Sie sich beide auf Ihren Atem konzentrieren. Schließen Sie dann die Augen und stellen Sie sich gleichzeitig ein wunderschönes helles Licht vor, das Ihre Körper umgibt. Es durchflutet Sie und Ihren Partner. Sie öffnen sich ihm völlig. Das Licht verbindet Sie und Ihr Gegenüber. In dieses Licht gibt einer von Ihnen beiden nun eine Frage – allerdings ohne sie auszusprechen. Einer von Ihnen gibt lediglich ein Zeichen, nachdem er die Frage losgelassen hat. Die Frage schwebt nun als Energie telepathisch im Raum. Anschließend öffnet sich das Gegenüber des Fragestellers dem hellen Licht noch mehr und horcht dabei auf die Gedanken, die aus diesem Licht zu ihm kommen – und spricht sie aus. Das können Namen sein, Gegenstände, Orte, Tiere, aber auch alles andere. Der Fragesteller kann nun diese Assoziationen deuten, um der Antwort auf seine Frage näher zu kommen. Diese Übung ist sogar dann sehr wirkungsvoll und verbindend, wenn Sie nicht an Telepathie glauben.

Um sich besonders gut auf die Gedanken anderer Menschen einstellen zu können, können Sie auch die später beschriebene Blitz-Meditation in Kapitel 7 machen. Oder Sie probieren eine der folgenden Übungen aus:

DAS ENERGETISCHE WÜNSCHESPÜREN

Für diese intuitive Partnerübung benötigen Sie mehrere Zettel oder Karteikarten gleichen Formats. Wichtig ist, dass die verwendeten Zettel oder Karten von hinten gleich aussehen. Schreiben Sie auf einen der Zettel einen wirklichen Herzenswunsch. Auf weitere fünf Zettel schreiben Sie Wörter, die mit Ihrem Wunsch nichts zu tun haben, egal was. Nun drehen Sie alle Zettel um, legen sie aufeinander und zerreißen sie einmal in der Mitte. Legen Sie die Papierschnitzel, immer noch mit der Schrift nach unten, auf den Tisch. Mischen Sie sie sorgfältig und verteilen Sie sie dabei flächig auf dem Tisch. Die Aufgabe Ihres Partners ist es nun, die beiden Hälften Ihres Herzenswunsches ausfindig zu machen – und zwar über Ihre Energie! Ihre Aufgabe ist es, intensiv an Ihren Wunsch zu denken. Ihr Partner lässt seine Hand über Ihrem Körper schweben und versucht, Ihre Wunschenergie zu spüren. Der Bauch in Höhe des Solarplexus ist mit Wünschen assoziiert, die Energie kann sich aber auch an anderer Stelle befinden – sie fühlt sich anders an als der Rest des Körpers. Anschließend lässt Ihr Partner die Hand über den Papierschnitzeln schweben. Dabei versucht er intuitiv, die Papierstücke zu identifizieren, die zum Herzenswunsch gehören. Das klingt vielleicht unglaublich, funktioniert aber. Und zwar umso besser, je bereitwilliger man sich darauf einlässt. Folgen Sie dem ersten Impuls – Ihrer Intuition. Auch diese Übung schwingt Ihre Energien aufeinander ein.

DIE HERZUMARMUNG

Die Herzumarmung ist eine faszinierende Partnerübung. So, wie eine Umarmung einen Streit unmittelbar beenden kann, sorgt die regelmäßig ausgeführte Herzumarmung dafür, dass ein Streit in einer Beziehung gar nicht erst aufkommt. Schauen

Sie sich in die Augen. Halten Sie den Blick für mindestens 30 Sekunden. Dabei gleichen Sie Ihre Atmung an: Atmen Sie drei Mal zusammen ein und aus, denn wenn wir unsere Atmung angleichen, tauchen wir in die Gefühlswelt unseres Partners ein. Nun umarmen Sie sich, sodass sich Ihre Herzen berühren. Schließen Sie die Augen und fühlen Sie in Ihren Partner hinein. Die Umarmung halten Sie für mindestens eine Minute. Stellen Sie sich vor, wie Ihre Herzen miteinander kommunizieren. Zum Schluss lösen Sie die Umarmung mit einem großartigen Kuss auf. Dieses hypnotische Ritual, einmal am Tag angewandt, sorgt für ein wunderbares Liebesglück.

Das Geheimnis von Nähe und Berührung

Mein Schwiegervater ist Chemiker. Ich habe ihn einmal gefragt, was seiner Meinung nach bei unserer Reaktion auf die Nähe zu anderen Menschen genau passiert. Er erklärte mir, dass diese mit dem Elektromagnetismus zu tun hat, den unser Körper ausstrahlt. Weil uns alle ein elektromagnetisches Feld umgibt, können wir andere Menschen erspüren, wenn wir ihnen nahe genug kommen. Doch nicht nur das: Wir beeinflussen sie auch. Es ist nachgewiesen, dass Wunden durch Berührung schneller heilen. Im Mittelalter nahm man in Frankreich und England an, dass die Berührung durch die Hand eines Königs oder einer Königin – der sogenannte *Royal Touch* – Krankheiten heilen könnte. Hier war allerdings wohl weniger das Königliche ausschlaggebend als die Berührung selbst. Unterstützend hinzu kam sicher der nicht zu unterschätzende Placebo-Effekt des Glaubens an die Behandlung.

Doch allein durch den Placebo-Effekt lässt sich die Wirkung des Handauflegens bei Weitem nicht erklären. Sogar Substanzen im Reagenzglas reagieren auf die Nähe einer menschlichen Hand. So berichtete mir mein Schwiegervater von

Experimenten, in denen Krankenschwestern Reagenzgläser mit krankhaft veränderten Zellkulturen in die Hand nehmen sollten. Nachdem sie diese einige Zeit gehalten hatten, hatten sich die Zellen deutlich erholt – wären die Zellen Teil eines Organismus gewesen, hätte dieser sich auf dem Wege der Besserung befunden.

Auch an einem Berliner Unfallkrankenhaus, das als Lehrklinik der Charité dient, werden alternative Heilmethoden eingesetzt. Dort arbeitet neben anderen Therapeuten ein Meister der japanischen Variante des Handauflegens, des Reiki. Der Reiki-Meister verzeichnet mit seiner Methode – trotz der Skepsis vieler dort arbeitender Ärzte – große Erfolge. Besonders hilfreich ist Reiki bei der Behandlung von Schmerzen in der Rehabilitation. Der Effekt von Berührung lässt sich sogar messen: Beim Handauflegen gleichen sich die Schwingungsfrequenzen des Handauflegers und des Empfängers an.

Die Psychophysiologin Valerie Hunt hat in den Neunzigerjahren wiederum die den Körper umgebenden Ströme gemessen. Sie hat dabei unter anderem festgestellt, dass die auftretenden Frequenzunterschiede mit den Farben korrelieren, die besonders sensible Menschen als Aura eines Menschen wahrnehmen. Bei höherer Frequenz sahen diese Leute eine andere Farbe als bei einer niedrigeren.

Vielleicht halten Sie persönlich so etwas wie Aurasehen für ausgemachten Unsinn, aber es gibt Menschen, die annehmen, dass es jeder lernen kann. Ich selbst habe irgendwann festgestellt, dass ich Farben zwar nicht in Auren sehen, aber erspüren kann. Wenn sich jemand einen farbigen Klecks in die Hand malt und ich meine eigene darüberhalte, weiß ich, ob der Klecks rot, grün, gelb oder blau ist. Auch das ist kein Hokuspokus und lässt sich erklären. Farben sind messbare Schwingungen, die nicht nur über die Netzhaut des Auges wahrgenommen werden, sondern auch über die Haut. Das entdeckte der Arzt Niels Finsen von den Faröerinseln, der 1903 für seine

Forschungserfolge in der Lichttherapie den Nobelpreis für Medizin bekam. Der beste Beweis für diese These ist, dass sogar Blinde auf Farben reagieren!

Die Schwingungsenergie der Farben fange ich also beim Kleckserspüren auf. Rot fühlt sich einfach anders an als Grün. Wärmer und energetischer. Blau strahlt Kühle aus. Sie können das selbst einmal ausprobieren, mit ein bisschen Übung spüren Sie bestimmt bald die Unterschiede. Nehmen Sie einfach verschiedenfarbige Bücher, lassen Sie diese von einem Freund neu anordnen und dann erraten Sie die Farben. Solche Fähigkeiten hat uns Menschen niemand beigebracht, sie sind angeboren und beruhen auf unserem intuitiven Körperwissen. Fürs Überleben unserer Vorfahren war es wichtig, in jeder Lage zum Beispiel energiereiches reifes rotes oder goldgelbes Obst von grünem Blattwerk unterscheiden zu können. Darum nehmen wir Rot und Gelb auf verschiedenen sinnlichen Ebenen anders wahr als den grünen Hintergrund.

Unsere Hände »sehen« ohnehin viel mehr, als wir gemeinhin annehmen. Sie sind facettenreiche Instrumente der Kommunikation. Sie stellen eine Verbindung her mit anderen Menschen und Lebewesen. Beim Streicheln der Haut des Partners, eines Babys oder auch eines Haustieres wird Oxytocin ausgeschüttet. Das ist das Hormon, das Bindungen verstärkt und das auch beim Orgasmus freigesetzt wird. Es beruhigt und entspannt. Auch unser Sprachzentrum ist direkt mit den Händen verbunden – darum verfestigt sich Aufgeschriebenes besonders gut in der Erinnerung. Aus dem gleichen Grund gestikulieren wir beim Sprechen. Diese nonverbalen Botschaften können wir intuitiv lesen, wenn wir uns nur darauf einlassen – und wir merken auch intuitiv, wenn die Gesten unseres Gegenübers gekünstelt oder einstudiert sind. Wann hatten Sie beispielsweise zuletzt den Eindruck, dass Politiker wirklich das meinen, was sie sagen?

Die Verbindung stärken

Es gibt unzählige Methoden, um unser gegenseitiges intuitives Verstehen zu steigern und um einen intuitiven Kontakt mit anderen herzustellen. Wenn ich auf der Bühne stehe und eine Verbindung zum Publikum herstellen möchte, male ich mir zum Beispiel gern aus, wie ein funkelnder Diamant vom Himmel fällt. Der Diamant trifft auf die Bühne auf. Funken sprühen. Ähnlich wie bei einem Stein, den man ins Wasser wirft, verursacht der Diamant konzentrische, glitzernde Kreise aus Licht, die das Publikum und mich gleichermaßen einschließen. Wir sind gemeinsam in einem verzauberten Zirkel – das spüre ich sofort und das spürt auch das Publikum, wie mir Zuschauer nach der Show oft berichten. Anschließend versuche ich, Fäden zu spannen zu den Menschen. Ich blicke einzelnen Personen länger als sechs Sekunden in die Augen. Ab dieser Zeitspanne fühlt sich ein Mensch wahrgenommen. Diese Fäden spanne ich wie ein Spinnennetz gleichmäßig übers Publikum. Ich blicke zunächst einige Zuschauer in den hinteren Reihen an, dann einige in der Mitte, einzelne am Rand und ein paar ganz vorne. Ich schenke dem Publikum meine volle Aufmerksamkeit und das Publikum schenkt sie mir unmittelbar zurück. Das Prinzip des Schenkens funktioniert immer, auch in solchen Situationen. Es besagt, dass wir ein Geschenk, und sei es noch so klein, erwidern möchten.

Sobald ich dann jemanden für eine Nummer nach vorne bitte, stelle ich mir vor, wie uns eine große goldene Seifenblase umschließt. Allein durch diese Vorstellung sind der Mitspieler und ich uns direkt gefühlsmäßig näher, obwohl der Zuschauer ja nichts von meiner Visualisierung weiß. Sie können das in nahezu jeder Situation selbst ausprobieren – egal, ob Sie mit Kollegen sprechen, bei Ihrem Arzt in der Sprechstunde sind oder bei Ihren Schwiegereltern zum Kaffeeklatsch auf dem Sofa sitzen. Ihre Umgebung wird Sie mit anderen Augen sehen und auch ganz anders auf Sie reagieren.

Doch Sie können noch mehr tun. Wenn ich mich für eine Hypnose mit einem Klienten treffe, aber auch vor jedem anderen wichtigen Gespräch, schüttele ich mich einmal komplett durch wie ein Hund, der gerade gebadet hat. Ich beginne beim Kopf und wackele dann den ganzen Körper bis zu den Fußspitzen durch. Dabei stelle ich mir vor, dass ich sämtliche negative Energie und alles, was bei dem Gespräch stören könnte, abschüttele wie lästige Tropfen.

All die kleinen Visualisierungen, die ich gerade beschrieben habe, sind dabei keineswegs nur Spielerei. Sie haben einen unmittelbaren Effekt – zunächst auf Sie selbst und damit zwangsläufig auch auf alle Menschen in Ihrer näheren Umgebung. Denken Sie an die Spiegelneuronen! Egal, in welcher Laune wir uns befinden: Sie steckt an, wie wir eben gesehen haben. Darum ist es immer von Vorteil, sich selbst in eine positive und vorurteilsfreie Stimmung zu versetzen. So steigern wir unsere Ausstrahlung, unsere Laune und tragen dazu bei, dass Kommunikation auch auf einer tieferen Ebene als nur der gesprochenen Sprache möglich wird.

Wollen Sie im Gespräch einen Draht zu Ihrem Gegenüber herstellen, ist eine offene Körperhaltung ein guter Anfang. Öffnen Sie bewusst verschränkte Arme. Wenden Sie sich Ihrem Gegenüber zu. Stellen Sie sich nun eine nabelschnurartige Verbindung zwischen Ihrem Gesprächspartner und Ihnen vor – der andere wird diese Verbindung unwillkürlich spüren.

Eine weitere Methode, die aus dem NLP kommt, dem Neurolinguistischen Programmieren, ist das *Matching*, das Angleichen der Körpersprache. Hier ist vor allem das *Mirroring* von Bedeutung, das sich fast automatisch bei einem guten Gespräch einstellt und das Sie bestimmt schon einmal erlebt haben: Man greift zum gleichen Zeitpunkt zum Getränk, neigt den Kopf oder die überkreuzten Beine in die gleiche Richtung und so weiter. Sie müssen aber nicht darauf warten, dass Ihr Verhalten und das des Gesprächspartners sich synchronisiert. Sie können von Anfang an ganz bewusst die Körperhaltung Ihres Gegenübers spiegeln, um die Kommunikation zu erleichtern. Erinnern Sie sich: Der Geist folgt dem Körper.

Das *Matching* lässt sich auch auf inhaltlicher Ebene nutzen. Dazu ein Beispiel: Stellen Sie sich vor, Sie sind nicht gut drauf. Nun kommt jemand mit verstörend blendender Laune herein, klopft Ihnen auf die Schulter und verkündet gönnerhaft: »Hey, das wird schon wieder!« Vermutlich fühlen Sie sich in solch einem Moment nicht besonders verstanden. Ganz anders sieht die Sache aus, wenn jemand zu Ihnen kommt, sich zu Ihnen setzt und sich zunächst auf Ihre Ebene begibt. Das kann geschehen, indem er Ihre Mimik annimmt – also spiegelt – und sich dann ehrlich erkundigt, wie es Ihnen geht.

Geht er besonders geschickt vor, benutzt er dabei Ihre eigenen Worte. Wenn Sie sagen »Mir geht es nicht gut« und er fragt zurück »Warum geht es dir nicht gut?«, spiegelt er sogar Ihre Wortwahl. Erkundigt er sich hingegen »Warum bist du denn so traurig?«, kann es sein, dass Sie aneinander vorbeireden. Selbst ein paar simple Worte stellen also eine subtile Verbindung her, einen gemeinsamen Nenner. Wichtig ist auch, dass Ihr Gegenüber Ihnen wirklich zuhört und Anknüpfungspunkte zu seinem eigenen Leben findet (»Das ist mir auch schon mal passiert«). Erst nach dieser umfassenden Spiegelung und Kontaktaufnahme auf gleichem Niveau kann der Gesprächspartner Sie dann Schritt für Schritt heben und aus Ihrer gedrückten Laune herausführen. Er holt Sie dort ab, wo Sie sind. *Leading* nennt man das im NLP.

Nun will ich natürlich nicht hoffen, dass Sie gerade Trost bitter nötig haben. Vielleicht sind Sie ja auch der- oder diejenige, die einen Freund aus einem seelischen Loch holen möchte. Dann können Sie als Ergänzung zum gerade beschriebenen *Matching* noch eine verbindende Blicktechnik anwenden: Schauen Sie bewusst erst in das linke Auge Ihres Gegenübers, dann auf die Nasenwurzel, dann ins rechte Auge und wiederholen Sie diesen Vorgang. Der beschriebene Blick ist der Blick des ersten Kusses zwischen Liebenden, die dabei automatisch ihre Augen nach diesem Muster wandern lassen. Eine ähnliche Nähe stellt allein die Blicktechnik her, obwohl Ihr Gegenüber sie nicht einmal bemerken wird. Den Spiegelneuronen sei Dank!

Apropos Kuss: Wann haben Sie Ihrem oder Ihrer Liebsten das letzte Mal einen Liebesbrief geschrieben? Keine E-Mail, sondern einen richtigen, handschriftlichen Brief? Es ist für unser Gehirn und damit für unser gesamtes Fühlen etwas vollkommen anderes, auf eine gleichförmige Taste zu drücken, als mit einem Stift schön geschwungene Buchstaben zu Papier zu bringen, von denen keiner ist wie der andere. Beim Schreiben wird Ihre Botschaft zudem auf mehreren Ebenen gesendet und die emotionale Verbindung zum Partner vertieft. Das würde sogar dann klappen, wenn Sie ihm den Brief nicht überreichten. Glauben Sie mir, Ihr Partner oder Ihre Partnerin wird die Nähe spüren. Mein Tipp lautet allerdings: Beschränken Sie das Briefeschreiben nicht auf Ihren Partner. Bedenken Sie regelmäßig alle, die Ihnen wichtig sind. Enge Freunde, Ihre Geschwister, Ihre Eltern oder auch Ihre Kinder – denn ein Brief ist ein wunderbares persönliches Geschenk, heute mehr denn je, da Briefe so selten geworden sind.

ENERGIEPFEILE SCHIESSEN

Eine faszinierende Übung, die zeigt, wie wir allein mittels unserer Gedankenkraft Verbindungen zu anderen Menschen herstellen können, ist die folgende: Wenn Sie das nächste Mal durch die Innenstadt schlendern oder im Zug sitzen, stellen

Sie sich einmal intensiv vor, wie in Ihrem Solarplexus goldene, fließende Energie pulsiert. Mitten aus diesem Energiezentrum schießen Sie nun in Gedanken einen freundlichen Pfeil der Aufmerksamkeit auf einen anderen Menschen. Einen Menschen, der Ihnen gerade den Rücken zuwendet oder in ein Buch versunken ist. Sie werden verblüfft sein, wie viele Menschen sich daraufhin überrascht umwenden oder aufschauen, so als hätten Sie ihnen auf die Schulter getippt!

Wie Sie negative Energie in positive verwandeln

Im wunderbaren Buch »Sweet Fruit from the Bitter Tree« hat der Autor Mark Andreas Geschichten von Menschen zusammengetragen, die eine bedrohliche Situation intuitiv in eine friedliche und versöhnliche verwandelt haben. Darunter befindet sich auch die Geschichte eines Mannes, der eines Nachts in Glasgow einer Gruppe offensichtlich aggressiver Jugendlicher begegnete. Die jungen Männer kamen grölend auf ihn zu und einer von ihnen rief dem Spaziergänger entgegen: »Ich hätt gern deinen Geldbeutel.«

Statt den Jugendlichen jedoch daraufhin körperlich oder verbal abzuwehren, schoss dem Erzähler ein Gedanke durch den Kopf. »Das ist ja phantastisch«, sagte er scheinbar beglückt, »du hast meine Brieftasche?« Dann berichtete er, dass er schon wie wild nach seiner Brieftasche gesucht habe, da sich in ihr sein Flugticket für den kommenden Tag befinde und er auch nicht wisse, wie er ohne Kreditkarte sein Hotel für die Nacht bezahlen solle.

Der Jugendliche schaute ihn verständnislos an und stotterte dann: »Aber ich habe die Brieftasche nicht gefunden.«

»Warum hast du dann gesagt, du hättest sie«, sagte der Spaziergänger enttäuscht und überlegte laut, was er jetzt bloß ohne seinen Geldbeutel anfangen solle.

»Sie haben die Brieftasche hier irgendwo verloren?«, fragte der Junge daraufhin und begann nun zusammen mit seinen Begleitern dem Spaziergänger wie selbstverständlich bei der Suche zu helfen. Das Pöbeln hatten sie völlig vergessen. Als sie die Brieftasche dann fanden, zeigte sich der Spaziergänger hellauf begeistert.

Er bedankte sich für die Hilfe und die Jungs verabschiedeten sich freundlich. Ob die Situation ohne seinen Einfall auch so glimpflich ausgegangen wäre, ist fraglich.

Was war geschehen?

Der Mann hatte an den natürlichen menschlichen Impuls der Hilfsbereitschaft appelliert. Bezog die Gruppe ihre Gemeinsamkeit zuvor daraus, aggressiv zu sein, übernahm nun die gemeinsame Hilfsbereitschaft diese Funktion. Damit hatte er die Jugendlichen auf eine gemeinsame Ebene mit sich geholt. Außerdem hatte er ihren menschlichen Urinstinkt der Kooperation angesprochen. Der Mann hatte – nur mittels Sprache – unbemerkt den Rahmen verschoben und der Situation einen neuen Kontext gegeben. Er hatte das Negative der Situation ignoriert und stattdessen einen positiven *Matching*-Punkt gefunden. Das simple Geheimnis dahinter, an das sich der nächtliche Spaziergänger gerade noch rechtzeitig erinnerte: Wir alle haben das Bedürfnis, uns mit anderen zu verbinden und gemeinsam etwas konstruktiv zu bewegen. Das beste Beispiel dafür sind die sozialen Netzwerke, in denen viele heutzutage die Sehnsucht nach Gemeinschaft stillen. Da engagieren sie sich in Gruppen oder Foren, tauschen sich mit Menschen in ähnlicher Lebenssituation oder mit ähnlichen Interessen aus. Vielleicht machen Sie das ebenfalls und das ist auch ganz großartig – solange Sie dabei nicht die Menschen aus Fleisch und Blut vergessen, die sich in Ihrer Nähe befinden.

Der Glasgower Spaziergänger hat sich an seine Mitmenschen erinnert, einen Kanal zu ihnen geöffnet und nicht nur seine Haut gerettet, sondern auch noch neue Freunde gefunden. Das ermöglichte ihm im rechten Moment ein rettender intuitiver Einfall. Wie das Unterbewusstsein an solche zündenden Ideen gelangt, dazu kommen wir jetzt.

Kapitel 5

Das Geheimnis der zündenden Ideen: Warum es hilft, eine Katze zu streicheln, wenn einem ein Licht aufgehen soll

Stellen Sie sich bitte drei altmodische Glühbirnen vor. Alle drei Birnen hängen im gleichen Raum. Die Schalter dazu befinden sich im angrenzenden Zimmer. Jeder der drei Schalter ist für nur eine Glühbirne zuständig, die Leitungen sind dabei unsichtbar unter dem Putz verborgen. Alle Schalter befinden sich in genau der gleichen Aus-Position, keine der Glühbirnen leuchtet. Sie können vom Raum mit den Schaltern nicht in den Raum mit den Glühbirnen sehen.

Ihre Aufgabe: Finden Sie heraus, welcher Schalter zu welcher Glühbirne gehört.

Die Regeln dabei: Sie dürfen den Raum mit den Schaltern genau einmal betreten. Dann dürfen Sie den Raum mit den Glühbirnen genau einmal betreten. Die Schalter dürfen Sie zuvor betätigen, so oft Sie wollen, und Sie können diese in beliebiger Position zurücklassen.

Vorsicht, Sie dürfen weder den Putz aufmeißeln und die Leitungen verfolgen, noch Hilfsmittel wie Spiegel einsetzen oder die Hilfe von anderen Personen in Anspruch nehmen.

Nehmen Sie sich nun einen Augenblick Zeit. Lassen Sie Aufgabenstellung und Versuchsanordnung auf sich wirken, bevor Sie zur Lösung springen. Ich verspreche, die Frage ist keine Fangfrage.

Und hier ist die Lösung: Sie knipsen zwei der drei Glühbirnen an und lassen sie ein bis zwei Minuten eingeschaltet. Dann schalten Sie einen der beiden Schalter wieder aus. Nun gehen Sie in den Raum mit den Glühbirnen. Sie wissen sofort, welche Birne zu welchem Schalter gehört: Eine leuchtet (gehört zum Schalter, der auf »an« steht), eine ist ausgeschaltet, aber warm bis heiß (gehört zum Schalter, den Sie an- und wieder ausgeschaltet haben), und eine ist ausgeschaltet, aber kalt (gehört zum Schalter, den Sie nicht angerührt haben).

Sind Sie von selbst darauf gekommen?

Die Aufgabe sieht zwar auf den ersten Blick wie eine Mathematikaufgabe aus. Dennoch lässt sich dieses Rätsel nicht mit Formeln oder logischem Schritt-für-Schritt-Vorgehen lösen. Jedenfalls nicht nur. Was Sie zur Lösung brauchen, ist zunächst ein Aha-Moment. In diesem Aha-Moment fällt Ihnen plötzlich ein, dass Glühbirnen nicht nur Licht, sondern auch Wärme produzieren. Das ist etwas, was Sie vermutlich vor langer Zeit als Kind gelernt haben. Niemand hat Ihnen gesagt, dass Sie genau dieses Wissen zur Lösung der Aufgabe benötigen. Trotzdem ist es beim Stichwort »Glühbirne« aus Ihrem Unterbewusstsein an die Oberfläche Ihres Bewusstseins gestiegen. Intuitiv.

Erst mit dieser Zusatzidee »Glühbirnen produzieren Wärme«, können Sie mit logischem Denken weitermachen und so die Aufgabe lösen.

Der Scanner im Kopf

Das Glühbirnen-Rätsel ist ein wunderbares Beispiel dafür, wie Intuition und Ratio im Idealfall ein Team bilden. Natürlich ist das Wissen an sich, dass eingeschaltete Glühbirnen Wärme produzieren, nicht irrational oder mysteriös. Dabei handelt es sich um eine physikalische Tatsache und die ist ohne Probleme wissenschaftlich nachweisbar. Dafür muss man nur ein Thermometer an die Birne halten.

Das ist aber nicht der Punkt.

Der entscheidende Punkt ist: Woher kam die Eingebung, dass Sie genau diese Extrainformation benötigen, obwohl in der Aufgabenstellung davon nicht die Rede war? Und woher kam dann die Kreativität, mit dieser Extrainformation spielerisch im Geiste zu jonglieren und etwas auszuprobieren?

Die Antwort lautet einmal mehr: Sie kam aus Ihrem Unterbewusstsein.

Wir Menschen haben eine angeborene Fähigkeit zum intuitiven Verknüpfen von Informationen. Das unterscheidet uns von einem Computer. Der hätte die Aufgabe auf Basis der angegebenen Parameter nicht bewältigen können, weil er sie wie eine mathematische Gleichung betrachtet hätte. Und in dieser Gleichung hätte eine wichtige Variable gefehlt: nämlich, dass Glühbirnen Wärme produzieren.

Das menschliche Gehirn beschränkt sich nicht auf diese Weise. Unser Unterbewusstsein stellt stattdessen unmittelbar und pausenlos Verknüpfungen her. Es sucht nach bekannten Zusammenhängen. Für die Lösung der Glühbirnenaufgabe wird die Gesamtheit Ihrer Erfahrungen, Ihr ganzes Leben, nach allem gescannt, was Sie je über Glühbirnen, Schalter und Leitungen gelernt haben. Das geschieht im Verborgenen. Doch sobald etwas Passendes gefunden wurde, haben Sie eine intuitive Eingebung.

Allerdings müssen wir uns auch erlauben, den Geist frei flottieren zu lassen, und uns vorurteilsfrei anschauen, was er ausspuckt. Kinder im Vorschulalter sind es gewohnt, auf diese Weise querzudenken. In der kindlichen Welt ist alles möglich. Doch spätestens in der Schule lernt ein Kind dann vorgefertigte Wege kennen, wie man sich mit Problemen zu befassen hat: Mit dieser Formel löst man einen Dreisatz. Mithilfe jenes Fragenkatalogs interpretiert man ein Gedicht. Nach diesem Schema funktioniert eine Kurvendiskussion. So baut man einen Versuch auf. Das hier geht. Das hier geht nicht. Nach und nach beginnt das Kind, sich auf diese Methoden zu verlassen, die ja auch in vielen Fällen funktionieren. Das Denken aber wird bei dieser Art der Lösungsfindung in bestimmte Bahnen gelenkt, manchmal auch ins Abseits. Zum Beispiel, wenn Sie die Glühbirnenaufgabe mit einem Dreisatz lösen wollen.

Wer nach wissenschaftlichen Methoden vorgeht, spaltet normalerweise den Untersuchungsgegenstand vom Ganzen ab und betrachtet ihn isoliert. Das hieße im Fall des Glühbirnenrätsels, man würde sich ausschließlich nach der Aufgabenstellung richten. Ein ganzheitlicher Blick – eben etwa darauf, dass Glühbirnen auch Wärme produzieren – ist dabei nicht vorgesehen. So stößt rationales Denken an seine selbst gesteckten Grenzen.

Denken ist eben nicht alles –
was Descartes übersah

Falls Sie sich also gerade mit der flachen Hand an den Kopf schlagen, weil Sie gegrübelt und gegrübelt haben, aber Ihnen die Lösung nicht eingefallen ist, machen Sie sich nichts draus. Das heißt nicht etwa, dass Sie zu dumm sind. Ganz im Gegenteil: Sie sind wahrscheinlich ein besonders rational denkender Mensch.

Damit sind Sie in bester Gesellschaft:

Die ausschließlich rationale Herangehensweise an Probleme und Aufgabenstellungen ist in unserer westlichen Kultur mit dem berühmtem Spruch »*Cogito ergo sum* – ich denke, also bin ich« des Philosophen und Naturwissenschaftlers René Descartes in Mode gekommen. Spätestens seit der Epoche der Aufklärung im 17. und 18. Jahrhundert rangierte die »Vernunft« in der allgemeinen Gunst weit über dem Intuitiven. Nur, was bis ins Detail begründbar war, wurde offiziell akzeptiert. Intuition war etwas, das mit Aberglauben in Verbindung gebracht wurde, mit dem »finsteren Mittelalter«. Das Mittelalter betrachtete man natürlich nicht etwa als finster, weil es in diesem Zeitabschnitt tatsächlich besonders dunkel gewesen wäre. Damals ging die Sonne genauso auf und unter wie zu allen anderen Zeiten. Eher ging man – mit einer gewissen Arroganz – von einer Art kollektiven geistigen Umnachtung der damals lebenden Menschen aus. Menschen, die Hexen übersinnliche Fähigkeiten zuschrieben und sie aus Angst davor verbrannten oder von Türmen stürzten. Hexen, sagten die Gelehrten der Aufklärung, gibt's nicht. Egal, was es ist, alles ist erklärbar. Sie wollten mithilfe exakter Wissenschaften Licht ins Dunkel der vermeintlichen Unwissenheit bringen. Das war gut für die vermeintlichen Hexen und Magier, denn die wurden fortan am Leben gelassen. Nicht so gut sah es aus für deren intuitive Quellen der Erkenntnis. Die verschütteten nach und nach und gerieten in Vergessenheit, weil alles »Unwissenschaftliche« als unsinniger Aberglaube abgetan wurde.

Intuitives Wissen weckt auch heute noch Misstrauen, weil es nun mal nicht immer unmittelbar begründbar ist. Es ist eben nicht Resultat einer wissenschaftlich geprüften Schritt-für-Schritt-Lösungsmethode. Es ist einfach plötzlich da. Scheinbar aus dem Nichts.

Seit über dreihundert Jahren ist also rationales Denken die gesellschaftlich akzeptierte Strategie zur Problemlösung. Logisches Denken ist auch tatsächlich ein hervorragendes Mittel, um exakte Berechnungen anzustellen. Das ist zu empfehlen, wenn man zum Beispiel ein Flugzeug basierend auf physikalischen Gesetzen so bauen will, dass es nicht schon beim Start auseinanderfällt. Auf die Idee, überhaupt ein Flugzeug zu bauen, musste man allerdings erst mal kommen. Schließlich konnte man sich ausrechnen, dass der Mensch zum Fliegen eigentlich viel zu schwer ist. Doch da kommt wieder die Intuition ins Spiel, das Querdenken. Der eine, der das untrügliche Bauchgefühl hatte »Aber es ist doch möglich!« und der alles daran gesetzt hat, das zu beweisen. Jemand, der sich absolut sicher darin war, denn hätte er den leisesten Zweifel gehabt, hätte er nicht an dieser Sache gearbeitet. Bei der Erfindung des Flugzeugs gab es gleich mehrere solcher Querdenker. Einer von ihnen war Albrecht Ludwig Berblinger aus Ulm, der Anfang des 19. Jahrhunderts einen ambitionierten Gleiter konstruierte. Leider herrschten am Tag des Jungfernflugs widrige Windverhältnisse und Berblinger stürzte unter dem Gespött der Zuschauer in die Donau – sein Gleiter war jedoch prinzipiell flugfähig, was man fast 200 Jahre später zweifelsfrei nachwies. Er hatte recht gehabt! Andere Sturköpfe ließen sich von Berblingers Misserfolg nicht abschrecken, der Traum vom Fliegen trieb sie an. Otto Lilienthal und später die Gebrüder Wright führten dann tatsächlich erfolgreiche und immer längere Flüge durch. So sah man schließlich ein, dass das Fliegen wohl doch möglich ist. Dennoch wäre zum Beispiel die Idee, auf den Mond zu fliegen, zu jener Zeit als reiner Wahnsinn angesehen worden. Als irrationale Idee eines Phantasten – und doch ist sie ein paar Jahrzehnte später wahr geworden.

Sogar Albert Einstein war sich darüber im Klaren, dass man beides braucht, Ratio und Intuition. Logisches Denken war sein tägliches Brot, dennoch lautet eins seiner berühmtesten Zitate: »Vorstellungskraft ist wichtiger als Wissen!« Damit war er keineswegs der erste kluge Kopf, der in dieser Hinsicht offen war. So hat ausgerechnet Aristoteles, seit der Antike die Galionsfigur der Logik, die Feststellung getroffen: »Intuition ist die Quelle wissenschaftlicher Erkenntnis.«

Intuition ist der Funke, der aus dem Alten etwas Neues zu machen vermag. Ohne Intuition ist kein Fortschritt möglich. Die folgenden kleinen Übungen wirken wie eine Lockerungsübung für den Geist und lassen unser Denken in freies Assoziieren übergehen.

 DAS WOLKENLESEN

Du liegst auf dem Rücken im Gras und schaust in die Wolken.
Such dir eine Wolke aus.
Was könnte sie sein?
Sieh die Form an und wie sie sich bewegt.
Nimm die erste Assoziation und lass sie auf dich wirken.
Frage dich: Was könnte das für dich und dein Leben bedeuten?
Gibt es eine symbolische Bedeutung?
Lass die Gedanken kommen und gehen.
Dann suchst du dir die nächste Wolke.
...

DIE WOLKENHAND

Auch diese Übung nutzt eine Wolke, um die Kreativität anzu-
regen – allerdings ist die Wolke in diesem Fall ein Phantasie-
bild, das Sie anregt, das zu reflektieren, was Ihnen intuitiv in
den Sinn kommt.

Schließ die Augen.
Du siehst eine wunderschöne weiße Wolke direkt über dem
Horizont.
Dahinter geht die Sonne auf mit gleißendem Licht.
Nun kommt aus der Wolke eine Hand.
Die Hand kommt auf dich zu.
Direkt vor dir öffnet sie sich.
Darin liegt etwas.
Was ist es?
Was bedeutet es?
Warum bekommst gerade du genau dieses Etwas?

Das Puzzle der Erinnerung

Noch einmal zurück zum Glühbirnenrätsel: Wenn Sie Schwierigkeiten mit der Lösung hatten, sind Sie möglicherweise auch
ein ehrgeiziger Mensch und oft ungeduldig mit sich selbst. Das
kann etwa damit zu tun haben, dass Ihre Eltern streng und
fordernd waren, als Sie klein waren. Sie sollten etwas leisten,
und zwar schnell. So etwas gräbt sich tief ins Unterbewusstsein ein. Viele Menschen schelten sich oft selbst: »Jetzt mach
schon, das kann doch nicht so schwer sein.« Oder sie machen
sich Sorgen darüber, für welch einen Dummkopf die anderen
sie halten werden, wenn sie »so ein simples Problem« nicht in
den Griff kriegen. So blockieren sie intuitive Erkenntnisse und
sind auch nicht mehr auf die Aufgabe konzentriert, sondern
auf mögliche negative Folgen. Sie sehen auf das Außen anstatt

auf das, worauf es ankommt. Sie verkrampfen, aus Sorge, etwas »falsch« zu machen.

Für Aha-Momente benötigt man also Lockerheit. Das gilt natürlich nicht nur fürs Rätsellösen.

Sie kennen das bestimmt: Ihnen ist der Name einer Person entfallen, nehmen wir einmal an, der Name Ihrer früheren Kunstlehrerin. Das Wort scheint Ihnen auf der Zunge zu liegen, Sie sehen sogar das Gesicht der Dame vor sich. Doch so sehr Sie sich auch anstrengen, der Name fällt Ihnen nicht ein. *Irgendwas mit R*, denken Sie vielleicht. Weiter geht es nicht.

Tip of the tongue-Phänomen, Zungenspitzenphänomen, nennen Sprach- und Hirnforscher solche Momente. Dann fahnden wir aktiv nach einer Information, die wir, so glauben wir, eigentlich kennen müssten. Aber je eifriger wir nachdenken, umso mehr versperrt sich der Zugang dazu.

Die Forscher erklären das so: Ein Wort oder ein Name hat zunächst eine semantische Information, das ist seine Bedeutung für uns. Im Falle des verlorenen Kunstlehrerinnennamens ist das das mentale Abbild der Lehrerin. Ein Wort oder Name hat aber noch weitere Erinnerungskomponenten. Da ist zum Beispiel die lexikalische Information in Form der Buchstaben. Außerdem besitzt ein Wort eine phonologische Struktur, seinen Klang. Alle diese Komponenten sind in unterschiedlichen Gehirnarealen abgelegt (was übrigens für alle Erinnerungen gilt, keine Erinnerung, ob an eine Person, ein Ding oder ein Ereignis, befindet sich nur an einem Platz im Gehirn). Die Teilinformationen werden wie ein Puzzle zusammen »eingeblendet«, sobald uns eine Erinnerung ins Bewusstsein kommt.

Liegt unsere letzte Erinnerung an den vermissten Namen längere Zeit zurück, sind die neuronalen Verknüpfungen zwischen den einzelnen Erinnerungskomponenten verblasst. Uns fällt vielleicht nur der Anfangsbuchstabe ein, also ein Teil der lexikalischen Information. Darüber hinaus wissen wir zum

Beispiel, dass der Name mehrere Silben hatte, was zur phonetischen Komponente gehört. Aber wir bekommen es nicht zusammen. Stattdessen geschieht es häufig, dass uns beim aktiven Nachdenken die Teilinformationen auf falsche Fährten locken. Dann fällt uns immer wieder das falsche Wort ein, eines, das vielleicht ähnlich klingt oder den gleichen Anfangsbuchstaben hat. Dieses Wort sitzt wie ein Pfropfen vor demjenigen, an das wir uns eigentlich erinnern wollen. Man könnte auch sagen: Unsere Erinnerung ist verstopft.

Wir gestalten selbst, an was wir uns wie erinnern

Hat es eine Wahrnehmung aber erst einmal zur Erinnerung gebracht, wird man sie nur sehr schwer wieder vollständig los – wenn überhaupt. Die Lehrerin ist also noch da, irgendwo in uns. Allerdings sind Erinnerungen nicht unveränderlich. Jedes Mal, wenn wir uns an etwas erinnern oder über etwas sprechen, wird eine Erinnerung ein bisschen modifiziert. Die ursprünglichen neuronalen Netzwerke im Gehirn werden zwar zunächst reaktiviert – zumindest das, was uns noch spontan einfällt. Doch dann tendieren wir dazu, Lücken, die jede Erinnerung aufweist und sei sie noch so frisch, automatisch aufzufüllen. Wenn wir uns zum Beispiel an Details nicht erinnern – was die Lehrerin für eine Frisur hatte oder mit welcher Begrüßung sie den Klassenraum betrat –, steuert unsere Phantasie einfach etwas Passendes bei. Das passiert in der Regel, ohne dass wir es überhaupt bemerken. Dadurch entsteht nun aber sofort eine neue Erinnerungsspur, die die alten neuronalen Verbindungen ganz harmonisch integriert.

Bei Erinnerungen an Vokabeln oder Namen gibt es zwar nicht so viel Veränderungsspielraum, aber es kann zum Beispiel passieren, dass man glaubt, der frühere Schuldirektor habe Müller geheißen, obwohl er eigentlich Meyer hieß – weil man sich gemerkt hat, dass es sich um einen sehr häufigen Namen mit »M« handelte. Oder man wird ein Opfer der berühmten »false friends«, der falschen Freunde: Wörter in einer Fremdsprache, die sich so ähnlich anhören wie Vokabeln aus unserer Muttersprache und darum ständig verwechselt werden. Ein Beispiel dafür ist das englische Wort *intriguing*, was sich für deutsche Ohren verdächtig nach »intrigant« anhört, in Wirklichkeit aber so viel wie »faszinierend« bedeutet. Ich habe einmal in einer Talkshow gesehen, wie der Moderator einen britischen Studiogast auf diese Weise missverstanden hat, der ihn daraufhin recht *irritated* ansah. Dieses englische Wort klingt wiederum sehr nach dem deutschen »irritiert«, bedeutet aber »verärgert«. Wenn niemand den Irrtum aufklärt, bleiben solche Missverständnisse genauso haften wie eine im Nachhinein in unserer Erinnerung neu frisierte und neu eingekleidete Lehrerin.

So werden Erinnerungen nach und nach idealisiert und geformt. Das Spannende ist, dass wir irgendwann überzeugt sind, dass es genauso gewesen ist. Die Lehrerin hatte wallende Haare, der Direktor hieß Müller. Wenn wir dann ein Foto sehen oder mit alten Klassenkameraden sprechen, sind wir manchmal überrascht, wie falsch (oder abweichend) wir lagen.

Ganz besonders gelten diese Mechanismen für Erlebnisse: In einem interessanten psychologischen Experiment hat man – mal wieder – Studenten in ein Büro gerufen.

Dort wurde dem jeweiligen Studenten suggeriert, er sei einmal als kleines Kind im Kaufhaus verloren gegangen. Die Mutter habe sich noch daran erinnert, dass er oder sie einen roten Pulli getragen habe und sehr verzweifelt gewesen sei. Den Rest der Geschichte sollte nun der Student selbst erzählen. Obwohl die ganze Kaufhaus-Geschichte vom Versuchsleiter von vorn bis hinten erfunden worden war, geschah etwas Erstaunliches: Ein Drittel der Studenten fingen an, sich an *etwas* zu erinnern.

Sie erzählten tatsächlich eine Geschichte. Erst stockend, dann immer flüssiger. Sie konnten sich plötzlich wieder an das verzweifelte Gefühl des Verlorenseins erinnern, an das Herumirren, an kleinste Details. Anschließend waren sie fest davon überzeugt, alles so erlebt zu haben.

Was war passiert?

Fast jedes kleine Kind hat einmal für kurze Zeit seine Eltern aus den Augen verloren und ist darüber in Verzweiflung geraten. Jeder hat schon mal gehört, wie Kinder in Geschäften ausgerufen wurden. Im Unterbewusstsein ist also bei nahezu allen von uns unter dem Etikett »als Kind verloren gegangen« etwas mehr oder weniger Emotionales abgespeichert. Etwas, das oft sehr weit zurück liegt und darum schon verblasst ist. Überlegen Sie einmal selbst: Wie war das noch, als Sie Ihre Eltern nicht mehr gefunden haben? Nach und nach werden Ihnen vermutlich Details einfallen. Diese Details stammen möglicherweise aus völlig unterschiedlichen Erlebnissen. Aus solchen Erinnerungsfragmenten haben die Probanden ihre eigene zusammenhängende Story geknüpft. Die angebliche Aussage der Mutter gab ihnen einen Rahmen für ihre Erinnerungsfragmente. Dies hatte sie außerdem überzeugt, dass die Sache wirklich geschehen sein musste und sie sich nur zu erinnern brauchten. So schufen sie kreativ eine völlig neue Erinnerung und wenn der Versuchsleiter sie im Anschluss nicht aufgeklärt hätte, hätte sich die Geschichte wahrscheinlich in dieser neu komponierten Form in ihr Gedächtnis eingeprägt.

Das heißt nun nicht, dass wir alle Lügner sind.

Es bedeutet nur, dass unser Bewusstsein sinnvolle Einheiten und zusammenhängende Geschichten mit Anfang, Ende und Pointe liebt und unser Unterbewusstsein kreativ wird, um diesen Anspruch zu erfüllen. Mit ähnlichen Mechanismen ist es auch zu erklären, dass Zeugen eines Verbrechens bei der Polizei oft stark voneinander abweichende Aussagen machen, auch wenn die befragten Personen bei ein und demselben Ereignis zugegen waren. Es kommt noch hinzu, dass jeder Mensch seine Wahrnehmung auf etwas anderes lenkt. Drei Dinge auf einmal können wir maximal bewusst aufnehmen, aber fast jede Situation enthält unendlich viel mehr Details. Von diesen Details wird zwar unbewusst einiges erfasst, aber dieses Wissen ist bewusst kaum abrufbar.

Aufgabe der Polizeibeamten ist es dann, den Kern der Geschichte herauszufiltern. Auf einer ähnlichen Suche nach dem Kern einer Sache bin ich in der Hypnosetherapie. Es kann sein, dass ein Klient davon überzeugt ist, seine Spinnenphobie sei darauf zurückzuführen, dass er im Alter von zwölf Jahren in ein Loch gefallen ist, in dem Spinnen herumgekrabbelt sind. Unter Hypnose stellt sich dann heraus, dass es eine noch viel weiter zurückliegende Erinnerung gibt, in der ihm Spinnen zugesetzt haben. Ob die noch in ihrer ursprünglichen Form vorliegt, vermag ich als Hypnosetherapeut nicht zu beurteilen. Das ist auch gar nicht so wichtig. Entscheidend ist in diesem Fall, dass die Phobie verschwindet, wenn man die Erinnerung unter Hypnose so verändert, dass sie sich nicht mehr traumatisch auswirkt. Soziologen, Psychologen und sogar Hirnforscher sind ohnehin davon überzeugt, dass es die eine »objektiv« gegebene Realität und damit auch eine objektive Erinnerung gar nicht gibt. Wichtig ist in den meisten Fällen nur, was die jeweilige Erinnerung für uns bedeutet.

DIE ERINNERUNGSSTÜTZE

Früher habe ich oft ein kleines Experiment durchgeführt, wenn ich in einer fremden Stadt in ein neues Café gekommen bin. Sobald der Kellner an meinen Tisch kam, habe ich gesagt: »Ach, hallo, du bist es! Und, hat sich die Sache geklärt?« Wenn mich der Kellner daraufhin verständnislos ansah, fügte ich hinzu: »Ich war doch vorige Woche schon mal hier, da hattest du so einen Stress mit dieser einen Frau …« Daraufhin passierte es oft, dass der Kellner zunächst ein wenig grübelte und schließlich tatsächlich eine Geschichte aus der Erinnerung hervorzauberte, die zu meiner Andeutung passte. Damit hatte ich erreicht, was ich wollte: Er nahm mich als wertvollen Kunden wahr, der immer mal wieder ins Café kommt. Heute kann ich diesen kleinen Trick nicht mehr anwenden, weil ich zu bekannt bin – aber Sie können es ausprobieren.

Loslassen und kommen lassen

Nach diesem Ausflug in die Labyrinthe unserer Erinnerung zurück zum vergessenen Namen, der Ihnen einfach nicht einfallen will: Der Trick, den Sie in so einer Situation anwenden können, ist ganz einfach. In dieser Einfachheit liegt allerdings genau die Schwierigkeit. Der Trick besteht darin, jeden Ehrgeiz loszulassen und darauf zu vertrauen, dass das Gesuchte schon auftauchen wird. Genau das mache auch ich, wenn ich als Gedankenleser zu erspüren versuche, was im Kopf einer anderen Person vor sich geht. Ohne Vertrauen darauf, dass mir im rechten Moment das Richtige einfällt, würde mein ganzes Bühnenprogramm nicht funktionieren. Ich bin sozusagen beruflich auf Aha-Momente angewiesen.

Sie finden sich am besten erst einmal damit ab, dass Ihre Erinnerung Sie im Stich gelassen hat. Sagen Sie sich: »Okay, es fällt mir nicht ein, aber es gibt Schlimmeres.« Dann wenden Sie sich etwas anderem zu. Am besten einer Tätigkeit, die Ihre Gedankenkraft nicht fordert. Räumen Sie die Spülmaschine aus, gehen Sie joggen oder streicheln Sie Ihre Katze. Hören Sie das Schnurren der Katze, spüren Sie die Weichheit ihres Fells. Lauschen Sie dem Rhythmus Ihrer Schritte beim Laufen, Ihrem Atem. Achten Sie auf jeden Handgriff, wenn Sie das Geschirr ausräumen, auf jedes Geräusch. Auf alle Formen und Farben, die Sie sehen, alles, was Sie fühlen.

Achtsamkeit ist eine mentale Lockerungsübung. Wenn Sie nebenbei weitergrübeln, wird sich an der »Erinnerungsverstopfung« wenig ändern. Vielleicht kommt Ihnen die Erkenntnis bereits mitten in der jeweiligen Tätigkeit. Oft aber auch erst Stunden später, wenn Sie längst mit etwas anderem befasst sind. Auf eines können Sie sich verlassen: Sie kommt. Aber Achtung: Was da kommt, ist Ihre persönliche Erinnerung – vielleicht haben Sie sie ja verändert. Aber wäre das so schlimm?

Manchmal habe ich auch Klienten, die möchten, dass ich sie hypnotisiere, damit ihnen etwas Vergessenes wieder einfällt. Auch in diesem Fall versetze ich die Person in eine tiefe Trance, damit die bewusste Anstrengung keinen Einfluss mehr hat. Anschließend spreche ich mit dem Part des Unterbewusstseins, der Bescheid weiß, wo sich das Gesuchte befindet oder wie die gesuchte Information heißt, und fordere diesen Part auf, die Lösung ins Bewusstsein zu schicken. In den meisten Fällen machen die Leute nach der Hypnose die Augen auf und sagen: »Jetzt weiß ich's wieder.«

Die geheime Bibliothek unseres Unterbewusstseins

Wenn wir uns entspannen, etwas anderes tun und den Frust über das vergessene Wort oder das nicht gelöste Rätsel ebenfalls vergessen, passiert etwas Wundervolles. Denn dann stürzt sich ein kleiner Helfer, den ich gerne den »Inneren Bibliothekar« nenne, mit Begeisterung auf die gestellte Aufgabe. Ihr persönlicher Bibliothekar ist der Wächter über all Ihr Wissen. Der Hüter aller Ihrer Erlebnisse. Der Meister Ihrer Erinnerung.

Nun wohnt in Ihnen natürlich nicht wirklich so ein Männlein.

Der Innere Bibliothekar ist ein Bild für Ihr Unterbewusstsein. Aus der Hypnose weiß man, dass man mit Bildern besser kommunizieren kann als mit einem so abstrakten Begriff wie »Unterbewusstsein« oder, wie es eigentlich heißen müsste, dem »Unbewussten«. Wie dieses Bild vom Unterbewusstsein genau aussieht, ist im Grunde nicht so wichtig. Sie können sich Ihren Helfer auch als Frau vorstellen oder als bleichen Computernerd mit dicker Brille. Statt einer Bibliothek gefällt Ihnen vielleicht das Bild einer Schaltzentrale mit verschiedenen Servern besser oder einer Kommandobrücke im Bondstil mit vielen blinkenden Knöpfen.

Ich jedenfalls mag das Bild des Bibliothekars. Dieser kleine Mann wuselt unermüdlich in seinem Arbeitsraum tief im Zentrum meiner ganz persönlichen Bibliothek herum. Er trägt Informationen zusammen, verwaltet und sortiert.

Diese Vorstellung passt zu neueren Erkenntnissen der Wissenschaft. Neurowissenschaftler waren noch vor ein paar Jahrzehnten davon überzeugt, dass der größte Teil des Gehirns mehr oder weniger abgeschaltet sei, wenn wir etwas tun, was kein bewusstes Denken erfordert. Erst vor Kurzem hat man herausgefunden, dass das Gegenteil der Fall ist.

Damit hat sich eine These bestätigt, die ein gewisser Hans Berger bereits im Jahr 1929 veröffentlicht hatte. Der Neurologe Berger war der Erfinder des Elektroenzephalographen, des heute noch verwendeten Geräts zur Messung der Gehirnaktivität mittels Elektroden auf der Schädeldecke. Damit zeichnete Berger elektrische Oszillationen im Gehirn auf, selbst wenn die untersuchte Person keiner besonderen Tätigkeit nachging. Seine Entdeckung wurde allerdings nicht ernst genommen, unter Kollegen galt Berger als Spinner. Das hatte wohl auch damit zu tun, dass er kein Geheimnis aus seinem gesteigerten Interesse an der Erforschung der Telepathie machte. Das war geweckt worden, nachdem Berger als Soldat bei einer militärischen Übung vom Pferd abgeworfen und beinahe von einem nachfolgenden Kanonenwagen überrollt worden war. Berger wurde nicht verletzt, hatte sich aber bis ins Mark erschrocken. Seine Schwester, die ihm besonders nahe stand, hatte viele Kilometer entfernt das Gefühl, ihr Bruder sei in Gefahr, und drängte ihren Vater zu telegraphieren und nachzufragen, ob mit Hans alles in Ordnung sei. Aufgrund dieses Erlebnisses änderte Berger seinen Berufswunsch: Statt Astronom zu werden, wollte er fortan die Kraft der Gedanken erkunden.

Die Zurückweisung von Bergers Idee des stets aktiven Gehirns ist ein gutes Beispiel dafür, wie arrogant das Wissenschaftssystem gegenüber intuitiv richtigen Einfällen sein kann. Dass Berger später den Nazis zugearbeitet hat – ob freiwillig oder erzwungen ist nicht zweifelsfrei geklärt –, trug dann auch sein Scherflein dazu bei, dass seine These nach dem Zweiten Weltkrieg lange in einem Dornröschenschlaf schlummerte.

Erst in den Neunzigerjahren, mit neuen empfindlichen Verfahren zur Messung der Hirnaktivität, erwachte das wissenschaftliche Interesse an Bergers Idee wieder. Der US-amerikanische Neurologe Marcus Raichle entdeckte in Gehirnarealen, die nicht mit dem bewussten Denken in Verbindung gebracht werden, eine stetige Basisaktivität von Nervenimpulsen. Im Jahr 2001 prägte er für dieses unbewusst agierende Nervennetzwerk die Bezeichnung *Default Mode Network*. Das Netzwerk verbindet über das Gehirn verstreut liegende Regionen und dirigiert Aktivität in sämtlichen Gehirnarealen. Diese Hirnaktivität folgt dabei geordneten Mustern, was dafür spricht, dass ihr eine wichtige Aufgabe zukommt. Das heißt, es handelt sich nicht einfach nur um bedeutungsfreies Hintergrundrauschen, wie es Wissenschaftler lange annahmen. Marcus Raichle geht vielmehr davon aus, dass unser Gehirn so den Zugang zum Archiv unserer Erinnerungen und unseres Wissens koordiniert.

Voilà: Da ist er, unser Innerer Bibliothekar.

So, wie man es auch der Stadt New York nachsagt, schläft unser Unterbewusstsein also nie. Selbst dann, wenn wir nur auf dem Sofa sitzen und an die Wand starren, ist es aktiv. Eine Art Stand-by-Modus, aus dem wir blitzschnell wieder ins bewusste Denken schalten können.

Beim bewussten Denken erhöht sich die Hirnaktivität allerdings nur minimal – um weniger als fünf Prozent. Auch das wies Raichle mit seinem Team nach. Das ist eine Überraschung, denn es bedeutet, dass unser Gehirn im vermeintlichen »Faulenzmodus« nicht nur ein bisschen gemütlich vor sich hin funkt. Es ist vielmehr nahezu genauso aktiv wie beim bewussten Problemlösen – nur eben auf andere Art und Weise. Das Aufleuchten der Nervenimpulse stelle ich mir vor wie das Licht, das aus der Bibliothek meines unermüdlichen Helfers dringt.

Manchmal wird der Innere Bibliothekar um Hilfe gebeten, wenn seine Kollegen vorne am Informationsschalter vom »logischen Denken« mit ihren Methoden einfach nicht weiterkommen. Zum Beispiel, wenn es um den Namen einer Lehrerin geht, die wir zuletzt vor vielen Jahren gesehen haben, und der darum nicht in den schnell zugänglichen Ordnern oft benutzter Informationen verfügbar ist.

Dann muss der Bibliothekar in der mit jedem Tag wachsenden Bibliothek ein bisschen stöbern und vor langer Zeit angelegte und selten benutzte Abteilungen aufsuchen. Zum Beispiel, im Fall des vergessenen Namens der Kunstlehrerin, die Abteilung »Schulzeit«. Er muss Leitern vor den Regalen herumschieben und alte Schinken abstauben, aber am Ende findet er fast immer das Gesuchte. Oder zumindest etwas, was zu seinem Auftrag passt – denn Erinnerungen sind, wie gesagt, veränderlich. Der Bibliothekar ist ein Eigenbrötler und arbeitet am liebsten ungestört vor sich hin, ohne dass jemand daneben steht, ungeduldig mit dem Fuß wippt und auf die Uhr zeigt.

Sie können Ihren Helfer beim nächsten Mal einfach direkt beauftragen, bevor Sie sich stundenlang den Kopf zerbrechen. Zum Beispiel vor dem Einschlafen, denn dann ist Ihr Unterbewusstsein besonders aufnahmefähig. *Lieber Bibliothekar*, könnten Sie sagen, *such doch bitte den Titel von dem Film raus mit Meryl Streep und Robert Redford, der mir gerade nicht einfällt.* Am nächsten Morgen wachen Sie wahrscheinlich mit dem Gedanken »Jenseits von Afrika« auf.

Wenn Ihnen eine bestimmte Frage auf den Nägeln brennt, können Sie sich auch zusätzlich des folgenden kleinen Rituals bedienen, das oft die Lösung bringt:

DIE BRÜCKE ÜBER DEN FLUSS

Suchen Sie sich beim nächsten Spaziergang ein kleines Stöckchen. Vor dem Schlafengehen füllen Sie ein Glas mit Wasser, legen das Stöckchen darüber und stellen alles unters Bett. Viele Menschen träumen in der Nacht nun von einem Fluss und einer Brücke. Am Ende der Brücke steht eine geheimnisvolle Person. Diese Person weiß alles – auch die Antwort auf Ihre Frage.

Warum die Kreativität auf ganz bestimmten Wellen surft

Der Innere Bibliothekar ist eine Ihrer Quellen der Intuition. Aber er kann viel mehr als nur gespeichertes Wissen finden. Wenn man ihn mit Informationen und Erfahrungen füttert und ihn dann in Ruhe arbeiten lässt, kann er noch weitaus Erstaunlicheres vollbringen.

Das beweist die folgende Begebenheit:

Im 19. Jahrhundert gab es unter Naturwissenschaftlern einen immer wieder aufflammenden Streit. Es ging um die im

Detail noch unbekannte Strukturformel des Benzols. Ein Wissenschaftler nach dem anderen kam mit Lösungsvorschlägen, die sich aber alle als falsch herausstellten. Bis zu einem kalten Winterabend im Jahr 1861. Da saß der deutsche Chemieprofessor August Kekulé im belgischen Gent, wo er damals lehrte, am Kamin und sah ins prasselnde Feuer. Er hatte mal wieder den ganzen Tag über seinen wissenschaftlichen Problemen gegrübelt. Doch nun versank er im entspannenden Anblick des Kaminfeuers und glitt in einen halbschlafenden Zustand.

In diesem Halbschlaf hatte er plötzlich einen Traum: Kekulé sah Wasserstoffatome und Kohlenstoffatome vor seinen Augen tanzen, ähnlich wie die Funken des Feuers. Doch anders als die Funken formierten sich die Atome in einem bestimmten Muster. Dann erschien ihm das alte ägyptische Symbol des Ouroboros, einer Schlange, die sich selbst in den Schwanz beißt und einen vollkommenen Kreis bildet. Auf einmal wusste er, wie die korrekte Benzolformel aussehen musste: Ein Molekül mit einem Ring aus sechs Kohlenstoffatomen.

Als Kekulé 1890 auf einem Kongress diese kleine Anekdote zum Besten gab, hatte die Erkenntnis um die Gestalt des Benzolmoleküls die Welt der Chemie bereits revolutioniert. Weitere Entwicklungen waren dadurch überhaupt erst möglich geworden.

Diese Begebenheit ist ein wunderbares Beispiel dafür, wie ein tranceartiger Zustand die Tore des Unterbewusstseins öffnet, Platz macht und die Intuition zu Wort kommen lässt.

Dieser Prozess wird begleitet von einem Wandel der Gehirnwellen. Zunächst gleitet man vom Betazustand – das ist der Zustand, in dem wir uns im aktiven Wachzustand und während logischer Denkprozesse befinden – in den Bereich der Alphawellen (die inoffiziell übrigens nach ihrem Entdecker Hans Berger »Berger-Wellen« genannt werden).

In diesem Zustand sind wir immer noch wach und bewusst, aber sehr gelöst. Oft kommen uns bereits jetzt intuitive Erkenntnisse. Wir hängen Tagträumen nach oder stellen uns etwas vor. Mit fortschreitender Entspannung werden die Alphawellen schließlich von den sogenannten Thetawellen abgelöst. In diesem meditativen Zustand ist das bewusste und beschränkende Denken ausgeschaltet. Dafür ist unser Vorstellungsvermögen besonders plastisch, das Unterbewusstsein jongliert mit Möglichkeiten. Es kombiniert verspielt wie ein Kind dieses und jenes und kommt so auf unerwartete Lösungen. Dabei gibt es keine vorgegebenen Wege. Wie im Traum ist alles möglich und alles erlaubt: Wir sind grenzenlos kreativ.

Genau diesen magischen Zustand stelle ich auch in der Hypnose her. Der Unterschied zum Träumen ist dabei nur, dass ich als bewusster Beobachter dem Unterbewusstsein des Hypnotisierten gezielt Fragen zu einem bestimmten Problem stellen kann.

Sobald unser Gehirn im Thetawellenmuster schwingt, lernen wir außerdem mit Leichtigkeit. Darum ist es viel einfacher, sich wichtigen Lernstoff zu merken, wenn man ihn kurz vor dem Einschlafen noch einmal wiederholt: Auch der Schlaf ist eine Domäne der Thetawellen und das Wissen sinkt tief ins Unterbewusstsein. Die Alphagehirnwellen bilden dabei die wichtige Brücke zwischen Unbewusstem und Bewusstsein. Nur mit ihrer Hilfe gelangen die bewusst aufgenommenen Informationen zunächst ins Langzeitgedächtnis und schließlich ins Unterbewusstsein. Ohne Alphawellen würde das vor dem Einschlafen Gelesene nie dort ankommen. Stattdessen bliebe es im Kurzzeitgedächtnis hängen. Schüler, die in letzter Minute den Stoff für eine Prüfung lernen und sich dafür die Nacht um die Ohren schlagen, kennen das Phänomen: Das Wissen »hält« gerade mal für die Prüfung – wenn überhaupt – und ist schon am nächsten Tag wieder wie weggeblasen.

Umgekehrt gelangen auf den Wogen der Alphawellen auch Informationen aus dem Unterbewusstsein ins Bewusstsein. Ohne Alphawellen würden wir uns morgens weder an unsere

Träume erinnern, noch hätte sich August Kekulé nach seiner Trance vor dem Kamin an seinen Einfall erinnert.

DIE PERFEKTE WELLE

Sie können Ihr Gehirn ganz einfach von einem Beta- in einen Alphawellenzustand versetzen: Machen Sie einen Moment die Augen zu! Das klingt fast zu simpel, um wahr zu sein, aber so ist es. Noch zuverlässiger wirkt diese kleine Übung, wenn Sie sich dabei auf den Punkt an Ihrer Nasenwurzel fokussieren. »Das dritte Auge« nennen die Yogi diesen Punkt. Durch die Konzentration darauf hindern Sie Ihre Gedanken daran, sich an einem Problem festzubeißen und so mental zu verkrampfen. Zwar treten Alphawellen normalerweise sofort nach dem Schließen der Augen auf. Doch die schnelleren Betawellen würden bereits durch das Lösen einer einfachen Rechenaufgabe – oder eben durch Problemewälzen – wieder Ihr Gehirn okkupieren. Das passiert zum Beispiel, wenn man mitten in der Nacht mit kreisenden Gedanken aufwacht. Da hilft es auch nicht, einfach wieder die Augen zu schließen. Wenn Sie es aber schaffen, sich auf den Punkt zu konzentrieren und eine Weile dabei bleiben, wenden Sie mit Erfolg eine Technik an, derer sich auch Yogi bedienen, wenn sie sich in einen meditativen Zustand versetzen möchten. Unterstützend wirkt knapp oberhalb der Hörschwelle abgespielte klassische Musik. Auch sie fördert nach einer Untersuchung der Uni Hamburg das Alphawellenspektrum – besonders Bach und Mozart haben sich als hilfreich erwiesen.

Kapitel 6

Erfolg kommt von Herzen: Intuition als Motor der Kreativität

Viele Menschen glauben, erfolgreich werde man nur mit viel Fleiß, Anstrengung und Ernst.

Das ist aber nicht ganz richtig.

Um die Grundlagen einer Tätigkeit oder eines Wissensgebietes zu erlernen – ob nun Autofahren, Chemie, Kochen, Gedankenlesen oder Schreinern –, kommt man natürlich nicht umhin, sich mit der Theorie zu befassen. Man muss Bücher lesen und deren Inhalt verinnerlichen. Man muss Kurse besuchen, eine Ausbildung machen oder ein Universitätsstudium absolvieren. Dann muss man das Gelernte in der Praxis anwenden. Aus dieser Perspektive ist Fleiß erst einmal wichtig. Ohne sein Vorwissen, sein Chemiestudium und die langjährige Forschungserfahrung wäre August Kekulé auch nicht im Trancezustand vor dem Kamin auf die richtige Lösung gekommen. Damit sein Innerer Bibliothekar ihm helfen konnte, musste dieser Zugriff auf die richtigen »Datenbanken« haben.

Ich kann ihn leider nicht mehr fragen, aber ich gehe davon aus, dass Kekulé Spaß an seinem Beruf als Chemiker hatte. Sonst hätte er wohl kaum abends noch über ein professionelles Problem nachgedacht. Haben Sie Spaß an Ihrem Job und nehmen Sie freiwillig Arbeit mit nach Hause? Viele Menschen haben schon als Kind von ihren Eltern gelernt, dass Arbeit ein »notwendiges Übel« und der »Ernst des Lebens« ist. Ein Zwang, den es zu erledigen gilt, um Geld heranzuschaffen.

Sprüche wie »Erst die Arbeit, dann das Vergnügen« tun ein Übriges. Sie suggerieren, dass Arbeit und Vergnügen strikt voneinander getrennte Bereiche sind und sich gegenseitig ausschließen. So etwas ist eine starke Suggestion und damit eine Selbsthypnose. Es gibt Leute, die lieben eine Tätigkeit, solange sie sie freiwillig tun, aber sobald sie dann das Hobby zum Beruf machen, sträubt sich in ihnen alles. Die Tätigkeit an sich hat sich nicht verändert, nur die Einstellung dazu.

DIE LEIDENSCHAFT WECKEN

Arbeiten Sie in einem Beruf, den Sie zwar grundsätzlich mögen, oder irgendwann mal sehr mochten, aber in letzter Zeit haben sich Ermüdungserscheinungen eingeschlichen? Die Arbeit geht Ihnen zäh von der Hand und Sie warten jeden Tag sehnsüchtig auf den Feierabend? Dann habe ich einen kleinen Trick aus dem NLP – dem Neurolinguistischen Programmieren – für Sie: das *Reframing*. Reframing bedeutet nichts anderes, als die Perspektive leicht zu verschieben und dadurch etwas eigentlich Altbekanntes in völlig neuem Licht zu sehen. Das Verschieben geschieht zunächst bewusst, bis das Unterbewusstsein den neuen Rahmen als Wirklichkeit akzeptiert hat. Basteln Sie sich also einfach einen neuen Rahmen für Ihren Beruf (oder für alles andere, was Ihnen gerade nicht gefällt)!

Stellen Sie sich vor, dass Sie einen beruflichen Austausch machen – aber nicht irgendwo, sondern in Ihrer Firma! Die Stadt, in der Sie zu Hause sind, ist ab sofort eine fremde Stadt. Ihre Arbeit ist keine lästige Pflicht, sondern eine spannende neue Herausforderung. Ihr Zuhause ist das Domizil, in dem Sie für die Zeit des »Austauschs« untergebracht sind.

Eine gute Idee ist es, das Pferd von hinten aufzuzäumen: Am Freitagabend nehmen Sie alle wohlbekannten persönlichen Dinge – Fotos, Maskottchen, Vasen, Bilder und so weiter – vom Schreibtisch und der Wand an Ihrem Arbeitsplatz und verstauen sie in einer Schublade. Und dann »verreisen« Sie – in Ihre eigene Stadt. Tun Sie an diesem Wochenende Dinge, die sonst hauptsächlich Touristen machen. Besteigen Sie den Fernsehturm, gehen Sie in Ausstellungen, in Cafés, Parks oder machen Sie Ausflüge in die nähere Umgebung. Einzige Bedingung: Es darf nichts sein, was Sie sowieso immer tun. Lernen Sie alles wie beim ersten Mal kennen – oft ist das ja sogar der Fall, die wenigsten unternehmen etwas Neues oder Touristisches in ihrer eigenen Stadt.

Wenn dann die Arbeitswoche beginnt, ist es klar, dass Sie neugierig sind. Nehmen Sie nicht den üblichen Weg zur Arbeit, gehen Sie zeitig los und wählen Sie eine möglichst pittoreske Route. Steigen Sie zum Beispiel eine Station früher aus dem Bus und gehen Sie den Rest zu Fuß. Kaufen Sie an einem Kiosk, den Sie sonst links liegen lassen, einen Kaffee und an einem Marktstand Blumen für den Schreibtisch. Betrachten Sie alles, als würden Sie es zum ersten Mal sehen. Gestalten Sie Ihren »neuen« Arbeitsplatz. Routinen gibt es natürlich nicht – fangen Sie mit einer anderen Aufgabe an als sonst. Sprechen Sie mit Kollegen im Pausenraum, mit denen Sie bisher nichts oder wenig zu tun hatten – schließlich sind Sie »neu« hier, alle sind erst einmal gleich wichtig. In der Mittagspause probieren Sie ein neues Restaurant aus – und so weiter.

Wahrscheinlich fühlt sich das am Anfang seltsam an, aber lassen Sie sich ganz in die Vorstellung fallen. Wenn es Ihnen hilft, stellen Sie sich vor, Sie seien ein Schauspieler (lesen Sie dazu auch Kapitel 10 über *Metamodelling*). Nach drei Tagen intensiven Reframings sollten Sie schon wieder deutlich mehr Schwung haben. Wahrscheinlich haben Sie auch neue Leute kennengelernt und neue Aspekte in Ihrem Job entdeckt, die ihm frische Würze geben. Viel Spaß dabei!

Freude an dem, was man tut, ist keine Nebensache. Spaß ist die Grundvoraussetzung für Erfolg. Wer mit Leidenschaft bei einer Sache ist, hat einen Vorteil gegenüber anderen: Er ist von ganz allein »fleißig«. Hirnforscher wissen seit Langem, dass Lernen leichter fällt, wenn man von etwas begeistert ist. Ein Nebeneffekt ist, dass alles, was mit einem guten Gefühl gelernt wurde, besonders gut im Gedächtnis haften bleibt. Gefühle verstärken Erinnerungen. Sie drücken ihnen das Etikett »wichtig, nicht vergessen« auf. Ein weiterer Nebeneffekt dabei ist, dass sich die Beschäftigung mit einer Sache, die uns wirklich interessiert, nicht wie eine Anstrengung anfühlt. Stattdessen wird es zu einer Herzensangelegenheit.

Unsere Seele ist die Quelle, und was wir erschaffen, sind ihre Bäche

Stellen Sie sich einen jungen Mann vor, der sich nichts Schöneres vorstellen kann, als Violine zu spielen. Darin ist er gut, das ist sein Talent. Das auf die eine oder andere Weise zum Beruf zu machen, ist seit seiner Kindheit sein großer Traum. Doch seine Eltern finden seine Pläne unvernünftig. Freunde sagen: Da musst du aber Glück haben, um damit Geld zu verdienen. Die Ratio steht in Widerstreit mit dem Bauchgefühl. Der junge Mann wird unsicher. Sein Traum bröckelt. Eines Tages hat ihn seine Umgebung davon überzeugt, dass das Musikmachen eine »brotlose Kunst« ist. Also tritt er in die Fußstapfen seines Vaters, der Arzt ist, und beginnt ein Medizinstudium. Durch dieses quält er sich mit Anstrengung und Disziplin »erfolgreich« bis zum Abschluss. Aufs Arztdasein hat er immer noch keine Lust bekommen.

Dieser Arzt hat nun zwei mögliche Wege vor sich.

Entweder wird er bald das Handtuch werfen, weil er merkt, dass er sich nicht sein ganzes Leben lang verbiegen kann, und folgt doch noch seinem Herzen. Dann hat er schlimmstenfalls ein bisschen Zeit verloren auf dem Weg zu seinem Traum, aber er hat in jedem Fall wertvolle Erfahrungen gesammelt. Keine Erfahrung ist vergebens und auch auf Umwegen können wir dem alles überstrahlenden Stern unseres Lebenstraums folgen. Man darf ihn nur nicht aus den Augen verlieren. Falls der frisch gebackene Arzt aber auf dem nun einmal eingeschlagenen Weg bleibt, wird er immer einen geheimen Groll gegen seine Tätigkeit hegen. Denn die hat ihm das, was er liebt – das Violinspiel – weggenommen. Das ist eine starke negative Suggestion, die aufs Unterbewusstsein wirkt. Alles, was mit dem Arztberuf zusammenhängt, wird der Mann unbewusst ablehnen – sogar sich selbst, denn er ist ja der Arzt. Ein Mensch, der einen Beruf ergreift, den er verabscheut, handelt nicht nur einmalig gegen seine Intuition, er macht sie nach und nach dem Erdboden gleich. An jedem Tag, an dem er in die Klinik oder die Praxis fährt, ein bisschen mehr. So etwas rächt sich später oft in mehrfacher Hinsicht.

Hand aufs Herz: Möchten Sie gerne von einem Arzt behandelt werden, der im Grunde seines Herzens nur dafür brennt, in einem Orchester die Geige zu spielen? Oder doch lieber von einem Mediziner, der vollkommen darin aufgeht, anderen Menschen zu helfen?

Intuitiv ist den meisten Menschen klar, dass nur der wirklich gut in einer Sache sein kann, der sich für sie begeistert. Jemand, der ohne Elan einer Beschäftigung nachgeht, wird darin bestenfalls mittelmäßig, ganz sicher aber nicht erfolgreich. Dann fehlt der innere Antrieb, immer besser zu werden, sich weiterzubilden und mit der Materie zu befassen. Vielleicht stellt der verkappte Musiker als Arzt sogar Fehldiagnosen, weil er nicht gründlich genug untersucht und lieber schnell nach Hause zu seinem Instrument möchte. Vielleicht ist seine einzige Motivation die Bezahlung und er verordnet Operationen oder Behandlungen, die nicht notwendig sind, ihm aber Geld einbringen. Vielleicht verschreibt er ein schlechteres Medikament, weil er aus mangelndem Interesse nicht mitbekommen hat, dass es inzwischen ein passenderes Arzneimittel oder eine neue Behandlungsmöglichkeit gibt. Vielleicht begeht er auch aus Nachlässigkeit einen »Kunstfehler« und wird dafür verklagt. All das ist nicht gut für die Patienten, aber auch nicht gut für den Arzt. Denn wer auf Dauer seine Herzenswünsche ignoriert, kann selber krank werden. Denken Sie an die Effekte von andauerndem Stress und an die negativen somatischen Marker, die den ganzen Organismus durcheinanderbringen und sich als Krankheiten festsetzen können, wenn man sie ignoriert.

In dieser Variante der Geschichte gibt es kein Happy End.

Nehmen wir nun aber an, dieser junge Mann hätte alle »vernünftigen« Einwände gegen den Musikerberuf in den Wind geschlagen und hätte nicht Medizin, sondern tatsächlich Musik studiert. Oder er hätte erst Medizin, aber dann doch noch Musik studiert. Er wäre also seiner ursprünglichen Intuition gefolgt. Schlimmstenfalls hätte sich die Befürchtung der schlechten Bezahlung bewahrheitet und er hätte sich vielleicht eine Weile mit Nebenjobs wie Musikunterricht über Wasser halten müssen. Doch wäre das so schlimm, wenn man gleichzeitig etwas tut, was man liebt? Möglicherweise wäre aus ihm aber auch ein Starviolinist geworden. Oder ein Musiker in einem großen Orchester. Ein Musiklehrer oder – wenn er die Karriere des Arztes mit der des Musikers verbindet, denn auch das ist möglich – ein Musiktherapeut. Doch egal, wie seine Karriere gelaufen wäre und wie viel oder wenig Geld er verdient hätte: Er wäre glücklicher als im alternativen Szenario als Arzt.

Die Gewissheit, etwas zu tun, was man liebt, ist wohl der größte persönliche Erfolg, den es gibt. Ich spreche aus Erfahrung, denn auch mein Beruf als Wundermacher, Gedankenleser und Hypnotiseur ist nicht gerade eine Profession, die im

Berufsinformationszentrum angepriesen wird. Trotzdem habe ich mich nie beirren lassen und habe keine Sekunde meines bereits als Kind eingeschlagenen Werdeganges bereut. Jede Minute, die ich mich mit Themen wie Telepathie oder Magie befasst habe, war gut investiert. Wahrscheinlich hätten meine Eltern mich auch lieber in einem »sicheren« Beruf gewusst, aber sie haben meine Entscheidung akzeptiert. Ich bin meinem Herzen gefolgt. Ganz ohne Angst, damit zu scheitern – denn Scheitern gibt es aus meiner Sicht nicht, es gibt nur Erfahrungen. Es scheitert nur der, der aufgibt – solange man das nicht tut, ist man auf der sicheren Seite. Darum geht es im Leben: den Mut zu fassen, zu sagen: »Ich stehe zu mir, mit allem, was ich fühle und was mich antreibt!«

Der junge Mann hätte zwar vielleicht seine Familie enttäuscht, wenn er Musiker geworden wäre, aber nicht sich selbst. Herzenswünsche sind besonders deutliche Intuitionen. Solche, die sich immer wieder zu Wort melden, wenn man sie unterdrückt. Natürlich kann die Sache auch schiefgehen, aber das kann der Arztberuf auch. Und es ist etwas anderes zu wissen, dass man etwas versucht hat, als mit dem nagenden Gefühl zu leben, einer inneren Sehnsucht nicht einmal die winzigste Chance gegeben zu haben.

HILFE VOM UNIVERSUM

Gegen die Angst, mit den eigenen Wünschen und Träumen zu scheitern, wirkt der folgende Zauberspruch nach Alejandro Jodorowsky. Er lautet: »Ich bin eins mit dem Universum und verbinde mich mit seiner unaufhörlichen Expansion.« Ich empfehle, diesen Zauberspruch für mindestens zwei Wochen jeden Morgen nach dem Aufwachen und jeden Abend vor dem Einschlafen laut zu lesen. Das wird Ihnen Flügel verleihen!

Kreative Ideen kommen nicht unbedingt am Schreibtisch

Noch einmal: Wer etwas tut, was er liebt, häuft fast nebenbei und ohne Mühe Erfahrung und profundes Wissen an. Das ist ein Brunnen, aus dem die Intuition schöpfen kann. Nicht nur, um benötigte Informationen beizeiten zutage zu befördern, sondern auch, um aus dem Bekannten etwas völlig Neues zu erschaffen. Ganz einfach, weil die grundsätzliche Lust vorhanden ist, sich mit der Materie zu befassen – und zwar nicht nur von Arbeitsbeginn an bis Feierabend. Sind wir begeistert, überträgt sich das auf das Unterbewusstsein. Das bringt immer wieder neue Einfälle hervor.

Im Falle des Violinisten wären das vielleicht eigene Kompositionen oder eine neue Lehrmethode des Geigenspiels. Bei Kekulé war es die plötzlich auftauchende Idee zur Strukturformel des Benzols. Ein begeisterter Arzt käme vielleicht auf einen nie dagewesenen Therapieansatz. In meinem Fall ist es mal eine neue spannende Idee für mein Bühnenprogramm, mal ein Einfall, wie ich meine Hypnosetherapien noch effektiver gestalten kann. Solche Kreativität bringt neben dem privaten Erfolg – der sich in persönlicher Zufriedenheit äußert – auch oft äußeren und finanziellen Erfolg.

Hier sind wir an einem Punkt angelangt, an dem Fleiß und Anstrengung wirklich nicht mehr weiterhelfen. Nicht aufzugeben ist zwar wichtig, aber das Dranbleiben darf sich nicht nach Arbeit anfühlen. Anders gesagt: Unzählige Überstunden eines Mitarbeiters zeigen dem Chef vielleicht ein lobenswertes Engagement für die Firma. Doch so sehr sich der Angestellte auch aufopfern mag, eine steile Karriere macht er dadurch vermutlich nicht. Wenn der Mitarbeiter aber ein Konzept entwickelt, mit dem die Firma plötzlich die Konkurrenz abhängt – wenn er also kreativ wird –, steht seinem Aufstieg nichts im Weg. Dazu genügt nicht selten ein einziger guter Einfall und ein einziger guter Einfall stellt sich manchmal im Bruchteil einer Sekunde ein.

Ein wunderbares Beispiel für so eine bahnbrechende Idee ist die Geschichte des US-Amerikaners Arthur Fry. Der steckte Anfang der Siebzigerjahre mitten im Studium der Chemietechnik, als er nebenbei einen Job in der Produktentwicklung einer Firma annahm, die funktionale Kunststoffprodukte herstellte. Einer der Techniker dort hatte damals gerade einen neuartigen Klebstoff erfunden. Dieser Klebstoff war zwar stark genug, um sich an eine Oberfläche zu heften, ließ sich aber gleichzeitig sehr leicht und ohne Rückstände wieder ablösen. Die große Frage war allerdings, wofür das gut sein sollte. Alle im Team zuckten die Schultern.

Statt sich weiter darüber den Kopf zu zerbrechen, ging Arthur Fry nach Hause, legte seine Arbeitsmappe in die Ecke und brach auf zur Probe: Der Student sang in seiner Freizeit mit Leidenschaft im Kirchenchor. Dabei markierte er die zu übenden Lieder im Gesangbuch gewohnheitsmäßig mit Papierschnitzeln. Leider war es in der Kirche recht zugig und die Papierstückchen flatterten in alle Richtungen, sobald jemand die Tür öffnete und das Kirchenschiff betrat. Als Fry gerade mal wieder seine Zettelchen vom Boden auflesen musste, kam ihm der geniale Einfall: Den neuen Klebstoff könnte man dafür verwenden, Lesezeichen herzustellen! Solche, die man in ein Buch einkleben, aber auch wieder herauslösen kann, ohne das Papier zu zerstören!

Das war die Geburtsstunde und der Beginn des Siegeszuges der Post-it-Zettel. Fry hatte die Frage »Wie kann man den neuen Klebstoff verwenden?« im Hinterkopf behalten, die Lösung war intuitiv aufgetaucht. Nicht etwa, als Fry im Labor saß und grübelte, sondern während er seinem Hobby nachging.

Dabei ist Singen übrigens nicht irgendein Hobby: Untersuchungen zeigen, dass Singen – anders als bloßes Zuhören – die Gehirnwellen vom Betazustand in den Alphazustand verschiebt. Sie erinnern sich: Der Alphawellenbereich ist die Vorstufe zur Trance und damit ein Steg, über den Ideen aus dem Unterbewusstsein ins Bewusstsein hinaufklettern können. Ganz nebenbei stärkt Singen auch noch nachweislich das Immunsystem und führt zur Ausschüttung von Glückshormonen.

Arthur Fry wurde mit seiner Erfindung eine kleine Berühmtheit und legte den Grundstein seiner Karriere.

Verscheuchen Sie nicht die Fische

Kreativität ist ein magischer Prozess. Ein Prozess, der sich mit Druck nicht beschleunigen lässt, sondern dadurch sogar eher verlangsamt oder gar im Keim erstickt wird. Man muss der Kreativität einen geeigneten Rahmen bieten. Danach heißt es abwarten. Genau wie im Fall der Lehrerin, deren Namen wir vergessen haben. Es ist zunächst ein bisschen wie beim Schnorcheln im Karibischen Meer. Wenn man wie wild herumpaddelt und ungeduldig hin und her schwimmt, wird man nicht allzu viel Lebendiges zu sehen bekommen. Sobald man aber entspannt und geduldig auf der Wasseroberfläche liegt und sich vollkommen ruhig verhält, kommen die bunten exotischen Fische von ganz alleine. Irgendwann ist man ganz von ihnen umringt.

Der Chemiker Kekulé war ein großer Fan von »Träumereien«, wie er es nannte. Besonders auf Reisen, beim monotonen und einschläfernden Rattern des Zuges oder dem Schaukeln eines Dampfomnibusses döste er gerne vor sich hin. In dieser leichten Trance kamen ihm immer wieder überraschende Erkenntnisse – der erwähnte Abend am Kamin, an dem er den Benzolring entdeckte, war für ihn nur eine von vielen Gelegenheiten, bei denen seine Intuition gute Ideen aus den Tiefen seines Unterbewusstseins heraufsteigen ließ. Auch der Physiker und Nobelpreisträger Werner Heisenberg war dafür bekannt, sich selbst und seinen Mitarbeitern eine mehrtägige Pause zu verordnen, wenn sich das Team einem Durchbruch näherte. Heisenberg hatte Sorge, die Sache zu zergrübeln und falsche Schlüsse zu ziehen. Diese Strategie ist auch unter dem Namen »einmal drüber schlafen« bekannt. Mit Ruhe und Gelassenheit entwirren sich Denkknoten. Und das ohne großes Zutun.

Wie sich durch Krisen Kreativität entfesseln lässt: Was würden Sie tun, wenn Sie keine Angst hätten?

Dass man mit weniger Stress und mehr Freiraum mehr erreichen kann, ist eine Erkenntnis, die sich (wieder) zaghaft in der Berufswelt durchsetzt. In den Neunzigerjahren gab es schon einmal eine kurze Phase, in der die unzähligen Dot.com-Firmen ihre Mitarbeiter mit Massagen, morgendlichen Brunches und anderen Extras bei Laune hielten. Mit dem Platzen der New-Economy-Blase war das schlagartig vorbei. Unternehmen gingen auf Nummer sicher, Experimente waren ab sofort nicht mehr drin. Mitarbeiter wurden entlassen. Die, die ihren Job noch hatten, bekamen riesige Arbeitslasten aufgebürdet.

Außerdem wuchs in den darauffolgenden unsicheren Zeiten die Angst, den Arbeitsplatz doch noch zu verlieren. Wie sich Angst auf die Intuition und die Gesundheit auswirkt, habe ich ja schon beschrieben. Das Ergebnis zeigte sich auch in diesem Beispiel nach einigen Jahren. Burn-out wurde die neue Volkskrankheit. Gleichzeitig wurden kreative Einfälle in großen Firmen zur Mangelware.

Auf der anderen Seite beobachte ich seit einigen Jahren einen Kreativitätsschub bei kleinen Einmann- oder Einfrau-

Unternehmen. Die in den Krisen an die Luft gesetzten Mitarbeiter hatten plötzlich Zeit und Muße, sich kreative eigene Geschäftsideen zu überlegen. Zu verlieren gab es nichts mehr, mit dem festen Job war der Druck weg. Das setzte ungeahnte Kräfte und Ideen frei. Die einen verkaufen nun selbst entworfene und geschneiderte Mode übers Internet. Die nächsten produzieren in der heimischen Küche Spezialitäten mit Bio-Senf. Andere geben Yogakurse. Zwar sind all dies streng genommen auch Start-up-Unternehmen, aber eine Nummer bescheidener und bodenständiger als die Dot.com-Unternehmen früher.

Der wichtige Unterschied: Die Ideen sind direkt aus der eigenen Historie der Firmengründer erwachsen. Es geht nicht um utopische Gewinne ohne Bezug zur Wirklichkeit wie zu den Boomzeiten der New Economy. Die neuen Geschäftsideen entspringen der Intuition, entspringen Gedanken wie: »Das kann ich«, »Darin bin ich gut«, »Darin kenne ich mich aus«, »Das macht mir Spaß«. Mit solchen Voraussetzungen wird man intuitiv die richtigen Entscheidungen treffen. Genau darum haben diese kleinen Unternehmen auch Erfolg.

Kürzlich las ich in einer Zeitschrift von Menschen, die im mittleren Lebensalter in eine berufliche Sackgasse geraten waren. Sie hatten entweder einen Burn-out erlitten oder fühlten sich aus anderen Gründen einfach nicht mehr wohl mit dem, was sie tagtäglich taten. Ihre Intuition ließ sie sich nach Veränderung sehnen, aber sie fühlten sich wie gelähmt. Sie hatten Angst, in ihrem Alter keine andere Anstellung mehr zu finden – und schon gar keine bessere. Erst als sie sich eine einfache Frage stellten, brach das Eis. Plötzlich waren sie in der Lage, ihr Leben so zu ändern, dass es sie wieder glücklich und zufrieden machte. Die meisten kündigten und ergriffen einen völlig neuen Beruf – in dem sie viel erfolgreicher waren als in ihrem vorherigen. Die Frage, die sie gerettet hatte, lautete: »Was würdest du tun, wenn du keine Angst hättest?«

Die folgende Übung löst Ängste vor Entscheidungen auf und klärt den Blick. Sie können sie gut machen, wenn Sie im Liegestuhl im Garten in der Sonne dösen oder im Gras liegen, aber auch in jeder anderen entspannten Situation.

DER WOLKENSTAUBSAUGER

Schließ die Augen.
Stell dir einen blauen Himmel vor.
Dort siehst du eine Wolke vor der Sonne.
Stell dir vor, wie du alles, was dich hemmt, in diese Wolke
   hineingibst.
Die Wolke wird dunkler.
Dann gibst du alle negativen Gefühle hinein.
Die Wolke saugt sie auf und wird noch dunkler.
Alle Zweifel verschwinden in der Wolke.
Die Wolke ist jetzt tiefgrau.
Alle Ängste gibst du hinein.
Die Wolke ist fast schwarz.
Nun stell dir vor, wie die Sonne von hinten stärker wird.
Sie bricht die schwarze Wolke auf.
Mehr und mehr Sonnenstrahlen brechen durch die Wolke.
Sie scheinen dir ins Gesicht und wärmen dich.
Die Wolke wird immer dünner und dünner.
Sie ist nun ganz durchscheinend.
Die Sonne auf deiner Haut wird immer wärmer.
Schließlich ist die Wolke ganz aufgelöst
   – und du stehst da unter wolkenlosem Himmel
   in strahlendem Sonnenschein.
Spürst du das Glück des Loslassens?

Ein deutliches Zeichen fürs Umdenken im professionellen Bereich ist es, dass neuerdings sogar Unternehmens- oder Strategieberater dafür plädieren, die Intuition der einzelnen Mitarbeiter zu stärken. Druck und Stress sind out. Entschleunigung ist in. Auf der Website eines internationalen Manager-Networks las ich zum Beispiel, wie jemand dafür plädierte, Zugang zu unbewusstem Wissen zu schaffen. Statt Mitarbeiter zu schnellen Entscheidungen zu drängen, solle es in jeder Firma nach dem ersten Faktensammeln die Möglichkeit zur ruhigen Kontemplation geben – zum Beispiel beim Yoga oder der Meditation. Außerdem fand derjenige Raum für vorurteilsfreie Diskussion mit den Kollegen wichtig. So ein Plädoyer wäre vor zehn Jahren fast undenkbar gewesen.

Etwas Ähnliches, aber eine Spur handfester, entdeckte ich auf dem Blog eines Unternehmensberaters namens Klaus Reichert. Der stellte dort gegen Kreativitätsblockaden die sogenannte »Biergartenmethode« vor. Ein Biergartenbesuch soll helfen, bei beruflichen Problemen die Kreativität zu entfesseln. Es geht dabei nicht darum, sich im Biergarten mit alkoholischen Getränken abzufüllen. Dann kommt man höchstens auf »Schnapsideen«. Nein, der Berater setzt auf einen Wechsel der Umgebung, um neue Perspektiven zu gewinnen. In der informellen Atmosphäre des Biergartens entspannt man sich automatisch. Selbst, wenn man dort während der Arbeitszeit mit Kollegen sitzt, fühlt sich der Ausflug nicht nach Arbeit an. Das kitzelt unkonventionelle Einfälle hervor, die man im Büro vielleicht gar nicht äußern würde. Unter freiem Himmel haben Einfälle einfach mehr Platz, hervorzusprudeln.

Das Ritual des kontrollierten Müßiggangs

Ich folge einer ähnlichen »Methode«.

Wenn ich mich morgens mit einem lieblos zusammengerührten Instantkaffee an den Schreibtisch setzen und meinem Gehirn zurufen würde: *So, an die Arbeit, zack-zack, dein Chef*

braucht eine neue Nummer fürs nächste Bühnenprogramm!,
schaltete mein Gehirn vor lauter Schreck sicher erst mal auf
Durchzug.

Darum versuche ich das erst gar nicht.

Stattdessen bin ich absichtlich »faul«. Ich brühe mir in aller
Ruhe einen frisch gemahlenen Kaffee auf. Den genieße ich mit
allen Sinnen. Zu genießen heißt, ganz im Moment zu sein,
und das ist eins der wichtigsten Geheimnisse der Intuition.
Dadurch öffne ich die Kanäle meines Unterbewusstseins.
Während der Konzentration auf den Duft und den Geschmack
meines Kaffees hat das bewusste Denken Pause. Sorgen haben
keine Chance, es sich in meinen Gedanken gemütlich zu machen. Mein Innerer Bibliothekar kann sich in Ruhe an die
Arbeit machen und schon mal Material für meine Geistesblitze
vorbereiten. Ganz ohne dass das bewusste Denken ständig mit
besserwisserischen Durchsagen stört, es also zum Beispiel an
irgendwelche Deadlines erinnert oder Probleme wälzt, die
noch gar nicht eingetreten sind. Durch den Fokus auf meine
Sinne putze ich meine innere Tafel blank, damit neue Ideen
darauf Platz finden können.

Nach dem Frühstück mache ich mich fertig und spaziere
durch die frische Morgenluft in aller Ruhe in mein Lieblings-
café – das ist mein persönlicher »Biergarten«. Wenn ich dort
meinen Notizblock und meinen altmodischen Füller heraus-
hole und auf den Tisch lege, fühlt es sich so an, als würde ich
wie ein Kind am Nikolaustag die Stiefel vor die Tür stellen. Ich
vertraue darauf, dass der Nikolaus mir schon etwas Schönes
bringen wird. Anders ausgedrückt könnte man sagen, dass
mein ganzer Körper, und vor allem mein Gehirn, dieses kleine
Ritual kennt, das signalisiert: Jetzt ist es Zeit für Ideen!

Rituale wirken wie eine Selbsthypnose. Sie öffnen den Zugang zum Unterbewusstsein und damit zur Intuition. So lassen sich Rituale auf magische Weise nutzen. Durch wieder-
kehrende gleiche Handlungen, die wiederum immer mit

bestimmten Erwartungen verbunden sind, setze ich einen Impuls in die gewünschte Richtung. Ich war schon unzählige Male im Café, habe unzählige Male Füller und Notizblock hervorgeholt. Dabei hatte ich immer die gleiche entspannte Fokussiertheit auf eine Fragestellung meiner Arbeit. Die Konzentration ist inzwischen unentwirrbar mit den Handlungen verknüpft.

Die offene Hypnose, die ich in meinen Therapiesitzungen genauso wie auf der Bühne durchführe, wird ebenfalls durch die Wirkung von Ritualen unterstützt. Die immer sehr ähnlichen Handlungsabläufe werden von meinen Patienten mit der Hypnose verknüpft: ein Lernprozess. Dadurch wird es von Mal zu Mal leichter, jemanden zu hypnotisieren, denn das Unterbewusstsein weiß bei bestimmten Befehlen nun schon: Aha, jetzt ist es wieder Zeit für Hypnose!

Zurück ins Café. Wenn mir nicht sofort ein Einfall kommt, werde ich nicht ungeduldig. Dann lese ich vielleicht erst einmal in Ruhe die Zeitung. Oder ich bestelle einen weiteren Kaffee und beobachte die Menschen in meiner Umgebung. Allerdings behalte ich dabei immer die Frage: »Was könnte meine neue Nummer sein?« im Hinterkopf. Diese Frage ist der Filter meiner Wahrnehmung. Meiner äußeren Wahrnehmung, die auf die Welt um mich herum gerichtet ist. Aber sie steuert auch meine innere Wahrnehmung: meine Intuitionen.

Die Frage ist das Guckloch, durch das ich auf alles schaue.

Weil mein Innerer Bibliothekar wissen muss, aus welchen Abteilungen er mir Informationen zusammentragen soll, ist der Fokus auf mein Vorhaben – die Fragestellung – wichtig. Denken Sie an die Fische im Karibischen Meer: Man muss sich schon mit Schnorchel und Schwimmbrille ins Wasser begeben. Erst dann kann man mit Geduld und Ruhe nach ihnen Ausschau halten. An Land werden sie einem nicht begegnen.

Wenn ich meine Frage im Hinterkopf behalte, geschieht noch etwas anderes. Ich entdecke überall in meiner Umgebung kleine Schätze. Informationen, die zum Thema passen und meiner Vorstellungskraft zusätzliches Futter geben. Ich finde möglicherweise einen Zeitungsartikel über eine neue Studie, die psychologisch erklärt, warum man in den unpassendsten Situationen – bei einer Beerdigung, im Wartezimmer – plötzlich den unwiderstehlichen Drang verspürt zu kichern. Im Artikel geht es nicht um Magie, aber aus diesem Mechanismus ließe sich mit etwas Phantasie vielleicht eine Bühnennummer entwickeln. Plötzlich sehe ich am Tresen ein Mädchen mit einem Schmetterlingstattoo auf der Schulter – vielleicht sollte ich einmal telepathisch Tattoos erraten? Während ich noch diesem Gedanken nachhänge, rauscht eine elegante Dame ins Café und hinterlässt eine duftende Parfumwolke. Die Idee blitzt auf, dass man auch Düfte telepathisch erspüren könnte. Mein Innerer Bibliothekar steuert zu dieser Wahrnehmung sofort die Erinnerung an ein Partyspiel mit Düften bei, von dem ich in einem vergilbten Buch erst neulich gelesen habe. Das Buch hatte ich auf dem Flohmarkt in meinem Berliner Viertel entdeckt, es stammt von einem der bekanntesten amerikanischen Mentalisten der Sechziger- und Siebzigerjahre, David Hoy.

DIE DUFTPROJEKTION

Gerüche gelten unter Experten für unsere außersinnliche Wahrnehmung als besonders gut telepathisch zu erahnen. Außerdem haben sie einen direkten Draht zu unserem limbischen System, sie sind mit unseren Emotionen verknüpft.

Wenn Sie ausprobieren wollen, ob Sie einen guten mentalen Riecher haben, nutzen Sie doch das nächste Treffen mit Freunden, um damit zu experimentieren. Sie benötigen dazu lediglich einige verschiedene Dinge mit charakteristischem Geruch. Außerdem zwei voneinander getrennte Räume. Die Gerüche sollten allen Spielteilnehmern bekannt sein, aber nicht bereits die ganze Umgebung erfüllen, wie etwa der Duft frisch gebackenen Kuchens oder das Aroma von in Vasen aufgestellten Lilien. Geeignete Gerüche können zum Beispiel aufgeschnittene Zwiebeln sein, frische Erdbeeren, starker Kaffee, Zimt, eingelegter Fisch, frischer Ingwer oder andere stark duftende Gewürze wie Nelken oder Vanille. Nicht so gut geeignet sind Parfums – es sei denn, es handelt sich um einen unverwechselbaren Geruch, den alle kennen, wie beispielsweise Kölnisch Wasser.

Die Duftspender sollten vor Spielbeginn in Gefäßen geruchsdicht verschlossen sein. Ein erster »Sender« wählt nun hinter verschlossener Tür eine Substanz aus. Dann öffnet er die Verpackung und schnuppert kurz. Dabei versucht er, die Erinnerung an den Geruch so plastisch wie möglich im Gedächtnis zu konservieren. Er schließt das Behältnis wieder und kehrt zu den anderen zurück. Dabei behält er die Vorstellung des Geruches immer im Sinn. Die Aufgabe der anderen ist es nun, telepathisch zu erraten, an welchen der zur Auswahl stehenden Gerüche er denkt. Jeder Spieler schreibt seine Vermutung auf einen Zettel. Normalerweise entpuppen sich bei Spielen wie diesen bestimmte Leute als hervorragende »Sender«, andere sind besonders gute »Empfänger«. Je häufiger man das Spiel spielt, umso besser werden in der Regel die Ergebnisse. Viel Spaß dabei!

Warum Sie kreativer werden, wenn Sie mehrere Sinne benutzen

Aus diesem Duftexperiment lässt sich vielleicht auch eine mögliche neue Bühnennummer entwickeln. Damit bin ich wieder bei meiner Suche nach Inspiration: Wenn alles in der Umgebung plötzlich einen Bezug zu meiner Fragestellung bekommt, nennt man das selektive Wahrnehmung. Sie können es gleich testen. Denken Sie an die Farbe Rot. Sie müssen nicht einmal intensiv daran denken, das Wort Rot allein reicht aus. Nun sehen Sie sich um. Was springt Ihnen ins Auge? Lauter rote Details! Denken Sie dann »Grün« und wie von Zauberhand kommen Ihnen die grünen Dinge entgegen. Worte haben eine ungeheure Kraft.

Weil ich um die Macht der Worte weiß, schreibe ich mir gern in geschwungenen Buchstaben mit meinem Füller eine Erinnerungsstütze auf das erste Blatt meines Notizblocks. Etwa: *Neue Bühnennummer*. Damit nutze ich einen weiteren Kniff. Das Schreiben mit der Hand verfestigt mein Vorhaben nämlich auf weiteren Ebenen im Gehirn. Die Motorik der Hand ist eng mit dem Sprachzentrum verknüpft: Im Laufe der Evolution wurden die Hände durch den aufrechten Gang des Menschen plötzlich frei für andere Tätigkeiten als nur das Laufen und Klettern. Unsere Ahnen konnten auf einmal Dinge mit den Händen verändern. Sie konnten ihre Umwelt im ureigensten Wortsinn manipulieren: Der Begriff »manipulieren« kommt vom lateinischen Wort *manus*, Hand.

Nehmen wir den Werkzeugbau. Selbst wenn man nur ein ganz einfaches Werkzeug herstellt, eine Steinklinge zum Beispiel, muss man dafür einen Plan haben. Man muss zum Beispiel wissen: Wozu werde ich das Werkzeug brauchen? Was benötige ich? Wie baue ich es zusammen? All das erfordert zumindest basale sprachliche Fähigkeiten: Der Plan muss mental für die Dauer des Werkzeugbaus gespeichert sein. Für jeden Arbeitsschritt muss es ein mentales Bild geben, das den Arbeitsschritt mindestens so lange »im Sinn« halten kann, bis er ausgeführt ist. Sobald das Werkzeug gebaut ist, muss eine Erinnerung daran etabliert werden, wozu und wie das Werkzeug genutzt werden kann, um es überhaupt anwenden zu können. Solche Abstraktionen sind Vorläufer der Sprache. Parallel mit der Entwicklung der Hand entwickelte sich darum auch das Gehirn.

Es sind diese uralten evolutionären Zusammenhänge, die handschriftliches Schreiben zu einer Art Expresszug in unseren Kopf machen. Das Schreiben und das gleichzeitige Lesen verfestigen die Fragestellung dazu noch auf der sensorischen und auf der visuellen Ebene. Wenn ich die Worte »neue Nummer« niederschreibe, werden also Spuren in mehr miteinander vernetzte Nervenstrukturen in verschiedenen Hirnarealen gesetzt, als wenn ich es einfach nur denke. Wer nun auch noch laut liest, nimmt mit dem Gehör einen weiteren Sinn hinzu. Erinnern Sie sich: Unser Unterbewusstsein ruft Informationen aus ganz verschiedenen Bereichen ab. Eine stärkere neuronale Vernetzung zwischen Gehirnarealen und beiden Gehirnhälften bedeutet darum eine bessere Voraussetzung für gute Einfälle. Man könnte es auch folgendermaßen auf den Punkt bringen: Je mehr Sinne ich benutze, umso kreativer werde ich.

An den Worten halte ich mich also fest, sie sind mein Mantra. Sie helfen mir, in den richtigen Modus aus Entspannung und Kreativität zu gleiten, aber dabei die Konzentration zu behalten. Meinen ersten Einfall notiere ich ebenfalls. Auch den zweiten und dritten und so weiter. Vielleicht notiere ich »Duft-Gedankenlesen«. Oder »etwas mit Tattoos«. Dass die Sache noch nicht konkret ist, macht nichts. Ich kann darauf vertrauen, dass mein Helfer nach und nach schon die richtigen Dinge dazu zusammentragen wird.

Vor einiger Zeit habe ich überrascht festgestellt, dass meine Café-Notizen in etwa identisch sind mit dem ersten Schritt beim sogenannten *Mind Mapping*: dem *Clustern*. Das englische Wort *cluster* bedeutet Bündel oder Anhäufung. Dabei schreibt man rund um ein eingekreistes Überthema alles auf, was einem dazu einfällt. Das kreist man dann jeweils auch ein. Anschließend verbindet man die Punkte und setzt sie zueinander in Beziehung. So lange, bis alles aussieht wie ein aus der Vogelperspektive betrachteter Baum, in dem ein paar fleißige Spinnen mit ihren Netzen Querverbindungen hergestellt haben. Das Zentrum des Bildes ist der Stamm, von dem aus sich alles andere verzweigt. Das ist keine Spielerei: Ein visualisiertes Brainstorming können wir besser erfassen und behalten als einzelne Begriffe, die wir etwa in einer Liste untereinander geschrieben haben.

Aber Sie können auch einen Seifenblasenhimmel gestalten, Luftballons ausfüllen oder Blumen, wenn Ihnen das besser gefällt. Hauptsache, es spricht Sie an. Der Cluster ist anschließend die Grundlage für die eigentliche *Mind Map*. Dabei sortiert und bewertet man die Assoziationen. Nach dem Ideengeber Intuition kommt hier die Ratio ins Spiel. Man kann dabei einzelne Begriffe nach Themenfeldern zusammenfassen. Oder auch besonders wichtig erscheinende Begriffe zum Zentrum eines neuen Assoziations-Clusters machen. Wenn man möchte, kann man auch schon Notizen drum herum schreiben: Wen man anrufen muss, um das Vorhaben zu organisieren, welches Zubehör man zur Umsetzung einer Idee braucht – und so weiter.

Setzen Sie Ihr Unterbewusstsein auf die richtige Fährte

All das – die wiederholte Fragestellung, das Café-Ritual, die Notizen – hilft mir, den Fokus zu behalten. Ich gerate nach und nach in einen Flow-Zustand, in dem ich vollkommen in meiner Aufgabe aufgehe. Das hat nichts mit verkrampftem Grübeln oder angestrengter Denkarbeit zu tun. Ein Flow-Zustand ist gekennzeichnet durch Mühelosigkeit. So ein Zustand macht nicht nur glücklich, wie der Psychologieprofessor Mihaly Csikszentmihalyi, der den *Flow*-Begriff geprägt hat, betont. Er ist außerdem sehr effektiv. Man schafft viel mehr in kürzerer Zeit.

Wenn ich aber stattdessen plötzlich mit meiner Aufmerksamkeit abdrifte und etwa Facebook-Nachrichten zu ganz anderen Themen beantworte, mich beim YouTube-Surfen ertappe oder wenn ich, statt nur ein paar Artikel zu lesen, das gesamte Feuilleton durcharbeite, ist das Gegenteil der Fall. Dann habe ich irgendwann wahrscheinlich vergessen, dass ich mir doch eigentlich eine neue Nummer ausdenken wollte.

Das scheint jetzt auf den ersten Blick vielleicht im Widerspruch zu dem zu stehen, was ich im vorigen Kapitel zum *Tip of the tongue*-Phänomen erklärt habe: Dass Ablenkung heilsam ist, wenn man sich vergeblich an etwas zu erinnern versucht. Doch es ist etwas anderes, sich an eine bestimmte Sache zu erinnern, als etwas Neues zu schaffen. Bei der blockierten Erinnerung ist »nur« der Zugang zu etwas Vorhandenem versperrt und wird direkt zugänglich, sobald die Blockade entfernt ist. Die Entstehung kreativer Ideen ist komplizierter. Sie entstehen aus der Kombination verschiedener Elemente, aus verschiedenen Erinnerungen und Erfahrungen, die zu etwas Neuem verschmelzen. Weil die Intuition nie schläft, sprudeln kreative Ideen natürlich auch ins Bewusstsein, wenn wir gerade zu Hause in der Küche stehen und konzentriert Gemüse fürs Abendessen schneiden – oder wie im Falle von Arthur Frey in der Kirche im Chor singen.

Doch damit das passieren kann, müssen wir unser Unterbewusstsein zunächst auf die richtige Fährte bringen. Durch konzentrierte Auseinandersetzung mit dem Thema. Im Café. Im Biergarten. In der Badewanne. Wie einen Lawinenhund müssen wir das Unterbewusstsein erst einmal intensiv schnuppern lassen, wonach es suchen soll – unsere Schnüffelprobe ist unsere Frage. Das Gesuchte ist die Antwort.

Was ist Ihre Frage?

Kapitel 7

Alternative Wege zur Intuition: Mit Eiswasser zur Erkenntnis und einem Thriller direkt ins Unterbewusstsein

Entspannung fördert die Kreativität und Intuition, so viel steht fest. Als Hypnosetherapeut käme es mir nie in den Sinn, meine Klienten zu stressen. Stattdessen versetze ich mein Gegenüber in einen tiefen Zustand der Entspannung. So ermögliche ich meinen Klienten gezielten Zugang zu ihrem Unterbewusstsein und damit zur Intuition. Ich führe sie zu einer anderen Art des Denkens, als wir sie aus dem Alltag kennen. Unter Hypnose wird die Ratio ausgeschaltet. Verschüttet geglaubtes Wissen ist plötzlich frei zugänglich. Lösungen für Probleme tauchen intuitiv auf. Auch in meinen Bühnenshows führt der Weg zum Unterbewusstsein des Publikums immer über die Entspannung.

Gerade, weil ich es gewohnt bin, diesen sanften Weg zu gehen, haben mich einige neuere Forschungsergebnisse im ersten Moment verblüfft. Forscher von der Uni Bochum kamen zum Ergebnis, dass Stress – also genau das Gegenteil von Entspannung – in der Lage ist, Intuition hervorzukitzeln.

Ein Paradox – dachte ich.

Doch dann erkannte ich, dass Stress und Entspannung eine ganz entscheidende Gemeinsamkeit haben ...

Aber der Reihe nach.

Stress wirkt als Katalysator der Intuition – manchmal

Unter Stress wird der Hypothalamus im Zwischenhirn aktiv. Das ist eine der wichtigsten Steuerungszentralen des vegetativen Nervensystems. Der Hypothalamus gibt dem Nebennierenmark den Befehl, das Stresshormon Adrenalin und den Botenstoff Noradrenalin auszuschütten, während die Nebennierenrinde Cortisol und eine ganze Reihe anderer Stoffe produziert. Pulsfrequenz und Blutdruck steigen als Folge dieser Prozesse, die Sauerstoffversorgung des Körpers wird verbessert, die Leber zur Ausschüttung von Energiereserven angeregt und Blut wird in die Muskeln geschickt. Mit anderen Worten: Unser Körper bereitet sich auf eine Aktion vor – es könnte ja sein, dass wir einem schwertschwingenden Samuraikrieger gegenüberstehen oder von einem Rudel hungriger Wölfe verfolgt werden. Da kommt es auf sekundenschnelle Reaktion an.

Aber nicht nur unser Körper, auch der Kopf reagiert. Wie sich in einem Experiment zeigte, auf überraschende Weise!

Die Forscher der Bochumer Ruhr-Uni teilten Probanden in zwei Gruppen ein. Die erste Gruppe musste eine Hand drei Minuten lang in Eiswasser tauchen. Der Körper der Testpersonen reagierte darauf sofort messbar mit der Ausschüttung von Stresshormonen, denn nicht nur psychische Belastungen, auch extreme körperliche Reize lösen Stressreaktionen aus. Die zweite Gruppe tauchte ihre Hand dagegen in angenehm warmes Wasser und zeigte – wie erwartet – keine Stressreaktion.

Beiden Gruppen wurde nun mitgeteilt, ihre Aufgabe sei es, das Wetter vorherzusagen. Dabei ging es nicht um das echte Wetter draußen vor der Tür, sondern um eine Knobel-Aufgabe: Den Probanden wurden Spielkarten mit verschiedenen Symbolen in unterschiedlichen Kombinationen gezeigt. Die Teilnehmer sollten nun herausfinden, welche zuvor festgelegten Kartenkombinationen Regen bedeuteten und welche gutes Wetter.

Nun geschah etwas Merkwürdiges.

Die nicht gestressten Teilnehmer gingen rational an die Sache heran. Sie konzentrierten sich systematisch auf ein Symbol nach dem anderen. Im Kernspintomografen, mit dem die Forscher die Gehirnaktivität während des Experiments beobachteten, zeigte sich, dass sie dabei den Hippocampus benutzten. Das ist ein Hirnareal im Schläfenlappen, das für bewusstes, rationales Lernen zuständig ist. Außerdem entscheidet sich im Hippocampus, welche Informationen vom Kurz- ins Langzeitgedächtnis überführt und welche als irrelevant aussortiert werden. Die nicht gestressten Teilnehmer konnten ihr Vorgehen genau begründen.

Ganz anders die durch das Eiswasser körperlich gestressten Teilnehmer: Sie erfassten mit einem Blick ganze Symbolkombinationen, waren aber nicht in der Lage, ihre Strategie in Worte zu fassen. Sie »fühlten« intuitiv die richtige Lösung – und lagen dabei nicht häufiger falsch als die anderen Probanden. In ihrem Gehirn war allerdings eine völlig andere Region aktiv. Im Kernspintomografen leuchtete das sogenannte Striatum im Mittelhirn.

Das Spannende dabei: Das Striatum ist die Eingangspforte der Basalganglien, eines entwicklungsgeschichtlich sehr alten Teils des Gehirns. Von hier aus werden normalerweise bereits fest verankerte Verhaltensweisen gesteuert: unsere Gewohnheiten. Also alles, über das wir nicht mehr groß nachdenken, sondern es einfach tun, intuitiv. Das reicht vom Öffnen einer Tür übers Autofahren bis zum Zähneputzen nach dem Essen. Dass dieser Gehirnbereich nicht nur beim Abruf von bereits gespeicherten Inhalten, sondern auch beim Lernen aktiv sein konnte, war überraschend. Von Gewohnheit konnte nämlich keine Rede sein, für alle Probanden war die Aufgabe neu. Die unter Stress gelernten Informationen sanken also sofort ins Unterbewusstsein. Dort gesellten sie sich zu den fest verankerten Verhaltensweisen, anstatt den Umweg über den selektierenden Hippocampus zu nehmen – in etwa wie bei einer Hypnose.

In weiteren Versuchen fanden die Forscher heraus, dass es in den Nebennieren unter Stress hergestellte sogenannte Mineralcorticoide sind, die automatisch vom rationalen Denken aufs intuitive Denken umschalten. Wurden die entsprechenden Rezeptoren medikamentös blockiert, funktionierte das Umschalten nicht und die Lernleistung unter Stress wurde schlechter.

Das Ganze hat natürlich einen evolutionären Sinn:

Stress signalisiert dem Organismus, dass eine schnelle Entscheidung und schnelles Handeln anstehen. Nehmen wir noch mal das Beispiel Eiswasser: Würden Sie in eiskaltes Wasser fallen, wäre es für Ihr Überleben wichtig, dafür zu sorgen, dass Sie so rasch wie möglich wieder herauskommen. Dieses Wissen um Gefahr ist nicht individuell erlernt. Das steckt nach sechs Millionen Jahren der menschlichen Evolution in unseren Genen. Darum hatte das Eiswasser in dem Bochumer Experiment einen unmittelbaren Stresseffekt: Es signalisierte Lebensgefahr. Den Probanden war vom Kopf her natürlich klar, dass von der Wasserwanne im Seminarraum keine Bedrohung ausging. Doch die Reaktion lief automatisch ab, der Kopf wurde erst gar nicht zurate gezogen. Der Körper hatte auf Basis eines physikalischen Reizes bestimmt, dass zum Nachdenken keine Zeit sei. Darum blockierte Stress die zeitraubende Ratio und rief die schnelle Intuition zum Einsatz. Ziemlich schlau, wenn es auf Sekunden ankommt.

Unter Stress nehmen wir weniger Details wahr. Stattdessen erfassen wir – intuitiv – Zusammenhänge und Muster. Auf deren Basis entscheiden wir dann direkt, ohne Abwägen. Das spart nicht nur Zeit, sondern erweist sich oft als verblüffend treffsicher. Ich erinnere mich da an die faszinierende Geschichte eines amerikanischen Feuerwehrmanns. Den Mann mit langjähriger Berufserfahrung überkam in einem Haus, in dem er und seine Kollegen ohne Ergebnis nach dem Brandherd gesucht hatten, plötzlich ein ungutes Gefühl. Das konnte er sich zwar nicht erklären, trotzdem brüllte er aus Leibeskräften: »Alle raus!« Kurz nachdem alle draußen in Sicherheit waren, stürzte das Haus in sich zusammen. Später stellte sich heraus: Der Feuerwehrmann hatte intuitiv erfasst, dass etwas anders war als sonst. Es war viel stiller, als er das von anderen Bränden her kannte, dabei aber extrem heiß – sein Unterbewusstsein hatte blitzschnell die aktuelle Situation mit bekannten Szenarien abgeglichen und daraus die richtigen Schlüsse gezogen. Hätte der Feuerwehrmann die Situation Schritt für Schritt mithilfe der Logik zu lösen versucht, hätte das ihn und seine Kollegen vermutlich das Leben gekostet.

EISKALT EINGESCHLEUST

Wissenschaftler nehmen an, dass man sich Lerninhalte auch dann besser merkt, wenn man nach dem Lernen Stress ausgesetzt ist. Das öffnet die Tore zum Unterbewusstsein und schleust das Gelernte ohne Umwege ins Langzeitgedächtnis und in den Vorrat intuitiv verfügbaren Wissens. Am besten geeignet ist emotionaler Stress, weil der alles, was in seinem Umfeld passiert, mit dem Label »wichtig!« versieht. Wahrscheinlich haben Sie aber keine Lust, nur deswegen einen Streit mit Ihrem Partner anzuzetteln. Dann können Sie sich zum Beispiel unmittelbar nach dem Lernen mit dem Ansehen eines möglichst nervenkitzelnden Thrillers belohnen. Aber auch physische Erregung wie eine eiskalte Dusche kann bewirken, dass das Gelernte sich verfestigt.

Stress kann nicht nur Lerninhalte ins Unterbewusstsein befördern, sondern sogar vor langer Zeit Gelerntes zurückholen. Menschen, die unerwartet in die Situation geraten, erste Hilfe leisten zu müssen, können sich oft urplötzlich an einen lang zurückliegenden Erste-Hilfe-Kurs erinnern – zumindest, wenn es ein guter Kurs war. Also einer, in dem die Inhalte so geübt worden sind, dass sie stabile Gedächtnisspuren im Gehirn gebildet haben. Diese Leute erinnern sich plötzlich intuitiv daran, wie ein Luftröhrenschnitt zu setzen ist. Daran, wie die stabile Seitenlage aussieht oder was man bei der Mund-zu-Mund-Beatmung tun muss. Forscher vom Max-Planck-Institut für Neurobiologie in Martinsried haben nachgewiesen, dass die während des Lernens aufgebauten Nervenzellenverbindungen bei längerem Nichtgebrauch nur inaktiviert werden. Sie werden quasi ausgeknipst, um Energie zu sparen. Aber der Schalter ist noch da! Die gute Nachricht lautet: Sie müssen sich nicht unbedingt stressen, um ihn zu betätigen. Es reicht schon, einzelne Inhalte von damals bewusst zu reaktivieren, dann folgt schnell auch der Rest.

Nehmen wir an, Sie haben in der Schule Französisch gelernt, die Sprache dann aber zwanzig Jahre oder noch viel länger nicht angewendet. Sie brauchen nur einen CD-Kurs zum Selbstlernen in Französisch auszuprobieren, um zu merken, dass es kein Problem ist, die Sprache in Ihrem Kopf zu neuem Leben zu erwecken. Plötzlich scheint es, als sei eine Quelle angebohrt worden, aus der die Vokabeln nur so hervorsprudeln. Es fällt uns deutlich leichter, etwas aus den Archiven unseres Hirns hervorzuholen, als von null anzufangen. Das ist doch eine tolle Motivation, alte Schätze wieder hervorzukramen! Nicht nur Fremdsprachen, auch Sportarten, in denen wir früher einmal gut waren – und da besonders die, die uns Spaß gemacht haben. Sie alle lassen sich zurückholen, denn auch Muskeln haben ein »Gedächtnis«. Schnell fallen Sie dann wieder in die alten Bewegungsabläufe zurück – intuitiv.

Risiken und Nebenwirkungen des Intuitionswunders Stress

Hypnose und Stress haben eine wichtige Eigenschaft gemeinsam: Beide schalten die sonst so dominante Ratio vorübergehend aus. Doch daraus zu folgern, dass Stress eine empfehlenswerte Strategie sei, um intuitiver zu werden, ist gefährlich. Denn falscher Stress oder ein Quäntchen Stress zu viel können die Intuition sofort zuverlässig sabotieren.

Ich spreche da aus Erfahrung: Ich hatte einmal einen Auftritt in Wien auf einer sehr exklusiven privaten Abendveranstaltung. Kurz vor dem Auftritt hatte ich mit meiner damaligen Lebensgefährtin einen heftigen Streit am Telefon. Das kam selten vor, aber umso aufgewühlter war ich. Es war keine Zeit, die Meinungsverschiedenheit vor dem Auftritt beizulegen, denn ich musste raus auf die Bühne. Es kam, wie es kommen musste: Nichts klappte! 15 quälende Minuten lang! So sehr mich ein bisschen Lampenfieber sonst vor dem Auftritt beflügelt, so schädlich waren die negativen und ablenkenden Energien, die ich nach dem Streit in mir fühlte. Mir wurde klar, dass das so nicht weitergehen konnte, schließlich bezahlten mir die Leute hier für meinen Auftritt viel Geld. Also entschuldigte ich mich beim Publikum und zog mich zurück. Im Backstage-Bereich schloss ich die Tür ab. Dann setzte ich mich hin und meditierte. Für solche Zwecke habe ich eine Art Instant-Meditation, die ich schon häufig zu Hause geübt und mit einem körperlichen Anker versehen habe, sodass ich mich in Sekundenschnelle in tiefe Entspannung versetzen kann. Nach zehn Minuten hatten sich meine Gedanken und Gefühle vollkommen beruhigt und ich betrat den Saal erneut – und diesmal lief alles wie am Schnürchen.

DIE BLITZ-MEDITATION

Die Blitz-Meditation ist in den Übungsdurchläufen zunächst eine ganz normale Meditation, ohne Zeitbegrenzung. Das heißt, ich setze mich hin und schließe die Augen. Dann stelle ich mir eine weiße Fläche vor, auf die ich meine Aufmerksamkeit fixiere. Eine Leinwand. Jeder Gedanke wird von dieser weißen Fläche absorbiert. Ziel dieser Meditation ist es, dass ich mich ganz leer mache. Ich werde zu dieser weißen Fläche. Auf diese Weise werde ich zur idealen Projektionsfläche, ein Gefäß für die Gedanken anderer, ohne dass mir die eigenen Gedanken dazwischenfunken. Auf dem Höhepunkt dieses angenehmen Leeregefühls setze ich in jedem Übungsdurchlauf einen körperlichen Anker. Dazu presse ich alle Finger der rechten Hand aufeinander. In jeder Situation, in der ich später wieder die Finger aufeinanderdrücke, ist das Gefühl der angenehmen Leere sofort wieder da. Der Anker ist zum Katalysator der Meditation geworden.

Nur wohl dosiert und in ganz bestimmten Situationen fördert Stress also die Intuition. Ständiger Stress ohne Erholungsphasen verändert zudem Gehirnstrukturen zum Negativen. Er lässt in bestimmten Regionen Nervenzellen absterben. Der normalerweise nur vorübergehende Alarmzustand kann sich in chronische Ängste oder Depressionen verwandeln.

Und wenn Sie sich nun zum Beispiel in Prüfungen darauf verlassen, dass Ihnen die Intuition dank Stress schon die richtigen Lösungen liefern wird und Sie sich das Lernen vorher sparen, geht der Schuss garantiert nach hinten los. Sobald spezifisches Wissen abgefragt wird, das noch nicht aus dem Effeff sitzt – es also noch nicht bis ins Unterbewusstsein geschafft hat –, kann auch die Intuition nicht helfen. Dann hat sie nichts, auf das sie zurückgreifen kann. Und wenn man auf logisches Überlegen angewiesen ist – viele Prüfungsaufgaben sind ja absichtlich so gestaltet, dass man noch einmal nachdenken muss –, ist zu viel Stress kontraproduktiv. Denn der legt, wie wir eben gesehen haben, das dafür zuständige Gehirnareal lahm. Oder wie es Mark Twain sehr treffend ausgedrückt hat: »Das menschliche Gehirn ist eine großartige Sache: Es funktioniert vom Augenblick der Geburt an – bis zu dem Moment, wo man aufsteht, um eine Rede zu halten.«

Wenn dann auch noch plötzlich Angst dazukommt, ist der Ofen ganz aus. Sobald wir eine Situation als extrem bedrohlich empfinden, werden im Hirnstamm die Hormone Dopamin und Noradrenalin in großen Mengen produziert. Das drängt Kopf und Körper zu Kampf oder Flucht – *Fight or flight*. So nennen Wissenschaftler die Reaktion, wenn Menschen oder Tiere in Panik wegrennen oder kopflos zum Angriff übergehen. Das ist natürlich nicht unbedingt falsch, wenn es wirklich um Leib und Leben geht. Vor einem Tsunami oder Waldbrand wegzulaufen ist sicher eine gute Idee. Sich gegen einen Angreifer zur Wehr zu setzen kann – unter Umständen – ebenfalls einen positiven Effekt haben.

In den meisten alltäglichen Situationen schadet Angst aber mehr, als dass sie nützt. In Prüfungen, Vorstellungsgesprächen, Präsentationen im Job, Konferenzen, Referaten, auf der Bühne oder in sämtlichen Situationen, die eine einigermaßen differenzierte Entscheidung erfordern, ist Angst nicht nur sprichwörtlich ein schlechter Ratgeber. Die Hormone hemmen nämlich den sogenannten präfrontalen Cortex. (Erinnern Sie sich noch an Kapitel 2? Das ist die Hirnregion, die beim Eisenbahnarbeiter Phineas Gage und bei António Damásios Patienten Elliott beschädigt worden war!)

Der präfrontale Cortex ist unter anderem für gezielte Motorik, Entscheidungsfindung und Situationsanalyse zuständig. Er ist dabei eng mit dem limbischen System (unserem Gefühlszentrum) und den Basalganglien (der Heimat unserer Routinen) verbunden. Der präfrontale Cortex ist sozusagen die

Eingangspforte zur Intuition. Zusätzlich zur durch den Stress bereits lahmgelegten Ratio blockiert Angst also auch noch die Intuition. Außer Fight oder Flight, dem absoluten Notfallprogramm, fällt auch der Intuition dann nichts mehr ein.

Nimmt die Angst überhand und werden die Hormone im Überschuss produziert, werden Nervensignale oft nicht mehr fehlerfrei übertragen. Es kann zu Hyperventilation kommen. Dabei wird die Lunge über den Bedarf hinaus mit Luft gefüllt. Der zusätzliche Sauerstoff kommt aber nie im Gehirn an, weil als Folge einer komplizierten Kettenreaktion im Blut der Kopf sogar mit Sauerstoff *unter*versorgt wird. Als Folge fühlen wir uns wie gelähmt oder bekommen einen Blackout. Im Kopf herrscht dann völlige Leere. Möglicherweise fallen wir sogar in Ohnmacht, das wäre die sogenannte *Drop Dead*-Reaktion. Die kann nützlich sein, wenn wir zufällig einem Grizzlybären gegenüberstehen: Grizzlys lassen von potenzieller Beute ab, wenn diese bewegungslos auf dem Boden liegt. Handelt es sich aber stattdessen um einen Schwarzbären, hilft nur der Angriff – wer in Ohnmacht gefallen ist, hat da schlechte Karten. Auch in den meisten anderen Fällen ist eine Ohnmacht eher hinderlich. Die Intuition hat sich in all diesen Fällen jedenfalls längst verabschiedet.

Zivilcourage contra Angst – in bedrohlichen Situationen automatisch das Richtige tun

Stress in der verheerenden Kombination mit Angst kann aber nicht nur bei der Begegnung mit Bären Leben bedrohen.

Vor einiger Zeit ging es in einer Ausgabe der Wissenschaftssendung »Galileo« darum, was Helden ausmacht. Was machen jene Menschen intuitiv richtig, die anderen Personen aus einer Notsituation erfolgreich heraushelfen und damit zum »Helden« werden?

Werden Menschen Zeugen eines tätlichen Angriffs, entscheidet sich meist innerhalb einer Millisekunde, ob sie helfen, weglaufen oder zuschauen und nichts tun. Wünschenswert wäre es natürlich, dass alle helfen – allerdings stehen einer intuitiv richtigen Reaktion Angst und Stress im Weg. Außerdem verfügen die wenigsten über das Wissen, geschweige denn die Erfahrung, wie solche Extremsituationen zu meistern sind. Damit sitzt auch die Intuition auf dem Trockenen.

Stellen Sie sich vor, Sie werden in der U-Bahn Zeuge davon, wie jemand durch den Angriff eines anderen in Gefahr gerät. Stresshormone werden ausgeschüttet und je nachdem, wie nah Sie dem Geschehen sind, bekommen Sie auch Angst. Die Angst rät zur Vorsicht – wenn wir eingreifen, könnten wir uns selber in Gefahr bringen. Polizisten und Spezialeinheiten im Militär wird dieser Reflex abtrainiert, um mit klarem Kopf effektiv eingreifen zu können – allerdings in der Regel in Spezialausrüstung und geschult in Kampftechniken. Dass wir uns als Normalbürger aus gefährlichen Situationen heraushalten wollen, ist also erst einmal völlig natürlich. Wenn nun allerdings 15 Menschen aus Angst zuschauen, wie eine andere Person von Gewalttätern zusammengeschlagen oder gar getötet wird – wenn also das eintritt, was in der Psychologie *Bystander Effect* genannt wird –, läuft etwas ganz grundlegend schief. Allerdings ist es in solch einer Situation wichtig, das Richtige zu tun. Wer hier weiß, was zu tun ist, gerät erst gar nicht unter so großen Stress. Er kann helfen, ohne sich und andere zu gefährden.

Nehmen wir einmal an, Sie geraten selbst in eine Situation, in der Sie Hilfe brauchen. Einige Menschen stehen um Sie herum. Diese werden erst einmal beobachten, was die anderen tun. Sie haben Sorge, jetzt etwas falsch zu machen. Hinzu kommt: Je mehr Leute anwesend sind, umso weniger fühlen sich die Einzelnen in der Verantwortung, selbst einzugreifen. Die anderen könnten ja schließlich auch … Die Folge ist, dass alle wie gelähmt dastehen oder gar weitergehen. Wenn Sie als Opfer jetzt allgemein um Hilfe rufen, ändert das an dieser Grundsituation wenig, das legt ein Experiment auf dem Münchner Oktoberfest nahe: Ein Mann hat einen Herzinfarkt simuliert und um Hilfe gerufen. Das Ergebnis war tragisch: Niemand hat ihm geholfen. Die vielen Menschen sind einfach achtlos an ihm vorübergegangen. Im nächsten Durchgang hat er wieder einen Herzinfarkt simuliert, aber dabei gezielt eine Dame angesprochen: »Sie mit dem roten T-Shirt, können Sie bitte einen Krankenwagen rufen?« Die Dame hat ohne zu zögern den Rettungsdienst bestellt.

Sprechen Sie in Notsituationen darum die Menschen um Sie herum direkt an. Am besten mehrere. Sagen Sie: »Die Dame dort in dem grünen Oberteil und der Herr in der orangen Skijacke, helfen Sie mir bitte.« Dadurch fällt der Schutz der anonymen Masse für die Angesprochenen weg. Sie helfen der Intuition der Zuschauer auf die Sprünge und erinnern daran: Ihr habt die menschliche Verpflichtung, hier zu helfen.

Wenn Sie kein Opfer, sondern einer der Zeugen sind: Denken Sie daran, dass Sie nicht allein den Helden spielen müssen. Es geht erst einmal darum, Verstärkung zu mobilisieren. Etwa, die Polizei zu rufen oder Alarm auszulösen. Viele potenzielle Helfer haben Sorge, dass schon jemand anders Alarm geschlagen hat und sie sich blamieren. Dabei ist ein doppelter Notruf kein Problem. Im Gegenteil, das stärkt nur die Dringlichkeit. Statt allein einzugreifen, holen Sie dann nach dem beschriebenen Muster weitere Helfer mit ins Boot: »Sie in dem gepunkteten T-Shirt, Sie in der blauen Trainingsjacke und Sie in der grünen Lederjacke, Sie sehen stark aus – kommen Sie mal.« Sie können auch Aufgaben verteilen: »Sie da, ganz rechts, holen Sie einen Verbandskasten.« Allein schon durch Worte wird die Gruppe größer. Sie wird den Tätern oder dem Täter gegenüber gestärkt. Das Risiko wird immer geringer, selbst angegriffen zu werden – der Täter merkt intuitiv, dass seine Chancen schwinden. Plötzlich ist da eine große Gruppe, die koordiniert gegen ihn vorgeht. Einer der Helfer sollte sich nun mit dem Opfer verbünden und fragen: »Wie geht es Ihnen? Geht es Ihnen gut?« So löst man – psychologisch gesehen – das Opfer vom Täter und schließt es der Gruppe an, die Widerstand leistet.

Ganz wichtig ist es bei alledem, den Angreifer zu ignorieren. So, wie ein Hund auf Augenkontakt reagiert, suchen gewalttätige Angreifer nach Anknüpfungspunkten. Wenn der Angreifer Sie anpöbelt und sagt »Ey, was isn mit dir los«, ist es am besten, ihn nicht andocken zu lassen. Nehmen Sie keinen Augenkontakt auf. Reagieren Sie nicht auf Äußerungen oder auf Geschubse – das schwächt den Angreifer psychologisch. Wenn er wie Luft behandelt wird, fühlt er sich auch wie Luft.

Aus dem Kampfsport stammen weitere wichtige Tricks der Deeskalation. Wenn man angegriffen wird und die Fäuste vor die Brust hebt, ist das für den Angreifer das Signal, dass man selbst zuschlagen möchte – das provoziert. Wenn man aber stattdessen abwehrend die Hände hebt und dem Täter die Handflächen zeigt, nimmt das sofort die Aggression aus der Situation. Dennoch hat man im Falle eines Angriffs die Hände bereit, kann sie blitzschnell zu Fäusten ballen, um den Hals des Angreifers legen oder in die empfindliche Grube zwischen den Schlüsselbeinen stoßen.

Solche Verhaltensweisen sollten eigentlich in Erste-Hilfe-Kursen trainiert werden. Tatsächlich helfen Selbstverteidigungskurse, Kampfsport oder Zivilcourage-Trainings, die zum Beispiel von der Polizei angeboten werden, in bedrohlichen Situationen besser zu reagieren. Wer eine solche Ausbildung absolviert und wieder und wieder trainiert hat, dem steht das Wissen im Fall der Fälle zur Verfügung. Intuitiv, schnell und ohne Angst. So, wie ein Judoka oder ein Karatekämpfer im Wettkampf intuitiv die richtigen Bewegungen ausführt. Auch unter Stress.

Kapitel 8

Intuitive Entscheidungen: Warum sie glücklich machen, Ängste langfristig besiegen und sogar wahre Wunder wirken können

Sie sind der Meinung, dass Sie nur selten intuitive Entscheidungen treffen? Dann habe ich eine überraschende Nachricht für Sie: Sie tun es jeden Tag, jede Minute, ach was: jede Sekunde.

Das glauben Sie nicht?

Dann stellen Sie sich einmal vor, Sie würden vor jedem einzelnen Schritt, den Sie tun, vor jeder noch so kleinen Bewegung, erst einmal anfangen zu überlegen. Wie genau, mit welchen Muskeln Sie jetzt die Kaffeetasse heben müssen, ohne dass etwas überschwappt. Was alles hintereinander zu tun ist, wenn Sie das Fenster öffnen wollen. Dann erst planen Sie im Detail, wie Sie verfahren möchten.

Was würde dann geschehen?

Genau: Das würde Sie unheimlich verlangsamen, schon der Weg vom Wohnzimmer in die Küche mutierte zur Herausforderung. Wie für einen Schlaganfallpatienten, der alles ganz neu lernen muss.

Unser Unterbewusstsein übernimmt die Führung

Um handlungsfähig zu sein, brauchen wir also eine Instanz, die unser Tun automatisiert. Die zum Beispiel Bewegungsabläufe jederzeit ohne Einschalten des Verstandes abrufbar macht. Hirnforscher schätzen, dass wir täglich etwa 20 000 Entscheidungen treffen. In einer Studie der amerikanischen Duke University hat man herausgefunden, dass dabei 40 Prozent unserer Handlungen nicht auf bewussten Entscheidungen basieren: Sie sind vom Unterbewusstsein gesteuert. Diese unzähligen unbewussten Entscheidungen, die wir in jeder wachen Sekunde treffen, basieren auf Gelerntem, auf Erfahrungen. Wir haben irgendwann als Kind gelernt: Gehen funktioniert, indem ich einen Schritt nach dem anderen mache. Eine Tür öffnet sich, wenn ich die Klinke herunterdrücke. Auch ein Tennisspieler muss nach unzähligen Trainingsstunden nicht mehr überlegen, wie er einen Tennisball übers Netz befördert. Der Bewegungsablauf gelingt intuitiv. Er hätte gar nicht die Zeit, jedes Mal seine Bewegung im Detail bewusst zu steuern, um den Ball genau mit der richtigen Stelle des Schlägers zu treffen – dann wäre ihm der Ball längst um die Ohren geflogen. Ein Schriftsteller, der vor dem Schreiben erst einmal alle möglichen Buchstaben- und Satzfolgen durchgeht, wäre kein Schriftsteller, weil er niemals auch nur eine Seite füllen würde. Wir sind auf diese intuitiven Entscheidungen angewiesen, um unseren Alltag bewältigen zu können.

Dann gibt es natürlich noch die Entscheidungen, die uns zumindest kurz zu Bewusstsein kommen: Soll ich den linken Weg beim Waldspaziergang nehmen oder den rechten? Soll ich die Pizza Margherita bestellen oder die mit Champignons? Soll ich den roten Pulli anziehen oder den blauen? Die meisten Menschen entscheiden bei solchen Dingen nach Gefühl – also intuitiv.

Und sogar Entscheidungen, die uns vollkommen rational vorkommen – für oder gegen den Kauf eines Autos, für oder gegen ein Jobangebot – werden oft aus einem intuitiven Impuls heraus getroffen. Der Psychologe und Hirnforscher John-Dylan Haynes, der am Berliner Bernstein Center for Computational Neuroscience forscht, hat mittels eines einfachen Experiments nachgewiesen, dass unser Unterbewusstsein offenbar viel mehr bei Entscheidungen mitmischt, als wir oft wahrhaben wollen. Haynes steckte Probanden in den Computertomographen, drückte ihnen je einen Joystick in die rechte und linke Hand und ließ sie entscheiden, ob sie auf den linken oder rechten Stick drücken wollten. Dabei zeigte sich, dass sich diese Entscheidung im Gehirn lange ankündigte, bevor sie den Testpersonen zu Bewusstsein kam. Schon unglaubliche sieben Sekunden vorher waren auf dem Monitor die Vorboten der Entscheidung zu sehen. Rechnet man die Verzögerung des Computertomographen mit ein, waren es sogar zehn Sekunden. Unser Unterbewusstsein ist also auch beim scheinbar bewussten Entscheiden der geheime Strippenzieher im Hintergrund.

Das hält unsere Ratio nicht davon ab, bestimmte Entscheidungen im Nachhinein als klug und überlegt einzuordnen. Das heißt, sie schmückt sich mit den fremden Federn der weisen Intuition. Das liegt daran, dass das menschliche Gehirn immer einen rationalen Grund für sein Handeln sucht. Dieser Grund liegt entweder in der Zukunft (»Ich muss das hier machen, weil ...«) oder in der Vergangenheit (»Ich habe das getan, weil ...«). Die Ratio fordert stets eine rationale Begründung und wenn es die nicht gibt, wird eben kurzerhand eine konstruiert.

Im Nachhinein sieht ja oft auch unser Lebenslauf rational durchgeplant und zielgerichtet aus. Dabei ist er das in den seltensten Fällen. Oft handelt es sich um eine Aneinanderreihung aus Zufällen und wir haben »nur« intuitiv die richtigen

Gelegenheiten beim Schopf ergriffen, sobald sie sich boten. Das ist auch völlig normal. Gerade sehr erfolgreiche Menschen, deren Lebenslauf von außen wie eine Aneinanderreihung an Höhepunkten wirkt, haben häufig sehr viele Niederlagen hinter sich. Was erfolgreiche Menschen von anderen unterscheidet, ist, dass sie Erfahrungen nicht scheuen. Sie lernen aus ihnen und werden so immer besser. Aber vor allem geben sie nie auf. Harrison Ford hat einmal sinngemäß gesagt: »Wenn du ganz einfach nicht aufgibst, wirst du die Leute, die mit dir im gleichen Bus angekommen sind, überdauern.«

Niemand kann das gesamte Leben vorhersehen. Wir wissen nicht, welche Situationen uns das Schicksal beschert. Wir haben keine Ahnung, welchen Menschen wir begegnen werden. Wer es trotzdem versucht und bereits als Kind oder Teenager einen Plan festlegt, an den er oder sie sich sklavisch hält, schottet sich gleichzeitig von allen guten Gelegenheiten ab, die das Leben so bietet. Der Filmemacher Jim Jarmusch hat in diesem Zusammenhang einmal den klugen Satz gesagt: »Das Leben hat keine Handlung, warum sollten Filme eine haben?« Recht hat er.

Doch noch einmal zurück zu den alltäglichen Entscheidungen. Sie stellen uns normalerweise nicht vor Probleme, weil von ihnen nur wenig abhängt. Das Schlimmste, was passieren kann, wenn ich die »falsche« Pizza bestelle, ist, dass sie mir nicht schmeckt.

Aber es gibt auch Menschen, die morgens vor dem Kleiderschrank schon Schweißausbrüche bekommen, weil sie sich nicht entschließen können, was sie anziehen sollen. Die, statt einfach zu der Hose und dem Hemd zu greifen, nach denen ihnen gerade ist, die möglichen Konsequenzen abwägen: Was, wenn ich das weiße Hemd trage und es gibt zufällig in der Kantine Spaghetti mit Tomatensoße? Dann könnte ich es vielleicht ruinieren! Was, wenn ich den dicken Pulli anziehe und es wird plötzlich furchtbar warm? Wer schon mit so unbedeutenden Entscheidungen Schwierigkeiten hat, weil er alle Eventualitäten berücksichtigen will, setzt sich selbst enormem Stress aus. Und er kommt natürlich erst recht in die Bredouille, wenn wichtigere Entscheidungen anstehen.

HYPNOTISCHES RITUAL FÜR MEHR SELBSTWERTGEFÜHL

Legen Sie einen schönen neuen Zehn-Euro-Schein auf den Tisch.

Wie viele Ein-Euro-Münzen ist dieser Schein wert?

Genau, zehn!

Dann zerreißen Sie den Schein in der Mitte. Werfen Sie die Hälften auf den Boden, trampeln Sie mit den Füßen auf den Hälften herum, zerknüllen Sie sie und kleben Sie sie anschließend mit einem Klebestreifen wieder zusammen.

Wie viele Ein-Euro-Münzen ist dieser Schein jetzt wert?

Genau, immer noch zehn!

Egal, was wir im Leben durchmachen, unser Wert verringert sich nie!

Entscheidungen machen froh!

Vermutlich würden viele Menschen leichter spontane Entscheidungen treffen, wenn sie wüssten, dass Entscheidungen glücklich machen – und zwar unabhängig davon, was dabei herauskommt. Der Neurobiologe Mauricio Delgado von der Rutgers University in Newark im Osten der USA hat das in einem Experiment herausgefunden. Testpersonen durften in einem einfachen Computerspiel um Spielgeld zocken. Dabei wurde ihnen in Aussicht gestellt, dass sie ihre Gewinne aus dem Spiel später in echtes Geld umtauschen könnten.

Der Bildschirm zeigte zwei verschiedenfarbige Rechtecke

zur Auswahl. Es galt, sich für eines von beiden zu entscheiden. Dann gewann man entweder eine Summe Geld – oder auch gar nichts. Das Besondere dabei: Einmal durften die Testpersonen selbst die Entscheidung für eines der Rechtecke treffen, einmal übernahm das der Zufallsgenerator des Computers. Delgado scannte das Gehirn der Probanden während des Experiments. Dabei entdeckte er Erstaunliches: Das Belohnungszentrum im Gehirn der Probanden, der *Nucleus accumbens* im Striatum, war immer dann aktiv, wenn die Spieler spontan selbst entscheiden durften. Ein aktiviertes Belohnungszentrum löst Gefühle von Zufriedenheit und Freude aus. Die Probanden hatten also Spaß bei ihren impulsiven Klicks – und zwar sogar, wenn sie »falsch« entschieden und leer ausgingen. Umgekehrt hatten die durch die Entscheidung des Computers erzeugten Gewinne keinen Einfluss auf die Laune der Testpersonen, das Belohnungszentrum blieb ruhig. Nicht das gewonnene Geld machte also glücklich – es waren die selbst bestimmten Entscheidungen.

Der *Nucleus accumbens* belohnt im Normalfall Tätigkeiten mit Hochgefühlen, die sich positiv auf unser Überleben oder das Überleben unserer Spezies auswirken. Er ist beispielsweise aktiv, wenn wir Sex haben, etwas Gutes essen oder uns um ein niedlich glucksendes Baby kümmern. Man darf also vermuten, dass auch das Treffen spontaner Entscheidungen im Laufe der Evolution zu unserem Überleben beigetragen hat. Lassen Sie sich das einmal auf der Zunge zergehen: Unser Körper belohnt uns mit Spaß, wenn wir unser Leben in die Hand nehmen! Falsche Entscheidungen gibt es aus dieser Perspektive nicht!

Es lohnt sich also in jedem Fall, Entscheidungen zu fällen und wenn es nur für die tägliche Extradosis Glück ist. Das Gute dabei: So wie man fast alles andere üben kann, so lassen sich auch spontane, intuitive Entscheidungen trainieren. Beim Erlernen eines Sports macht man erst einmal ganz kleine

Schritte und kann sich nach und nach immer mehr auf sein Können verlassen. Das funktioniert auch mit der Intuition.

Ich habe zwei Übungen für Sie, die Sie problemlos in Ihren Alltag einbauen können.

DER HERZKOMPASS

Bestimmen Sie jeweils einen Tag der Woche, an dem Sie nur dem Kompass Ihres Herzens folgen werden. Am besten eignet sich anfangs dazu ein Tag, an dem Sie frei haben und nicht zu vielen äußeren Zwängen unterliegen wie Arbeitszeiten oder anderen Terminen. Morgens nach dem Aufstehen schreiben Sie als Erstes feierlich einen Satz auf einen Bogen Papier. Der Satz lautet:

Heute lasse ich mein Herz meinen Kompass sein!

Lesen Sie den Satz mehrfach. Schließen Sie nun die Augen. Atmen Sie tief durch. Dann wiederholen Sie den Satz laut, sieben Mal, mit kräftiger Stimme. Lassen Sie die Suggestion in Ihr Herz sinken, damit es die Botschaft versteht. Übergeben Sie nun Ihrem Herzen die Führung. Fühlen Sie, wie sich Ihr Herz öffnet und freudig die Aufgabe annimmt.

Anschließend tun Sie nur noch, wonach Sie sich spontan fühlen. Essen Sie ein Erdbeereis, gehen Sie spazieren, umarmen Sie Ihren Partner, gehen Sie ins Kino. Dabei sollten Sie auf keinen Fall nachgrübeln oder die Entscheidung infrage stellen. Die Intuition ist schnell. Denken Sie an die somatischen Marker aus Kapitel 2: Was sich gut anfühlt, ist meist auch gut für uns. Folgen Sie dem ersten Impuls, lassen Sie das Herz entscheiden. Immer wieder.

DAS ARM-ORAKEL

Das Arm-Orakel ist eigentlich kein wirkliches Orakel, sondern ein spannendes Biofeedback-Instrument, mit dem Sie ohne viel Aufwand mehr über Ihr Innerstes erfahren können. Über eine einfache körperliche Reaktion gewährt es direkten Zugang zum Unterbewusstsein!

Dazu stellen Sie sich hin und breiten die Arme seitlich aus. Führen Sie die ausgestreckten Arme vor dem Körper zusammen, sodass Sie Ihre Handflächen aufeinanderlegen können – das ist sozusagen die »Neutralposition«. Dabei spielt es keine Rolle, ob Sie die Arme parallel zum Boden nach vorn strecken oder nach unten und vor dem Schritt zusammenführen.

Nun machen Sie ein kleines Experiment! Breiten Sie erneut die Arme aus. Dann denken Sie intensiv an etwas, was definitiv nicht stimmt. Denken Sie zum Beispiel den Satz »Der Eiffelturm steht in Berlin«. Führen Sie während dieses Gedankens die Arme zusammen. Haben Sie es gemerkt? Ihre Arme scheinen plötzlich unterschiedlich lang zu sein! Ihre Hände landen nicht aufeinander, stattdessen liegen die Finger der einen Hand in der Handfläche der anderen – oder gar noch weiter oben auf dem Handgelenk oder dem Unterarm.

Was ist passiert?

Ihr Unterbewusstsein hat eine enorm wirksame »Stimmt nicht«-Botschaft ausgesendet und die äußert sich in einer Asynchronizität des Körpers, die Haltung verschiebt sich leicht, dadurch wirken die Arme unterschiedlich lang. Denken Sie beim nächsten Versuch »Der Eiffelturm steht in Paris« – und Ihre Arme sind sofort wieder synchronisiert! Sie können auch ganz einfach »Ja« oder »Nein« denken – bei »Ja« sind die Arme parallel, bei »Nein« sind sie es nicht. Es funktioniert mit geradezu unheimlicher Sicherheit.

Den Mechanismus können Sie wunderbar dazu nutzen, um eine persönliche Frage zu stellen und herauszufinden, welche Meinung Ihr Unterbewusstsein dazu hat: Soll ich den Job annehmen? Brauche ich Urlaub? Soll ich noch einen Keks essen? Egal, was es ist, Sie wissen sofort Bescheid. Viel Spaß!

Auf dem Pfad der Intuition ist der Weg das Ziel

Wenn ich auf der Bühne stehe, bin ich ganz auf meine Intuition angewiesen. Ich arbeite nicht mit Tricks, auch wenn mir das immer wieder unterstellt wird. Stattdessen lasse ich mich ganz von meinem Gefühl leiten und entscheide danach. Ich muss mich völlig auf die Situation einstellen, ich brauche Leute, die sich auf meine Suggestionen einlassen und sich das vorstellen, was ich ihnen sage. Meine Absicherung, mein doppelter Boden, wenn man so will, ist allein meine Erfahrung. Aber gerade weil ich keine Tricks anwende, geht auch schon einmal was daneben. Erstaunlich selten, aber es passiert.

Es gibt zum Beispiel eine Nummer, bei der ich Gedanken lese, indem ich zeichne, was eine andere Person im Nebenzimmer auf ein Blatt Papier kritzelt. In den allermeisten Fällen liege ich richtig. Wie genau diese telepathische Übertragung funktioniert, kann ich Ihnen nicht erklären. Ich weiß es nicht. Aber ich weiß, *dass* sie funktioniert. Und ich weiß, dass die Sache mit Übung immer besser und besser geht. Ich kann mich darauf verlassen. Normalerweise. Doch als ich einmal ein Haus gemalt habe, hatte die Dame im Nebenzimmer eine Eule gezeichnet. Sicher, es gab einige Ähnlichkeiten – die gezeichnete Eule sah von der Form her ein bisschen aus wie mein gezeichnetes Haus, mit Augen wie Fenster und einer Kopfform wie ein Dach. Eventuell hatte auch jemand anders in der Nähe tatsächlich an ein Haus gedacht und ich habe diese »Schwingungen« aufgefangen. Oder die Mitspielerin hatte keine so starke visuelle Vorstellungskraft. Das sind aber nur Spekulationen. Ich hatte jedenfalls definitiv ein Haus skizziert und keine Eule.

Das kann passieren – bei so einem Experiment liegt ja gerade der Zauber darin, sich auf die Dinge einzulassen und auch das Unperfekte zu genießen. Die Welt ist nicht perfekt. Kein Mensch ist perfekt. Keine Situation. Auch ich kann mal nicht genügend entspannt sein. Auch mir passiert es, dass mein innerer Kritiker sich einmischt und meine Intuition verwirrt. Trotzdem habe ich so viele Erlebnisse gehabt, die wirklich an Wunder grenzen, dass mein Vertrauen sehr groß ist. Ich stelle mir nicht vorher ängstlich die Frage, ob die Nummer nun funktioniert oder nicht. Mich treibt die Sehnsucht, ein weiteres Wunder zu erleben. Die Sehnsucht, dass es funktioniert. Einer meiner Grundsätze ist es dennoch, niemals zu versprechen, dass alles funktioniert.

Wichtig ist, dass ich als Folge solcher Situationen, in denen etwas »schief« läuft, keine Angst bekomme, in Zukunft meiner intuitiven Eingebung zu folgen. Dann müsste ich nämlich meinen Beruf aufgeben oder anfangen, mit faulen Tricks zu arbeiten. Das möchte ich aber nicht, das würde mir den Spaß an der Sache nehmen. Das Risiko, dass etwas einmal nicht funktioniert, gehört zum Leben dazu und damit auch zu meinem Beruf. Das ist nicht schlimm, denn ich weiß, dass der Weg spannend ist. Jedes telepathische Experiment ist einzigartig und wenn etwas »schief« geht, lerne ich daraus. Vielleicht werde ich beim nächsten Mal für mehr Ruhe sorgen oder mich noch besser entspannen. Es gibt kein »richtig« und kein »falsch«, wir probieren eben gemeinsam etwas aus. Von Schwarz-Weiß-Kategorien muss man sich verabschieden, wenn man sich auf den Pfad der Intuition begeben will. Sehen Sie das Leben lieber als Spiel, in dem sich immer wieder neue Möglichkeiten auftun. Der Weg ist das Ziel. Das gilt für telepathische Spielchen genauso wie für alles andere. Das ist die Wahrheit, so profan es auch klingt.

TELEPATHISCHES FERN-SEHEN

Haben Sie Lust bekommen, das telepathische Übermitteln von Bildern selber einmal auszuprobieren und damit die (vermeintlich) übersinnliche Seite Ihrer Intuition zu trainieren? Für das folgende Spiel benötigen Sie mindestens zwei Mitspieler sowie Papier und Stifte. Einer ist der Sender, der andere der Empfänger. Der Sender zeichnet im Nebenzimmer zum Beispiel eine geometrische Figur auf das Blatt Papier. Das kann etwa ein Kreis sein, eine Raute, ein Zylinder oder auch eine Abwandlung, wie etwa zwei sich überschneidende Kreise. Sie können auch nicht zu kompliziert zu zeichnende Gegenstände zu Papier bringen: ein Haus, einen Vogel, ein Auto, einen Baum usw. Anschließend betrachtet der Sender sein Werk intensiv und »schickt« das Bild telepathisch in den Nebenraum. Dort sitzt der Empfänger und zeichnet, was er zu sehen glaubt.

Noch mehr Spaß macht die Übung mit mehreren Leuten, etwa auf einer Party, weil man dann einen richtigen Wettbewerb veranstalten kann. Wenn Sie zum Beispiel acht Personen sind, können vier als Sender fungieren, die nacheinander jeweils zwei Objekte übermitteln. Die vier Empfänger konkurrieren miteinander: Wer mit seiner Zeichnung dem gesendeten Objekt am nächsten kommt, erhält zwei Punkte. Wessen Zeichnung gewisse Ähnlichkeiten aufweist, bekommt einen. Auch die Sender, deren Objekte besonders leicht erraten wurden, können Punkte erhalten. Sobald alle Sender ihre Bilder geschickt haben, tauschen die Gruppen die Rollen – und das Spiel beginnt von vorn.

(Frei nach dem Spiel »Out of Sight – Out of Mind« von David Hoy, aus dem Buch »Psychic and Other ESP Party Games«.)

Machen Sie Ihre Erfahrungen, wagen Sie Neues — das schult die Intuition

Was meinen Sie, steht der Buchstabe »K« öfter an erster Stelle eines Wortes oder irgendwo in der Mitte? Wenn Sie es nicht sowieso wissen, antworten Sie bitte spontan mit dem, was sich für Sie am richtigsten anfühlt.

Und? Was hat Ihre Intuition für eine Antwort ausgespuckt? Die Mehrheit der Menschen tippt bei dieser Frage auf die Anfangsposition. Richtig ist hingegen, dass das »K« im Deutschen häufiger mitten im Wort vorkommt. Interessanterweise kommen Personen, die mit Sprache arbeiten, wie Autoren, Übersetzer oder Journalisten fast immer sofort auf die korrekte Antwort. Das zeigt zwei Dinge: Erstens, dass Intuition nicht immer voraussetzungslos funktioniert. Zweitens, dass die Intuition durch Erfahrung präziser und treffsicherer wird. Die Schlussfolgerung daraus lautet: Wenn ich mich hinaus in die Welt begebe, dorthin, wo andere Menschen sind, wenn ich mich auf Situationen einlasse – wenn ich ganz einfach mutig und neugierig lebe –, dann werde ich immer intuitiver. Denn dann mache ich Erfahrungen und kann kommende Situationen besser einordnen. Intuitiv.

Menschen, die dagegen vor Entscheidungen zurückschrecken, verhindern das, denn sie wollen meist alles, aber auch wirklich alles, richtig machen. Wäre ich ein solcher Perfektionist, wäre ein nicht ganz korrekt telepathisch aufgefangenes Bild – das Haus statt der Eule – für mich eine Katastrophe. Ich müsste sofort das Handtuch als Gedankenleser werfen. Der kleinste mögliche Fehler, der winzigste eventuelle Misserfolg, das mikroskopisch kleinste denkbare Problem macht Perfektionisten Angst. Wenn sich all das nicht im Vorhinein sicher ausschließen lässt, wird die entsprechende Situation lieber vermieden.

Die Ursachen dafür liegen wie bei den meisten Ängsten fast immer in der Kindheit: Perfektionisten hatten häufig überkritische Eltern. Sie wurden für Fehler gescholten und bekamen nur Anerkennung, wenn etwas – aus Sicht der Eltern – zu einhundert Prozent gelungen war. Ein hoffnungsloses Unterfangen, denn wie soll man etwas zu hundert Prozent gut machen, wenn man nicht zunächst üben, lernen und etwas falsch machen darf? Das ist so, als würde man einem Vierjährigen eine Geige geben und erwarten, dass er sofort spielt wie Paganini. Andere Eltern waren vielleicht nicht kritisch, dafür selbst übertrieben ängstlich und haben diese Angst auf ihr Kind übertragen.

Dabei ist aber auch Perfektion immer eine Frage der Definition. Ein Freund von mir ist zum Beispiel Goldschmied. Der hat in seiner Ausbildung gelernt, dass ein Ring »perfekt« rund zu sein hat. Also schmiedet er ihn so lange, bis er eine schöne Rundung hinbekommen hat. Doch wenn man diesen Ring einem Mathematiker zeigte, würde der sagen: So ein Unsinn, es gibt überhaupt keine Kreise! Ein Kreis ist ein Zusammenschluss von geraden Linien! Oder denken Sie an die Impressionisten. Als immer mehr Maler um die Wende vom 19. zum 20. Jahrhundert begannen, Objekte nicht realistisch abzumalen, sondern ihren persönlichen Momenteindruck auf die

Leinwand zu tupfen, war die offizielle Kunstwelt entsetzt. Das, was die Kritiker sahen, war nach den Maßstäben der realistischen Salonkunst in höchstem Maße unperfekt. Heute gelten die Bilder von Van Gogh oder Monet als Meisterwerke. Perfektionisten hätten sich nie getraut, die Konventionen zu brechen, denn dann hätten sie ja etwas »falsch« gemacht. Die Sehnsucht nach Perfektion führt zum Stillstand. Neues schafft nur, wer sich traut, eben mal nicht perfekt zu sein.

Perfektionisten haben jedenfalls ein stark erhöhtes Risiko, an Depressionen zu erkranken, denn sie sind nie mit sich zufrieden. Stattdessen leben sie in ständiger Sorge, anzuecken. Dass Unbekanntes nicht automatisch eine Bedrohung und »Fehler« keine Katastrophen sind, sondern Chancen, aus Erfahrungen zu lernen, das haben Perfektionisten nie erfahren. Stattdessen wird der uns allen angeborene Respekt vor möglichen Gefahren und Misserfolgen von ihnen völlig übersteigert wahrgenommen. Im Ursprung ist dieser Respekt eine gute Sache: Wer Gefahren grundsätzlich nicht ausweicht, lebt sehr gefährlich. Die völlig Furchtlosen haben ihre Gene im Laufe der Evolution nicht weitergegeben. Sie sind schlicht und einfach in der Gefahr umgekommen. Darum haben wir alle die Anlage zum Fürchten in uns. Allerdings halten sich heute im Alltag der meisten Menschen die lebensgefährlichen Bedrohungen in Grenzen.

Diese Erkenntnis hat die Ängstlichen aber nicht erreicht.

In deren Kopf entstehen ständig *Worst Case Scenarios*, die sie zu Vermeidern der mit diesen Szenarios verknüpften Situationen werden lässt. Das ist ein Teufelskreis, denn je weniger Erfahrung man mit einer Situation hat, umso potenziell gefährlicher wirkt sie.

Ein Beispiel: Wenn ich Flugangst habe, habe ich nicht nur Angst, ein Flugzeug zu betreten. Ich habe Angst vor der Entscheidung fürs Fliegen, weil ich die Situation dann nicht mehr selbst unter Kontrolle habe. Stattdessen muss ich einem anderen Menschen, dem Piloten, vertrauen. Dieses »Risiko« erscheint mir nicht kalkulierbar. Um mich vermeintlich zu schützen, flüstert mir meine Angst ein, dass dieses Flugzeug abstürzen wird. Dass es unverantwortlich ist, es zu betreten. Ich bin überzeugt zu sterben. Das fühlt sich auch so an, denn die Angst und die damit verbundenen Hormone, die Sie in Kapitel 7 kennengelernt haben, fluten mein ganzes System.

Doch was ist diese Angst eigentlich? Ein Gedanke! Ein Gedanke, der sich verselbstständigt und überproportional aufgeblasen hat und sich als »Intuition« ausgibt. Diese Angst ist eine Trance, eine reine Suggestion, die sagt »Fliegen ist gefährlich«. Diese Suggestion steht zum einen der rationalen Entscheidung im Weg. Wer rational denkt, würde nämlich ohne Zögern das sicherste Verkehrsmittel der Welt betreten.

Die Angst-Suggestion blockiert aber genauso eine intuitive Entscheidung. Eine intuitive Entscheidung für das Fliegen würde im Gegensatz zur rationalen Entscheidung nicht auf Fakten fußen. Sie wäre in der Erfahrung verwurzelt, dass mir noch nie etwas Schlimmes im Flugzeug widerfahren ist. Doch entweder habe ich als Mensch mit Flugangst diese Erfahrung bisher erfolgreich verhindert, oder die Suggestion »Fliegen ist gefährlich« hat mich davon überzeugt, dass die bisher überlebten Flüge reine Ausnahmen sind. Bedrohlich genug haben sie sich ja angefühlt. So verbaut Angst den Zugang zur Intuition gleich doppelt.

Folgende Visualisierungsübung, die ich mit meinen Klienten oft in der Hypnose durchführe, macht Mut auf Entscheidungen und löst Schreckensszenarien auf. Sie zeigt, wie wir an jeder Entscheidung wachsen und Hindernisse kleiner werden, wenn wir uns nur trauen, den ersten Schritt zu tun. Sie müssen sich für diese Übung nicht zwingend hypnotisieren lassen. Um zur Ruhe zu kommen und das Unterbewusstsein aufnahmefähig zu machen, können Sie zum Beispiel die später beschriebene Elman-Induktion in Kapitel 10 benutzen, aber auch jede andere Entspannungsmethode, die Ihnen gefällt und von der Sie wissen, dass sie bei Ihnen wirkt.

DER MAGISCHE SCHNEEBALL

Entspanne dich.

Atme tief und ruhig.

Schließ deine Augen.

Stell dir vor, du stehst auf einem tief verschneiten Berg und schaust ins Tal.

Dort siehst du dein Ziel.

Zwischen dir und dem Ziel sind viele Hindernisse aufgestellt.

Nun nimmst du ein wenig Schnee in deine Hände und formst einen Schneeball.

Diesen Schneeball rollst du auf dem Gipfel herum, bis er eine richtig große Kugel ist.

Diese Kugel lässt du los und schaust ihr nach.

Auf dem Weg nach unten ins Tal wird sie immer größer und größer.

Sie walzt die meisten Hindernisse platt oder sprengt sie aus dem Weg.

Erst genau vor deinem Ziel bleibt sie liegen.

Nun folgst du selbst der Kugel, langsam und ruhig.

Bei jedem Schritt, den du tust, wirst du größer und größer.

Über die verbliebenen Hindernisse steigst du einfach drüber – bis du mit Leichtigkeit dein Ziel erreichst.

Warum Fremdenfeindlichkeit eine Phobie ist

Angst verhindert die Entscheidung für eine Aktion. Ob das nun das Betreten eines Flugzeuges ist, die Anmeldung zum Kajak-Kurs oder das spontane Ansprechen der Traumfrau. Damit verhindert Angst die echten Erfahrungen, die dem

Unterbewusstsein dann als »Datenbank« der Intuition zur Verfügung stünden. Sie verhindert Erlebnisse, an denen wir wachsen, weil wir lernen, dass wir uns selbst etwas zutrauen. Sie kann auch verhindern, dass wir neue Freunde gewinnen und sie verhindert jede Menge Lebensfreude und Spaß.

Angst ist destruktiv. Statt auf die Intuition wird auf Vorurteile zurückgegriffen, die wir – ungeprüft – zum Teil unseres Weltbilds gemacht haben. Nirgendwo hat man zum Beispiel so große Vorbehalte gegenüber Fremden wie in dörflichen Gegenden, in denen die Ausländerrate extrem niedrig ist. Dort, wo es keine echte Erfahrung mit Menschen anderer Kulturen gibt, fallen unbegründete Vorurteile wie »Alles Terroristen« – die von Einzelfällen auf die Allgemeinheit schließen – auf fruchtbaren Boden. Manche Menschen bunkern sich regelrecht ein. Nach dem Motto: Ich baue mir einen Gartenzaun um mein Haus und in das lasse ich niemanden, den ich nicht kenne. Wenn dieser Gartenzaun im Kopf seine Entsprechung hat, wird in so einem Haus nur noch gewohnt, aber nicht mehr gelebt. Veränderung, das Lebendige, all das, was Intuition nährt und am Leben erhält, wird im Keim erstickt.

Wenn es dann tatsächlich zur Begegnung mit Fremden kommt, ist keine Annäherung möglich. Statt offen für die Wirklichkeit zu sein und intuitiv auf die anderen Menschen zuzugehen, schiebt sich ein vorab zurechtgezimmertes Angstbild vor die mögliche Erfahrung – und wird für die Realität gehalten. Fremde bleiben für immer fremd. Solches Denken ist natürlich nicht auf ländliche Gegenden beschränkt. Auch in der Stadt gibt es schreckliche Kleingeister, so wie es auf dem Dorf selbstverständlich auch weltoffene Menschen gibt.

Vor Kurzem wurde etwa in einem Stadtteil von Berlin ein neues Flüchtlingsheim eröffnet. Dort sah man bald Leute, die vor dem Haus den Hitlergruß machten. In der Neujahrsnacht wurde das Heim mit Feuerwerkskörpern beschossen. Was diese Angreifer vergessen, ist, dass sie das gleiche Schicksal treffen kann wie die Flüchtlinge. Politische Verhältnisse ändern sich, Sicherheit ist eine Illusion. Auch die Flüchtlinge lebten oft noch vor wenigen Wochen ein sehr ähnliches bürgerliches Leben wie diejenigen, die sie nun am liebsten aus dem Land jagen würden. Doch die Vorurteile lassen die Wahrnehmung der anderen als Mitmenschen, die in eine Notlage geraten sind und denen man helfen muss, nicht zu. Das ist geistige Verkümmerung, verursacht durch fehlendes Interesse am Leben der anderen.

Der in Berlin lebende Künstler und Fotograf Steve Sabella erzählte mir ein paar sehr entlarvende Geschichten zum Thema Fremdenfeindlichkeit und Vorurteile. Steve ist gebürtiger Palästinenser, ist aber mit seinen Eltern bereits im Kindesalter nach Israel geflohen. Dabei hat die Familie es immer vermieden, jemandem ihre eigentliche Herkunft zu verraten, um Anfeindungen zu entgehen. Steve lebte darum fortan ein Leben als Israeli. Die Zeit verging, Steve wurde erwachsen und begann zu studieren.

Mit seinem besten Kumpel, einem Israeli, fuhr er nun immer im Auto zur weit entfernten Uni. Auf einer dieser Fahrten tauchte am Wegesrand plötzlich ein Palästinenser auf. Es war klar, wenn der Mann weiter zu Fuß geht, braucht er noch mindestens drei Stunden in sengender Sonne bis zum nächsten Ort. Steve sagte zu seinem Kumpel: »Hey, sollen wir den armen Kerl nicht mitnehmen?« Der Freund sah ihn nur entgeistert an und entgegnete: »Wie bitte? Den? Ich hasse Palästinenser! Die stinken!« Steve zog die Augenbrauen hoch: »Das kannst du riechen?« Der Kumpel erklärte ernsthaft: »Ja, ich rieche einen Palästinenser auf drei Kilometer!« Dabei saß Steve, der Palästinenser und bis zu diesem Augenblick sein bester Freund, direkt neben ihm. Das war nicht das einzige Erlebnis dieser Art: Steve hat als Fotograf Bilder für die Vereinten Nationen gemacht und ausgerechnet er wurde in Israel von Kämpfern der Hisbollah entführt. Die Widerstandskämpfer nahmen ihm nicht ab, dass er Palästinenser sei, weil er inzwischen auch einen Pass besaß, in dem sogar die Straßennamen auf Hebräisch verzeichnet waren. Zum Glück wurde Steve kurz darauf befreit, sonst hätte die Sache ins Auge gehen können. Diese Geschichten beweisen, dass Wirklichkeit relativ ist. Menschen sehen vor allem das, was sie sehen wollen. Anders gesagt: Sie sehen das, woran sie glauben.

Im Grunde ist darum auch Fremdenfeindlichkeit eine zur Phobie gewordene Selbstsuggestion.

Intuitiv zu sein bedeutet im Umgang miteinander, dass man sich immer auf das Menschsein konzentriert. Nicht auf die Hautfarbe, nicht auf den Geburtsort oder den gesellschaftlichen Stand. Es bedeutet zu akzeptieren, dass der andere ein Mensch ist wie man selbst, mit den gleichen Bedürfnissen, auch wenn er in einer anderen Kultur groß geworden ist. Dann fällt es uns leicht, jemanden anzunehmen. Oder auch zu merken, dass man mit jemandem nicht so gut harmoniert. Nicht, weil er aus einem anderen Land kommt, sondern weil man eben nicht mit allen Leuten gleich gut übereinkommen kann. Zu diesem Schluss gelangt man jedoch nur, wenn man sich entscheidet, echte Erfahrungen zuzulassen.

Um Zugang zur Intuition zu bekommen, ist es also wichtig, offen zu werden und Vorurteile abzulegen. Nur so werden überhaupt Erfahrungen möglich. Dabei muss die Suggestion der Phobie oder die Suggestion des Vorurteils aufgelöst werden, damit wir in eine entspannte Trance des Alltags zurückkehren können – denn alles, wovon wir überzeugt sind, ist im Grunde eine Trance. Glauben Sie nicht? Dann lesen Sie weiter.

»Das Wunderbarste an den Wundern ist, dass sie manchmal wirklich geschehen.«

Gilbert Keith Chesterton

Wunder gibt es immer wieder – wer das Unmögliche für möglich hält, macht es möglich

Welche Wunder es bewirken kann, für einen Moment zu entspannen und seine Glaubenssätze und Vorurteile loszulassen, erlebe ich immer wieder – manchmal völlig unerwartet. Vor einer Weile habe ich in einer Show eine Hypnosenummer durchgeführt, bei der einige Leute auf die Bühne kommen. Dabei ging es darum, dass die Mitspieler nach meiner Suggestion unter der Hypnose ihren linken Arm nach oben heben, ihn aber anschließend nicht mehr beugen können. Er hängt unbeweglich in der Luft und so sehr ich auch dagegendrücke, das Ellenbogengelenk eines jeden Mitspielers bleibt steif. Erst wenn ich eine Suggestion gebe, die die Starre auflöst, können die Mitspieler ihren Arm wieder beugen und senken.

So weit, so gut.

An diesem Abend saß eine Journalistin im Publikum, das wusste ich. Ich hatte keine Ahnung, wie sie aussah, wir hatten zuvor nur per E-Mail kommuniziert. Mit ihr hatte ich nach der Show noch einen Interviewtermin. Als ich nach der Show im Backstage-Bereich wartete, war ich ganz überrascht, als eine junge Frau mit rosigen Wangen erschien, die ich sofort wiedererkannte: Sie war eine der Freiwilligen bei der Armbeugenummer gewesen.

Sie stellte mir ganz professionell ihre Fragen, doch als wir mit dem Interview fertig waren, druckste sie plötzlich herum: »Also, ich muss dir noch was sagen, Jan. Das hört sich bestimmt total seltsam an ...« Sie fuhr fort: »Ich hatte vor acht Jahren eine OP an der Schulter. Seitdem ist mein linker Arm gelähmt. Also, er war es. Dachte ich zumindest.« Das war natürlich ein Ding. In der Hypnose hatte sie nämlich vollkommen problemlos den Arm gehoben, versteifen lassen und anschließend gebeugt und wieder gesenkt.

An dieser Stelle muss ich übrigens mit einem weit verbreiteten Missverständnis aufräumen: Die Handlungen, die Personen unter Hypnose ausführen, sind nicht vom Hypnotiseur irgendwie ferngesteuert, als sei er ein Marionettenspieler. Die Suggestionen in der Hypnose nehmen vielmehr Kontakt mit dem Unterbewusstsein des Hypnotisierten auf. Dieser selbst führt die Handlungen aus, die ihm per Suggestion vorgeschlagen werden. Ja, *vorgeschlagen* werden! Es ist die *Entscheidung* des Mitspielers, der Suggestion zu folgen. Ich kann auch unter Hypnose niemanden dazu zwingen, den Arm zu beugen, wenn der- oder diejenige seinen Arm nicht beugen will. Das Mitmachen setzt eine geistige Offenheit voraus. Die macht Intuition möglich.

Die Journalistin hatte sich entschieden, die Möglichkeit zuzulassen, dass sie ihren Arm bewegen kann. Und es hatte geklappt. Sie hatte sich zuvor jahrelang eingeredet, ihr Arm sei gelähmt – damit hatte sie sich selbst konstant hypnotisiert. Ihr Unterbewusstsein hatte das als Wahrheit angenommen. Doch sobald das Unterbewusstsein den neuen Befehl »Arm bewegen« erhielt, hat es auch diesen treu ausgeführt. Nach dem Abend nahm die Frau ihre Physiotherapie wieder auf und binnen kurzer Zeit hatte sie ihre volle Beweglichkeit von vor der Operation wieder zurück.

Die wirklich wichtige intuitive Entscheidung, die das vermeintliche »Wunder« möglich gemacht hat, war ihr Mut, trotz des gelähmten Armes auf die Bühne zu kommen. Sie hatte ihr *Vorurteil*, sie könne den Arm nicht bewegen, für einen Moment abgelegt und damit ein Erlebnis zugelassen. Ein Erlebnis, das ihr das Gegenteil bewiesen hat.

Ein ähnlicher Fall kam mir zu Ohren, als ich abends mit meiner Frau und meinem Sohn in einem Restaurant saß, in dem wir oft essen gehen. Plötzlich kam die Besitzerin freudestrahlend aus der Küche und rief: »Jan, ich muss dir unbedingt etwas erzählen ...« Dann setzte sie sich zu uns an den Tisch und berichtete, dass ihre Mutter bei mir in der Show gewesen sei. Auch sie war auf der Bühne gewesen, in der betreffenden Nummer mussten die Freiwilligen nicht viel tun, aber ich habe sie in eine tiefe Trance versetzt. »Du musst wissen, dass meine Mutter seit vielen Jahren starke Schmerzmittel nehmen muss, um ihren Alltag durchzustehen«, erklärte die Restaurantbesitzerin. »Doch an diesem Abend kam sie nach Hause und fühlte sich so entspannt und schmerzfrei, dass sie beschlossen hat, es einmal eine Nacht ohne Schmerzmittel zu versuchen. Seitdem hat sie keine mehr genommen.« Dabei waren auf der Bühne Schmerzen gar nicht das Thema. Allein die Entspannung und das Aha-Erlebnis, dass man gedanklich die Wirklichkeit verändern kann, hatten ausgereicht, um die Schmerzsuggestion aufzulösen.

Viele Krankheiten und Beschwerden, vor allem Schmerzen, werden mit der Zeit zu Glaubenssystemen. Sie verselbstständigen sich. Die Anwesenheit der Krankheit wird zu einer Gewohnheit und damit zu einer Realität, die von den Betroffenen nicht mehr in Frage gestellt wird. Dabei ist der ursprüngliche physische Auslöser nach einer Weile oft gar nicht mehr gegeben. Etwas ist ausgeheilt – und trotzdem bleibt der Glaube an die Beschwerden bestehen. Da unser Unterbewusstsein ein treuer Diener ist und das tut, was wir ihm eingeben – also das in die Tat umsetzt, woran wir glauben –, ändert sich in unserer Erfahrung nichts. Unsere Nerven funken wie gewohnt Schmerzen, denn die neuronalen Verbindungen bleiben ja bestehen und werden sogar mit jedem Mal verstärkt – so wie eine oft hervorgekramte Erinnerung. Mediziner sprechen in solchen Fällen vom Schmerzgedächtnis und auf diese Weise lassen sich auch Phantomschmerzen in einem amputierten Körperteil erklären. Hier wirkt eine tiefe Entspannung Wunder, weil sie den Raum dafür öffnet, dass es auch anders sein könnte.

Was in diesem Abschnitt zu beweisen war: Im Zustand der

Entspannung werden Vorurteile unwirksam. Ein schönes Gedankenspiel in diesem Zusammenhang ist die folgende metaphorische Geschichte:

DER KLEINE ZIRKUSELEFANT

Ein kleiner Elefant wurde im Zirkus an einen Pfahl gebunden. Der kleine Elefant wollte aber kein Zirkuselefant sein und gerne weglaufen. Darum zerrte er verzweifelt an dem Pflock. Doch es gelang ihm nicht, ihn zu lösen, er war zu schwach. Die nächsten Wochen und Monate probierte er es immer wieder. Ohne Erfolg. Eines Tages gab er auf. Es hat doch keinen Sinn, sagte sich der kleine Elefant traurig, ich werde es nie schaffen. Er fügte sich in das, was er für sein Schicksal hielt. Eines Tages war der kleine Elefant kein kleiner Elefant mehr, sondern ein großer, ausgewachsener und sehr starker Elefant. Er hätte den Pflock nun mit Leichtigkeit ausreißen können. Aber er versuchte es nicht mehr – allein darum behielt er recht mit seiner Prophezeiung, dass er es nie in die Freiheit schaffen werde.

So wie der Elefant unterschätzen viele von uns die Kraft, die in uns wohnt – und vor allem die Macht unserer Gedanken. Wann waren Sie zuletzt ein resignierter Elefant?

Aus Angst Respekt machen

Gerade Menschen, die unter Phobien leiden, haben sehr gute Voraussetzungen, diese in etwas Positives umzuwandeln. Sie können sich wunderbar plastisch vorstellen, was alles schiefgehen kann. Diesen Prozess kann man nutzen, um sich vorzustellen, wie alles ganz problemlos abläuft.

Wenn jemand zum Beispiel Angst vor Spinnen hat, muss er nur sein Verhältnis zu ihnen verändern. In der Therapie versetze ich den Klienten mit Spinnenphobie zunächst in eine Trance. Anschließend suggeriere ich ihm, sich einen Bildschirm vorzustellen, auf dem ein Film mit ihm selbst als Hauptdarsteller gezeigt wird. In der ersten Szene geht der Hauptdarsteller in einen Raum voller Spinnen. Dieser Raum repräsentiert die Phobie. Durch die Beobachtung aus der Distanz wird die Angst aber nicht zur unmittelbaren Bedrohung. Mithilfe meiner Suggestionen sieht der Beobachter sein Ich auf dem Bildschirm den Raum wieder unbeschadet verlassen.

Im nächsten Schritt schlüpft er nun in die Rolle seines Bildschirm-Ichs und betritt – immer noch in seiner Vorstellung – den Raum. Er erkennt verblüfft: Die Spinnen sind Comicspinnen, mit lustigen großen Augen und schiefen Zähnen.

Ich suggeriere ihm, den Raum wieder zu verlassen.

Dann lasse ich ihn ein drittes Mal hineingehen. Wieder sind die Comicspinnen da, aber dieses Mal stellt er sich noch eine lustige Musik dazu vor.

Jetzt hat sich bereits sein Verhältnis zu Spinnen verändert. Es ist gelassener geworden. Und das nur, weil sich in seiner Vorstellung das Bild der Spinnen verändert hat. Dieses Gefühl der Gelassenheit verankere ich in ihm. Solch eine Sitzung dauert nur eine Viertelstunde – doch wenn der Klient aus der Trance aufwacht, kann er sich ohne Probleme eine Spinne auf die Hand setzen. So phantastisch sich die Sache anhört, sie stimmt. Dabei bleibt allerdings ein gewisser Respekt vor den Spinnen bestehen. Der kann in Gegenden sinnvoll sein, wo es tatsächlich giftige Spinnen gibt, etwa in Australien oder Afrika. Doch die lähmende Angst ist gewichen und ein intuitiv und auch rational richtiges Handeln wird so wieder möglich.

Das Wichtige ist hier der Unterschied zwischen Respekt und Angst. Ein Mensch, der gute Entscheidungen trifft, hat zwar Respekt vor einer Entscheidung, aber keine Angst. So bleibt einerseits der Zugang zur Intuition möglich, aber auch rationale Überlegungen haben eine Chance.

Nehmen wir einen erfahrenen Fallschirmspringer: Der springt zwar ohne zu zögern aus fünftausend Metern Höhe, ist aber nicht so verrückt, das ohne Fallschirm oder bei Sturm zu tun. Er tut alles dafür, dass kein Unglück geschieht. Der Respekt vor der Höhe ist weiterhin da.

Beim Fallschirmspringen war es auch, als ich selbst eine wunderbare Erfahrung gemacht habe. Ich war blutiger Anfänger und zwar hatte ich keine Panik, aber es wäre doch gelogen zu behaupten, dass ich vor dem Sprung die Ruhe selbst gewesen wäre. Wenn man kilometerweit unter sich nur Luft sieht, ist Angst eine natürliche Körperreaktion. Die menschliche (in diesem Fall angeborene) Intuition signalisiert beim Blick aus solcher Höhe Lebensgefahr. Das tut sie jedenfalls dann, wenn wir noch keine Erfahrung damit gemacht haben, dass man mit einem Fallschirm auch ganz sanft zu Boden segeln kann. Ich stand also vor der zwei Zentimeter breiten Kante, die mich vom Abgrund trennte und meine Amygdala, das Angstzentrum im Gehirn, funkte: »Du bist wahnsinnig! Tu das nicht!«

Aber ich hatte ja einen Kurs gemacht. Ich wusste, dass es möglich ist zu springen, ohne sein Leben zu gefährden. Und ich sprang. In diesem Moment geschah etwas Überraschendes: Sofort war die Angst weg. Vollkommen. Von hundert Prozent Angst ging es zu null Prozent Angst im Bruchteil einer Sekunde. Meine Angst war also nur ein ganz schmaler Grat gewesen. So schmal wie die zwei Zentimeter Sprungkante, die mich vom Sprung trennten. Die Furcht war sofort einer absoluten Konzentration gewichen, die ich nun dazu verwendete, die richtigen Handgriffe auszuführen, um unbeschadet wieder auf den Boden zu kommen.

Mit jedem Sprung verringert sich diese Angst vor dem Absprung mehr. Dafür wächst die Erfahrung. Man lernt, wie man mit Wind und Wetter am besten umgeht, wie man mit seinem Körper navigiert – und auch das Vertrauen in die eigenen

Fähigkeiten wächst. Beste Voraussetzungen, um intuitiv richtige – und realistische – Entscheidungen zu treffen!

DAS UHREN-ORAKEL

Ich werde oft gefragt, wie man selbst einen Blick in die Zukunft werfen kann. Hier ist eine Idee, mein Uhrenorakel!

1. Nimm eine Uhr zur Hand, es ist egal, ob sie noch funktionstüchtig ist oder nicht. Ich verwende für das Uhrenorakel, die alte Taschenuhr meines Großvaters. Sie ist aus dem Jahre 1914 und neben ihrem materiellen Wert besitzt sie für mich den ideellen Wert der Erinnerung an ihn. Wenn ich selbst das Uhrenorakel anwende, habe ich das Gefühl, mein Großvater gibt mir einen Ratschlag.
2. Ziehe die Krone heraus, sodass du die Zeiger verdrehen kannst.
3. Drehe die Uhr so, dass du das Ziffernblatt nicht mehr sehen kannst. Oder schließe den Deckel, falls du eine Taschenuhr verwendest.
4. Denke an eine Frage, die deine eigene Zukunft betrifft. (Frage nicht nach den Lottozahlen, das verwirrt nur.)
5. Drehe an der Krone, bitte die Krone immer nur nach vorne drehen, denn es geht um deine Zukunft!
6. Schau auf das Ziffernblatt deiner Uhr. Die Stunde, die du eingestellt hast, sagt dir, was du zur Beantwortung deiner Frage tun musst, und sie beschreibt deine jetzige Persönlichkeitsstruktur, die sich von Situation zu Situation verändert.

Viel Spaß!

Hier die einzelnen Deutungen der Position des Stundenzeigers:

1 Uhr – Anfang/Neuanfang
Du bist ein Mensch, der gerne Dinge anschiebt, Neues zu entwickeln und auszuprobieren erfüllt dich. Du schiebst viele Dinge gleichzeitig an und auch jetzt ist die Zeit gekommen etwas Neues zu denken und einfach zu machen!

2 Uhr – Sich verbinden/Neue Verbindungen schaffen
Du bist jemand, der wunderbar mit anderen Menschen auskommt, der die Gesellschaft anderer mag, manchmal brauchst du auch den Rückzug, weil es zu viele Menschen sind, aber nach dem Auftanken deiner Energie ziehst du los und verbindest dich neu.
Jetzt ist die Zeit des Verbindens. Frage Menschen, denen du vertraust, nach Rat oder Hilfe.

3 Uhr – Kreativität
Du bist ein sehr kreativer Mensch, der Dinge erschafft, von denen andere nur träumen. Jetzt ist die Zeit deiner Kreativität gekommen, nutze sie, spiele mit ihr!

4 Uhr – Erbauen/Fundament
Du bist ein Mensch, auf den man bauen kann, du kannst das Fundament für andere sein, aber dir selbst ist es auch wichtig auf einem festen Fundament zu stehen. Du schaffst Bodenhaftung für dich, aber auch für andere. Jetzt ist die Zeit des Bauens gekommen, sorge für ein festes Fundament.

5 Uhr – Veränderung
Du bist ein Mensch, der die Veränderung braucht. Du kannst dich sehr schnell langweilen. Du brauchst die Abwechslung, um dein Potential voll und ganz ausschöpfen zu können. Trau

dich jetzt den Schritt ins Unbekannte zu machen, gönn dir eine Abwechslung vom alten Trott, erfinde dich neu in diesem Thema!

6 Uhr – Trennung/Auseinandernehmen
Du bist ein Mensch, dem die Details sehr wichtig sind. Du möchtest die einzelnen Faktoren des großen Ganzen verstehen, um dir ein genaues Bild von einer Sache zu machen. Nur wenn du jede noch so kleine Komponente verstanden hast, kannst du volle Leistung erbringen. Jetzt ist die Zeit der Forschung angebrochen. Forsche und lerne!

7 Uhr – Das große Ganze/Zusammenschluss
Du bist ein Mensch der großen Bilder und Taten. Du hast das Talent, die Zusammenhänge zu erkennen und die großen Bilder zu sehen und zu erschaffen. Jetzt ist die Zeit gekommen, den Plan des großen Ganzen zu sehen und dich nicht an Kleinigkeiten aufzuhalten.

8 Uhr – Aufbruch/Wiederaufbruch
Du bist ein Mensch, der die Beweglichkeit braucht, wenn du eine Sache abgeschlossen hast, musst du weiterziehen. Du bist ein großer Motivator, jemand, der begeistern kann, der andere dazu bringt, aktiv zu werden und etwas aus sich zu machen. Jetzt ist deine Motivationskunst gefragt, geh raus und motiviere nicht nur dich, sondern alle, die dich auf deinem Weg begleiten.

9 Uhr – Der Abschluss/Vollendung
Du bist ein Mensch, der die Dinge, die er angefangen hat, auch zu Ende führt. Du bist sehr ehrgeizig und wenn du dir ein Ziel vorgenommen hast, dann wirst du dieses Ziel auch erreichen. Jetzt ist die Zeit gekommen, an der Vollendung zu arbeiten, unterstütze dich und andere dabei, ihre Ziele zu erreichen.

10 Uhr – Das Abenteuer
Du bist ein Mensch, der das Abenteuer sucht. Das Unbekannte macht dir keine Angst, es beflügelt dich. Jetzt ist die Zeit gekommen, mutig zu sein und sich voll und ganz einer Sache zu verschreiben. Auch wenn du jetzt noch nicht absehen kannst, wo die Reise hingeht, es wird auf jeden Fall ein Abenteuer.

11 Uhr – Der Berater
Du bist ein Mensch, der andere wunderbar beraten kann, aber dir selbst den Weg zu weisen, fällt dir in diesem Moment schwer. Lass dich auf andere ein, vertraue den Menschen, die dir nahe stehen und folge ihrem Rat. Jetzt ist die Zeit der Teamarbeit gekommen.

12 Uhr – Die Weisheit
Du bist ein sehr weiser Mensch, der sich durch seine Lebenserfahrung die Qualifikation erarbeitet hat, noch so verworrene Situationen zu lösen. Jetzt ist die Zeit gekommen, auf deine eigene Lebenserfahrung zu vertrauen und deinen ganz eigenen Weg zu gehen. Vertraue dir selbst und deiner Weisheit.

Warten Sie nicht ab – tun Sie es einfach!

Auch in anderen Zusammenhängen kann eine Entscheidung für eine Aktion aufkommende Angst sofort besiegen. Das zeigt sich mir zum Beispiel immer wieder bei Lampenfieber: Bevor ich auf die Bühne oder vor eine Fernsehkamera trete, bin auch ich nervös. Doch sobald ich vor dem Publikum stehe, ist alles wieder gut. Ich bin dann völlig im Hier und Jetzt. Lampenfieber ist genau das gesunde Maß Stress, um den Zugang zu intuitivem Handeln zu ebnen, ohne dass negative Effekte eintreten.

Das trifft auf viele Situationen des täglichen Lebens zu. Oft kann uns nichts Schlimmes geschehen, wenn wir uns für eine rasche Aktion entscheiden, und doch zögern wir. Viele Leute warten zum Beispiel damit, die Steuererklärung zu machen – aus einer diffusen Angst vor dem Finanzamt heraus. Diese Angst wird durch das Warten und den entstehenden Zeitdruck nur gesteigert. Dabei kommen sie durch das Aufschieben ja auch nicht um die Abgabe herum. Sie bringen sich aber um die wertvolle Erfahrung, dass alles halb so wild ist, wenn man die Sache entschlossen und entspannt angeht. Andere Menschen zögern, im Fortbildungsseminar in der Vorstellungsrunde die Initiative zu ergreifen, stattdessen schwitzen sie fünf angstvolle Minuten, bis sie dann doch das Wort ergreifen müssen. Unnötig.

Singlefreunde von mir erzählen mir wiederum oft, dass sie sich einfach nicht trauen, eine attraktive Frau anzusprechen, aus Angst, sich zu blamieren. Dabei sind die Folgen wohl kaum lebensbedrohlich, wenn die Auserkorene freundlich zu erkennen gibt, dass sie kein Interesse hat. Aber die Chance, einen Treffer zu landen, ist bei zu langem Warten oft unwiederbringlich vorbei – und auch die Gelegenheit, wertvolle Erfahrungen zu machen. Schlimmstenfalls ärgert man sich über eine verpasste Chance ein Leben lang.

Doch natürlich gibt es auch andere Fälle, in denen eine Entscheidung wohl abgewogen sein will – auch wenn sie im Kern intuitiv ist.

Zu denen komme ich jetzt.

Kapitel 9

Fragen Sie doch jemanden, der sich damit auskennt: Warum unsere Intuition unsere Probleme oft besser lösen kann als teure Berater

Eine alte chinesische Weisheit besagt:
Fürchte dich nicht vor dem langsamen Vorwärtsgehen, fürchte dich nur vor dem Stehenbleiben.

Darin sind zwei tiefe Wahrheiten enthalten. Die erste Wahrheit ist, dass das Leben Veränderung ist, nicht Stagnation. Die zweite, dass man vor dieser Veränderung keine Angst haben muss, wenn man sie ganz langsam und behutsam zulässt. In kleinen Schritten.

Diese Weisheit ist nicht bei allen angekommen. Ich habe kürzlich in der Zeitung gelesen, dass meine Generation, also die Menschen, die in und um die Siebzigerjahre herum geboren worden sind, die vermeintliche »Spaßgesellschaft«, sich wieder besonders nach Sicherheit sehnt. Aus diesem Grund seien viele von uns extrem entscheidungsängstlich. Dabei ist Sicherheit eine Illusion. Wer in der Hoffnung, etwas zu bewahren, Entscheidungen – und damit Aktionen und Veränderung – vermeidet, erstarrt. Damit verhindert man aber nicht, dass die Welt um einen herum sich ändert. Das tut sie unweigerlich. Irgendwann *wird* dann der Entscheidungsängstliche von den äußeren Umständen gelebt. Er wird von den Entscheidungen anderer durchs Leben geschubst, anstatt selbst aktiv sein Schicksal in die Hand zu nehmen. Damit bekommt er immer noch nicht die ersehnte Sicherheit, verzichtet aber auf eine Quelle des Glücks. Denn wie wir vorhin gesehen haben, machen nur selbst gefasste Entschlüsse glücklich – nicht die, die andere für uns treffen.

Intuitiv zu entscheiden bedeutet natürlich nicht immer, sich objektiv zu hundert Prozent »richtig« zu entscheiden – denn auch Objektivität ist im Grunde eine Illusion. Außerdem: Was wollen Sie mit Objektivität, also der Sicht der gedachten Allgemeinheit, bei einem subjektiven Problem – nämlich Ihrem? Intuitiv zu entscheiden bedeutet: *Ich* gestehe *mir* eine Entscheidung zu. Im Wissen, dass diese in jedem Fall meinen Erfahrungsschatz erweitert. Völlig egal, was dabei zunächst herauskommt. Und in dem Wissen, dass ich mit jedem Mal bessere Entscheidungen treffen werde, weil meine intuitive Kompetenz wächst.

Sie haben die Lizenz, sich zu irren!

Was viele Menschen von Entscheidungen abhält, ist die Sorge, dann für immer auf diesen einen Weg festgelegt zu sein. Gerade für uns Deutsche, die mit dem Spruch »Wer A sagt, muss auch B sagen« aufgewachsen sind, ist es schwer, diese Sorge abzulegen. Aber man hat fast immer die Möglichkeit, sich wieder neu zu entscheiden. Die Intuition wird ja nach der Entscheidung nicht abgeschaltet, sondern sie beobachtet genau, was passiert. Wie eine sensible Antenne, die Änderungen registriert und mit einem Stopp-Signal reagiert, wenn sich etwas nicht mehr passend anfühlt.

Ein einfaches Beispiel: Meine Frau geht unheimlich gerne auf Partys – ich dagegen war früher ein richtiger Partymuffel. Anfangs habe ich immer versucht, Ausflüchte zu finden, um nicht mitkommen zu müssen. Doch meine Frau sagte zu mir:

»Mensch, Jan, du hast doch jederzeit die Möglichkeit zu gehen, wenn es dir nicht gefällt. Aber schau es dir doch erst mal an.« Das Argument fand ich unschlagbar. Seitdem gehe ich immer mit, stets im Bewusstsein, die Party wieder verlassen zu können. Das Lustige ist: Das kommt extrem selten vor! Ich habe die Erfahrung gemacht, dass Partys meistens Spaß machen und mein Bauchgefühl rebelliert nicht mehr.

Wer mit einem Studium der Elektrotechnik beginnt und auf einmal feststellt, dass ihm das Magenschmerzen beschert und ihn Kunstgeschichte viel mehr interessiert, hat die Lizenz zum Studiengangwechsel! Wenn man zwar Spaß an einer Segeltour hatte, aber plötzlich feststellt, dass das Boot ein Leck hat, würde man die Segeltour schließlich auch nicht durchziehen, sondern das rettende Ufer ansteuern. Ein Studium, eine Arbeit oder eine Beziehung, die sich schlecht anfühlt, ist wie ein leck geschlagenes Boot: Die Seele sinkt, ganz langsam. Lassen Sie es nicht so weit kommen. Denken Sie daran, dass man nur in dem kreativ und erfolgreich sein kann, was man mit Begeisterung tut!

Einer der mutigsten und befreiendsten Sätze, die man in so einer Situation sagen kann, ist: »Ich habe mich geirrt, das hier fühlt sich nicht gut an – und darum mache ich jetzt etwas anders.«

Wer intuitiv entscheidet, schiebt die Verantwortung nicht von sich zu den anderen oder beugt sich gesellschaftlichen Konventionen. Er oder sie übernimmt zu einhundert Prozent die Verantwortung für das eigene Leben und die eigenen Entscheidungen. Nicht das zu tun, was andere von uns erwarten oder für »das Beste« halten, erfordert oft Überwindung – aber es fühlt sich in jedem Fall besser an. Für uns selbst.

Aktion ist auch in kniffligen Situationen besser als Ausharren — aber immer mit der Ruhe

Schwieriger wird es natürlich, wenn noch andere außer nur mir selbst die Folgen einer Entscheidung potenziell zu spüren bekommen. Angenommen, ich bin Manager und führe seit geraumer Zeit ein Unternehmen. Sagen wir, eine Firma, die Süßigkeiten aus Marzipan herstellt. Ich trage große Verantwortung für meine Mitarbeiter. Doch ich befinde mich in einer Lage, in der mir immer klarer wird, dass es so nicht weitergeht. Das Unternehmen steckt in einer Sackgasse. Die Umsätze sinken. In dieser Situation taucht nun die ein oder andere intuitive Idee aus meinem Unterbewusstsein auf. Ideen, deren Umsetzung etwas bringen könnten – oder auch nicht. Es gibt keine »Gelinggarantie«. Es gibt nur ein Gefühl, das meiner langjährigen Erfahrung auf dem Markt der Marzipanprodukte entspringt ...

Das ist natürlich nur ein Beispiel. Ich esse zwar gerne Marzipan, habe aber von der Materie keine Ahnung. Trotzdem kann ich hier prognostizieren: In so einer Situation ist es besser, sich für eine Aktion zu entscheiden – eine Idee umzusetzen –, als in diesem stagnierenden Zustand zu verharren. Das Verharren im Status quo wäre gleichbedeutend damit, auf ein Wunder zu warten. Das wird aber in den seltensten Fällen passieren: Ungünstige Situationen haben die Tendenz, noch ungünstiger zu werden, wenn man sie nicht verändert. Schlimmstenfalls geht die Firma dann nämlich in Konkurs – und damit ist keinem Mitarbeiter gedient. Auch wenn ich also (noch) keine zu hundert Prozent rationale Erklärung dafür habe, warum ich nun diesen neuen Weg einschlage, ist ein Schritt in eine neue Richtung die bessere Handlungsvariante.

Aber denken Sie dabei an die Langsamkeit.

An die kleinen Schritte.

Eine Firma, die seit Generationen Marzipan herstellt, sollte beispielsweise nicht auf einmal auf Lakritze umsatteln. Dann würde sie ihre (im wahrsten Sinne des Wortes) Kernkompetenz verlieren. Aber eine Veränderung, die im Einklang mit der Corporate Identity steht, führt ganz sicher dazu, dass sich ein neuer Weg auftut. Es kommt Bewegung in die Sache. Ich kenne mich im Marzipangeschäft, wie gesagt, nicht aus, aber ich könnte mir zum Beispiel eine Werbekampagne vorstellen, die das allererste Marzipanbrot der Firma in den Mittelpunkt stellt. Oder eine neue Produktlinie mit Bio-Zutaten. Oder neue Kooperationspartner.

Versuch macht kluch, heißt es ja so schön. Das stimmt: Wenn man immer einen kleinen Schritt nach dem anderen tut, sieht man schnell, was funktioniert und was nicht. Dann kann man den Kurs korrigieren – oder er bestätigt sich. Auch aus dieser Perspektive ist jede Entscheidung richtig, solange man dabei niemandem Leid zufügt!

SELBSTVERTRAUEN PER TASTENDRUCK

Mit dem folgenden Ritual wird Ihre Computertastatur zu Ihrem persönlichen Hypnosetrainer für mehr Mut, Selbstvertrauen und Liebe zu sich selbst. Gehen Sie es am besten immer einmal kurz durch, wenn Sie sich an Ihren Computer setzen:

- Jedes Mal, wenn Sie auf die »Ctrl«- oder »Strg«-Taste schauen, wissen Sie, dass Sie selbst die Kontrolle über Ihr Leben haben.
- Jedes Mal, wenn Sie auf die »Alt«-Taste schauen, wissen Sie, dass Sie immer Alternativen und Möglichkeiten im Leben haben.
- Jedes Mal, wenn Sie auf die »Esc«-Taste schauen, wissen Sie, dass Sie frei sind.
- Schauen Sie nun auf die »Ctrl«- oder »Strg«-Taste und erinnern Sie sich an einen Moment, in dem Sie das Ge-

fühl hatten, absolute Kontrolle über Ihr eigenes Leben zu haben. Einen Moment, in dem Sie genau das getan haben, was Sie wollten. Wenn dieser Moment ganz klar vor Ihren Augen steht und Sie ihn wieder fühlen, drücken Sie bewusst auf die »Ctrl«- oder die »Strg«-Taste.

– Dann schauen Sie auf die »Alt«-Taste. Machen Sie sich dabei bewusst, dass Sie jede Menge Alternativen in Ihrem Leben haben. Denken Sie an drei Möglichkeiten, Ihr Leben zu genießen. Wenn Sie drei gefunden haben, drücken Sie auf die »Alt«-Taste und stellen sich dabei vor, wie sich per Tastendruck diese Möglichkeiten in Ihrem Unterbewusstsein verankern.

– Schließlich schauen Sie auf die »Esc«-Taste und machen sich bewusst, dass keine Situation Sie gefangen nehmen kann. Sie können immer wieder etwas Neues beginnen. Machen Sie sich die Freiheit bewusst und verankern Sie auch diese durch einen festen Druck auf die »Esc«-Taste.

Auf diese Weise wird der Gebrauch Ihres Computers jedes Mal zum positiven Anker Ihrer Gefühle!

Das Veto vom Solarplexus

Wenn man in einem Bereich viel Erfahrung hat, wie eben ein langjähriger Manager, kann man sich also besonders gut auf seine Intuition verlassen. Aber was ist, wenn man in einem Feld ein völlig unbeschriebenes Blatt ist? Auch dann ist die Intuition ein guter Ratgeber. Allerdings rät sie einem dann manchmal, die Finger von einer bestimmten Sache zu lassen. Auch das ist Freiheit!

Moment, werden Sie jetzt vielleicht sagen, hatte der Becker nicht gerade eben noch behauptet, man solle nur mutig entscheiden? Und keine Angst haben? Da haben Sie recht. Doch Angst ist, auch das haben Sie schon gelesen, nicht das Gleiche wie gesunder Respekt. Ich erinnere mich an einen Kommentar auf meiner Facebook-Seite zum Thema Bauchgefühl. Eine Mutter berichtete, dass sie mit Familie und Freunden im Ski-Urlaub war, als plötzlich die Gruppe beschloss, von der Schanze zu springen. Ihr Bauchgefühl warnte: »Mach es nicht!« Doch ihre Kinder neckten sie und sie wollte nicht als Feigling dastehen. Also sprang sie schließlich doch. Das Ergebnis war ein Bänderriss, eine kaputte Gelenkkapsel und ein Schaden am Meniskus – mit Skifahren war erst mal Schluss. Die Intuition der Frau wusste schon zuvor, dass sie nicht genügend Erfahrung hatte, um einen Schanzensprung gefahrlos zu absolvieren. Hier wäre noch mehr Training vonnöten gewesen und eine langsame Vorbereitung mit nach und nach ansteigenden Absprunghöhen. Offensichtlich waghalsige Aktionen haben nichts mit beherzten Entscheidungen zu tun. *Langsam vorwärtsgehen* ist die Devise. Je risikoreicher oder langfristiger bindend eine Entscheidung ist, umso eher sollte man dabei auch ein negativ funkendes Bauchgefühl ernst nehmen.

Das gilt natürlich nicht nur beim Skifahren.

Die meisten meiner Freunde sind jetzt in dem Alter, in dem »man« sich gerne Wohnungen oder Häuser kauft. Keiner von ihnen hat dabei so viel Geld, dass er die erforderlichen Summen einfach so auf den Tisch legen kann. Trotzdem machen sich viele selbst Druck, weil sie der Ansicht sind, dass der Immobilienkauf nun, eine Weile nach dem Studium, ansteht. Sie folgen einer gesellschaftlichen Konvention, nicht ihrem Herzen. Wenn sich diese Leute unter der Maxime »Andere schaffen es ja auch« nun deswegen verschulden und immer so gerade die Raten bezahlen können, raubt das Lebensfreude, schränkt den Entscheidungsspielraum enorm ein – und damit die Möglichkeit, intuitiv zu handeln.

Ein Beispiel: Ein guter Freund von mir kam vor einiger Zeit zu mir und erzählte davon, wie er und seine Freundin eine wunderschöne Wohnung angeschaut hatten, die zum Verkauf stand. Sie war groß, lag in einem begehrten Stadtteil, hatte eine Badewanne und einen sonnigen Südbalkon. Sie waren kurz davor, dem Makler eine Zusage zu geben. Doch statt glücklich zu sein, wirkte mein Freund bedrückt:»Die Wohnung ist ein Traum. So eine Gelegenheit kommt so schnell nicht wieder, hat der Makler gesagt ...«

Natürlich hat der Makler das gesagt, dachte ich. Vermeintliche Knappheit der Ressourcen zu suggerieren ist einer der effektivsten psychologischen Verkaufstricks. Doch bevor ich etwas dazu sagen konnte, redete mein Freund weiter:

»Das Problem ist: Ich fühle mich einfach nicht gut dabei – und ich weiß nicht wirklich, wieso. Es wäre überhaupt kein Problem, die monatliche Rate aufzubringen. Jedenfalls nicht im Moment. Ich verdiene gut und Biggi auch, aber ...«

Er zögerte.

»Aber?«, hakte ich nach.

»Aber ... mir ist trotzdem nicht wohl bei der Vorstellung. Was ist, wenn ich den Job wechsele und weniger verdiene? Dann könnte es vielleicht doch knapp werden. Oder wenn es Reparaturen gibt? Das ist natürlich alles sehr unwahrscheinlich ...«

»Gibt es denn eine monatliche Summe, die sich für dich gut anfühlen würde?«, fragte ich, ohne auf seine Bedenken weiter einzugehen. Auch wenn ich meinen Freund gerade nicht hypnotisierte, folgte ich mit dieser Frage einem der Grundprinzipien der Hypnosetherapie: Ein unbehagliches Szenario wird so lange verändert, bis es sich gut anfühlt. In die Sprache der Intuition übersetzt heißt das: Man spielt gedanklich mit variierenden Szenarien und achtet darauf, was einem die somatischen Marker zu jedem Szenario mitteilen.

»Na, weniger eben«, sagte mein Freund.

»Wie viel weniger?«, bohrte ich nach.

»So viel weniger, dass man nicht vor jeder Anschaffung grübeln muss. So viel weniger, dass man auch weiter einfach mal so in Urlaub fahren kann, ohne zu überlegen, ob das jetzt noch passt. Dass man einfach noch Luft hat«, brach es aus ihm heraus.

Das konnte ich gut nachvollziehen, aus genau diesen Gründen wohne ich mit meiner Familie zur Miete. Bei der Vorstellung, eine bestimmte Rate bezahlen zu müssen und darum beruflich faule Kompromisse einzugehen, gruselt es mich. Wie viele Menschen ertragen einen furchtbaren Chef oder eine bedrückende Arbeit nur, weil sie das Geld brauchen?

»Also, mit welcher monatlichen Summe würdest du dich wohlfühlen? Nicht überlegen, antworten, schnell«, drängte ich (denn die Intuition ist am unverfälschtesten, wenn sie nicht zu viel Zeit zum Überlegen hat).

»Maximal 1000 Euro«, erklärte mein Freund wie aus der Pistole geschossen und sah selbst überrascht aus.

»Und wie hoch ist nun die berechnete monatliche Rate für die Wohnung?«, wollte ich wissen.

»1500«, sagte er zerknirscht. Also 500 Euro mehr, als seine Intuition ihm zugestand! Das Unterbewusstsein meines Freundes hatte zwar von Immobilien und Hypotheken keine Ahnung, aber mit einem kannte es sich aus: mit dem Leben und der Persönlichkeit meines Freundes. Der hatte schon häufig die Erfahrung gemacht, dass Dinge oftmals teurer werden, als sie im ersten Moment scheinen: Urlaubsreisen, Autoreparaturen, Restaurantbesuche. Außerdem hatte er erlebt, dass sich persönliche Lebenssituationen schnell ändern können, selbst wenn man nicht damit rechnet. Diese Erfahrungen waren tief in seinem Unterbewusstsein gespeichert und legten nun mithilfe eines mulmigen Gefühls in der Solarplexusgegend Veto ein – ein lupenreiner somatischer Marker.

Außerdem war sein Unterbewusstsein mit den Voraussetzungen vertraut, unter denen sich mein Freund wohlfühlen kann – dazu gehörte es, etwas unternehmen zu können, ohne jeden Cent vorher umdrehen zu müssen.

Eins war klar: Er litt unter keiner Phobie. Das Problem war *keine* grundsätzliche Angst davor, sich festzulegen oder an Eigentum zu binden. Für 1000 Euro monatlich war er ja dazu bereit. Aber die größere Summe war ihm einfach nicht geheuer. Erinnern Sie sich an die kleinen Schritte? Diese Wohnung zu kaufen war ein zu großer Schritt für meinen Freund.

In unserem Gespräch war ihm klar geworden, dass er auf dem besten Wege gewesen war, eine für ihn nicht optimale Entscheidung zu treffen.

Er kaufte die Wohnung nicht.

Seine Intuition reagierte darauf sofort mit einem enormen Gefühl der Erleichterung – noch ein somatischer Marker. Eine Weile später fand er mit seiner Freundin ein Häuschen am Stadtrand. Zu deutlich günstigeren Konditionen. Das Domizil lag zwar nicht in einem angesagten Bezirk und seine Freundin brauchte mit öffentlichen Verkehrsmitteln 20 Minuten länger als bisher zur Arbeit in die Stadt. Das war aber nicht weiter schlimm, denn diese 20 Minuten nutzte sie zum Lesen, zu dem sie sonst nie kam. Das Haus war genauso groß und mindestens so traumhaft wie die Wohnung. Es hatte außerdem einen Garten mit alten Apfelbäumen, der seine Freundin an ihre Kindheit erinnerte. Der Kauf des Häuschens war ein Schritt, der klein genug war, dass mein Freund ihn tun konnte, ohne dass es sich wie ein Verbiegen anfühlte.

Aber auch aus rein rationalen Aspekten erwies sich die Entscheidung plötzlich als goldrichtig: Kurz nach dem Einzug wurde seine Freundin schwanger. In der Stadtwohnung wäre das ein Problem gewesen, nicht nur wegen des fehlenden Aufzuges. Das Geld wäre tatsächlich knapper geworden, weil das zweite Gehalt für eine Weile wegfallen würde. Natürlich wäre das Problem lösbar gewesen, aber das Paar hätte sich etwas ausdenken müssen. Ein Zimmer untervermieten. Die Wohnung wieder verkaufen. Doch so war es deutlich bequemer. Die Intuition meines Freundes hatte ihn durch ihr deutliches

Veto ohne Umwege zu der für ihn zu diesem Zeitpunkt besten Lösung geführt. Einmal mehr zeigt sich: Auch das Veto aus dem Bauch ist eine wichtige Entscheidungshilfe, das die Ratio ergänzt.

SZENENWECHSEL IM KOPFKINO

Wenn auch Sie vor einer großen Entscheidung stehen und dabei ein mulmiges Gefühl haben, können Sie sich die eben erwähnte Visualisierungstechnik zunutze machen. Besonders gut funktioniert das unter Hypnose. Aber da jede entspannte Fokussierung bereits eine leichte Selbsthypnose ist, können Sie das Ganze auch bequem allein zu Hause machen.

Im ersten Schritt entspannen Sie sich also. Wie Sie das tun, spielt keine Rolle. Entspannung können Sie durch bewusstes Atmen erreichen, durch Progressive Muskelentspannung, einen meditativen Waldspaziergang oder Qi Gong – Hauptsache, Ihre Gedanken und Ihr Körper kommen zur Ruhe. Wichtig ist, dass Sie während der ganzen Übung ruhig durch die Nase atmen. Es ist physiologisch unmöglich, Angst oder Panik zu empfinden, wenn der Atem entspannt fließt. Angst oder Panik würden das Ergebnis verfälschen, weil sie ein mulmiges Gefühl noch um ein Vielfaches verstärken.

Schließen Sie dann die Augen.

Nun stellen Sie sich vor, Sie hätten Ihre Entscheidung bereits getroffen. Sie sind jetzt in genau der Situation, die das mulmige Gefühl auslöst. Nehmen wir einmal an, Sie planen, mit Ihrem Partner in ein anderes Land auszuwandern. In diesem Fall stellen Sie sich also vor, das sei bereits geschehen. Sie befinden sich im Zielland. Versuchen Sie, das mulmige Gefühl so intensiv wie möglich zu spüren. Wie fühlt es sich an? Ein Kloß im Hals? Ein Stein im Magen? Merken Sie sich genau die Intensität und Beschaffenheit des Gefühls.

Dann beginnen Sie, die Szenerie in Ihrer Vorstellung zu

ändern. Stück für Stück. Ganz langsam, in kleinen Schritten. Alles ist erlaubt. Ändern Sie zum Beispiel die Stadt, die Sie sich zum Auswandern auserkoren haben. Oder behalten Sie ein Zimmer in Deutschland, statt sofort alle Zelte abzubrechen. Nehmen Sie Ihren Hund mit, statt ihn zu Ihren Eltern zu geben. Wandern Sie nach Frankreich aus statt nach Peru. Probieren Sie das Leben in dem anderen Land erst mal ein paar Monate aus, während Sie Ihre Wohnung in Deutschland untervermieten. Warten Sie noch ein Jahr, um erst die Sprache zu lernen ...

Ihrer Phantasie sind keine Grenzen gesetzt.

Achten Sie bei jeder Veränderung auf Ihr Bauchgefühl. Alles, was sich einen Deut besser anfühlt, ist eine Spur. Verfolgen Sie sie und verändern Sie das Szenario so lange, bis das mulmige Gefühl ganz verschwunden oder zumindest deutlich verringert ist. Nun werden Sie vermutlich eine erste Idee haben, wo es hakt. Mit diesem Wissen können Sie versuchen, in der Realität einen Kompromiss zu finden – Ihre Gedanken werden wahr!

Die Lösung liegt in Ihnen — nicht in den anderen

In der Hypnosetherapie ist es wichtig, dass der Therapeut – wie ich – dem Klienten keine vorgefertigte Lösung präsentiert. Er hilft dem Klienten stattdessen, die Antwort auf seine Fragen aus seinem Unterbewusstsein emporsteigen zu lassen. Ich als Außenstehender kenne die Lösung nicht. Ich kann nur dabei assistieren, sie zu finden. In etwa so, wie ich auch eine Stecknadel aufspüre, die jemand anders im Raum versteckt hat.

Darum ist bei wichtigen Entscheidungen Vorsicht geboten, bevor man blind auf andere hört. Denken Sie daran: Die Lösung auf unsere Fragen liegt immer in uns selbst. Nie in den anderen. Eine allgemein gültige Antwort gibt es nicht, denn jeder Mensch ist anders. Trotzdem wollen uns manche Menschen eine Antwort aufdrücken, die zwar für sie die passende wäre, aber nicht genauso auch für uns gelten muss. Manche Leute sind unverbesserliche Pessimisten, die überall imaginäre Gefahren sehen. Die nächsten sind träumerische Optimisten, die sämtliche Fallstricke ignorieren. Wieder andere verfolgen heimlich eigene Interessen und wollen uns zu einem bestimmten Verhalten bewegen, das ihnen nützt. All das führt dazu, dass der eine Ratgeber dies sagt, der andere jenes.

Das kann das Bauchgefühl verwirren.

In meinem Buch »Du wirst tun, was ich will« hatte ich das Prinzip des Schenkens erläutert. Geschenke begegnen uns überall im Alltag. Nicht in allen Fällen kommen sie als hübsch verpacktes Päckchen daher. Immer, wenn uns jemand anders etwas Gutes tut, ist das ein Geschenk. Dann fühlt sich unsere Psyche verpflichtet, die gute Tat auf irgendeine Weise zu erwidern. Auch ein Ratgeber, der seine Zeit darauf verwendet, sich mit unserem Problem zu befassen, macht uns damit ein nicht-materielles Geschenk. Ganz unabhängig davon, ob sein Rat etwas taugt oder nicht. Unsere soziale Psyche verlangt daraufhin, dass wir uns bei dem vermeintlichen Wohltäter revanchieren. Das tun wir leider oft nicht mit einer Tasse Kaffee, sondern indem wir den doch so gut gemeinten Rat befolgen. Diese verborgenen psychologischen Mechanismen nutzen zum Beispiel Marketingstrategen, die uns etwas verkaufen wollen, schamlos aus.

Die US-amerikanische Sozialpsychologin Julia Minson hat zu diesem Thema ein ungewöhnliches Experiment durchgeführt. Eine Gruppe von 270 Probanden sollte eine Anzahl Fragen beantworten, die ohne Spezialwissen eigentlich unlösbar waren. Die Teilnehmer waren also völlig auf ihre Intuition zurückgeworfen. Dabei durften die Studienteilnehmer sich vorher aussuchen, ob sie die Aufgabe alleine bewältigen wollten oder mit einem Partner zusammen. Nachdem die Antworten eingereicht waren, konnten die Probanden zunächst die Lösungsvorschläge der anderen Teilnehmer lesen. Anschließend durfte die eigene Antwort noch einmal revidiert werden. Ein Drittel der einsamen Entscheider – also die, die ohne Partner geknobelt hatten – nutzte diese Möglichkeit, die eigene Lösung noch einmal neu abzuwägen. Auch das geschah rein intuitiv, denn verlässliche Informationen waren weiterhin nicht verfügbar.

Das Interessante dabei: Diejenigen, die sich trauten, ihre Antwort zu korrigieren, weil sie durch die Lektüre der übrigen Vorschläge neue Impulse bekommen hatten, lagen mit der Korrektur in der überwiegenden Zahl der Fälle näher an der tatsächlichen Lösung als zuvor. Im Gegensatz zu den Einzelkämpfern traute sich aber nur jedes fünfte Zweiergrüppchen, vom einmal formulierten Lösungsvorschlag abzulassen. Die Teams fühlten sich verpflichtet, die Beratung mit dem Co-Entscheider wertzuschätzen, indem sie daran festhielten. Leider nahmen sie sich damit eine Chance zur intuitiven Kurskorrektur.

Potenziell besonders gefährlich kann es werden, wenn man Geld für eine Beratung ausgibt, zum Beispiel für einen Unternehmensberater. Dabei gilt die Regel: Je teurer die Beratung ist, umso geneigter ist man, den Ratschlägen zu vertrauen. Sogar dann, wenn der Berater den größten Unsinn erzählt. Dahinter steckt ein weiteres psychologisches Prinzip. Dieses Prinzip lässt uns das besonders wertschätzen, was uns viel kostet – unabhängig von dessen tatsächlicher Qualität.

Das geht nicht immer gut aus.

Eine Bekannte von mir ist Journalistin und hat lange bei einem erfolgreichen Magazin gearbeitet, das eine treue Leserschaft hatte. Doch nach der durch die New Yorker Anschläge am 11. September 2001 ausgelösten Wirtschaftskrise stiegen, wie überall, die Verkaufszahlen nicht weiter. Sie sanken sogar leicht.

Statt in dieser Situation die Kernkompetenzen des Magazins zu stärken – witzige und hintergründige Reportagen, Storys aus ungewöhnlichen Perspektiven – und abzuwarten, bis sich die Wogen wieder glätteten, engagierte der Verlag einen teuren Berater. Der stammte zwar aus einem völlig anderen Bereich, hatte aber erfolgreich einige Unternehmen gerettet. Darum setzte man Hoffnungen in ihn. Dieser Mann verordnete dem Magazin einen sogenannten Relaunch. Dabei warf er zum Entsetzen aller langjährigen Mitarbeiter unter anderem die spannenden Reportagen als »nicht mehr zeitgemäß« über Bord und ersetzte sie durch schnell konsumierbare Häppchen-Texte, die gerade überall in Mode kamen. Außerdem wurde für die ersten zwei neuen Auflagen der Preis deutlich gesenkt. Zunächst sah es aus, als habe der Berater wieder einen guten Job gemacht. Die Verkaufszahlen stiegen. Doch das war ein Trugschluss. Sobald der Preis wieder auf das alte Niveau angehoben wurde, stürzten die Kioskverkäufe in nie gekannte Tiefen ab. Zusätzlich kündigten die Abonnenten reihenweise: Das Magazin hatte alles, was die treuen Leser an ihm schätzten, mit einem Mal verloren. Damit war seine Glaubwürdigkeit dahin. Gleichzeitig gewann es auch keine neuen Leser hinzu, weil das Magazin nun eben nur noch eines von vielen anderen war. Es folgten zwei weitere Überarbeitungen. Die Zahlen erholten sich nicht. Das Magazin wurde bald eingestellt und alle Redakteure verloren ihre Arbeit.

Was war passiert?

Dem Berater hatte die Erfahrung mit diesem Magazin und dessen Lesern gefehlt. Darum verfügte er auch nicht über die Intuition, es mit den richtigen Maßnahmen und in kleinen Schritten vor dem Untergang zu bewahren. Der Verlag hätte, frei nach einem bekannten Werbespruch, tatsächlich besser jemanden engagiert, der sich damit auskennt.

Wer sich auf das eigene Bauchgefühl verlässt und kleine Schritte tut – eben langsam vorwärtsgeht, wie in dem chinesischen Sprichwort empfohlen –, kann also nicht nur Geld sparen. Er trifft damit auch oft bessere Entscheidungen. Vielleicht nicht objektiv, aber dafür ganz individuell maßgeschneidert.

Der Imaginäre Ratgeber bei schwierigen Entscheidungen

Wer seinem eigenen Bauchgefühl nicht so ganz traut und gerne eine »zweite Meinung« hätte, kann sich eines magischen Tricks bedienen: Statt einen echten »Experten« zu fragen, versetzt er sich in einen *erdachten* Ratgeber hinein! Das klingt verrückt, führt aber nachweislich zu treffsichereren intuitiven Entscheidungen.

Der Psychologieprofessor Ilan Yaniv von der Hebräischen Universität in Jerusalem hat ein lustiges Experiment durchgeführt – eine leichte Abwandlung des soeben erwähnten Versuchs von Julia Minson. Er bat 100 Studenten, einzuschätzen, wie viele Kalorien bestimmte Lebensmittel enthalten. Zum Beispiel ein Becher Joghurt oder ein Teller gekochte Nudeln. Die Probanden studierten dabei keinesfalls Ernährungswissenschaften, hatten also keine größere Ahnung von Kalorienwerten. Sie sollten Yaniv ihre spontane Vermutung mitteilen. Diese Einschätzungen wurden notiert. Nun wurden die Studenten mit den Vermutungen anderer Teilnehmer konfrontiert. Anschließend wurde eine Hälfte der Probanden gebeten, einen neuen Tipp abzugeben – dieses Mal sollten sie sich allerdings vorstellen, welche Werte eine imaginäre andere Person wohl tippen würde. Erstaunlicherweise wurde die Einschätzung des Kaloriengehaltes bei der simulierten Fremdeinschätzung viel präziser als in der Kontrollgruppe.

Yaniv führte das Ergebnis seines Experimentes darauf zurück, dass durch den Perspektivwechsel die normale menschliche Egozentrik ausgehebelt wird, die sonst unseren Blick unweigerlich einschränkt. Durch Einnehmen eines anderen Standpunktes verlieren zum Beispiel Vorurteile ihre Wirkung, man wird offener für andere Ideen und Offenheit fördert die Intuition. Aber nicht nur beim Kalorienschätzen hilft ein imaginärer Experte. Auch in anderen Situationen kann man sich den Effekt der erdachten Fremdperspektive zunutze machen. Vorurteile, aber auch gefühlsmäßige Verstrickungen wie Schuldgefühle, lösen sich durch den Perspektivwechsel auf – denn wir »sind« ja jemand anders und dürfen auch mal anders denken. Ein besonderer Fall des imaginären Perspektivwechsels ist übrigens das sogenannte *Metamodelling*, mit dem man sich sogar ein ganz neues Ich schaffen kann. Mehr dazu im nächsten Kapitel.

Der Imaginäre Ratgeber kann besonders gut bei komplizierten persönlichen Entscheidungen die Sicht erhellen. Dabei unterscheidet er sich vom Inneren Bibliothekar vor allem dadurch, dass er, wie ein wohlwollender Freund, außerhalb von uns steht. Natürlich tut er das nur in unserer Vorstellung, aber diese Imagination hat einen interessanten Effekt. Während der Innere Bibliothekar der Teil des Unterbewusstseins ist, der von innen nach außen schaut, blickt der Imaginäre Ratgeber von außen nach innen – und sieht darum andere Dinge. Beide repräsentieren also unser Unterbewusstsein, nur in gewisser Weise dessen verschiedene Pole.

Wie kleine Schritte aus dem Dilemma führen

Nehmen wir den Fall einer Frau, die unglücklich in ihrer Beziehung ist. Sie denkt insgeheim über eine Trennung nach, hat aber mit ihrem Partner gemeinsame Kinder. Es scheint also auf den ersten Blick so zu sein, dass sie mit ihrer Entscheidung für eine Trennung zumindest die Kinder, vielleicht auch den

Partner unglücklich macht. Bleibt sie, macht sie wahrscheinlich sich selbst unglücklich. Die klassische griechische Tragödie basiert auf dieser Wahl zwischen zwei Übeln – der berühmten tragischen Entscheidung.

Doch das echte Leben ist zum Glück kein griechisches Schauspiel. Es gibt immer einen Ausweg. Die inneren Bilder, wie zum Beispiel die Gedanken »Den Kindern wird es schlecht gehen, wenn ich gehe« oder »Mein Partner wird das nicht verkraften«, die die Frau vor einer Entscheidung zurückschrecken lassen, sind Autosuggestionen. Sie entstehen aus Sorge, aus gesellschaftlichen Konventionen heraus, aus schlechtem Gewissen – viele geheime Architekten bauen daran mit. Dabei existieren sie nur im Kopf. Es ist keineswegs gesagt, dass sie der Realität entsprechen müssen. Nur eines ist sicher: Jemand, der auf Dauer in seiner Beziehung unglücklich ist und »nur der Kinder wegen« bleibt, macht weder seine Kinder noch seinen Partner glücklich und schon gar nicht sich selbst. Wichtig ist, sich mit der Entscheidung Zeit zu lassen und weder allein die Intuition noch allein die Ratio zum Zuge kommen zu lassen. Gute Entscheidungen bekommen am Ende immer grünes Licht von beiden Instanzen – dazu später mehr.

Hier kommt der Imaginäre Ratgeber ins Spiel. Sie können sich bei Problemen statt eines einzigen Experten auch ein ganzes Team von Experten ausdenken. Einer der Imaginären Ratgeber kann ein erdachter Psychologe sein. Der nächste ein idealer Freund, der nur Ihr Bestes will. Sie können auch einen sympathischen Prominenten mit in Ihre illustre Runde aufnehmen. Was würde zum Beispiel Iris Berben Ihnen bei Ihrem Problem raten? Oder Ulrich Wickert?

Diese erdachten Helfer assistieren Ihnen als Repräsentanten Ihres Unterbewusstseins und helfen, Antworten zu finden. Diskutieren Sie im Geiste mit ihnen. Zum Beispiel muss man sich in so einer Situation klar darüber werden, ob es sich nur um eine Laune handelt. Vertrauen Sie darauf: Das Unterbewusstsein kennt die Antwort. Egal, um was es sich handelt, es weiß, *warum* wir unglücklich sind. Im Falle der unglücklichen Frau wären die zu klärenden Fragen zum Beispiel: Ist es wirklich der Partner? Oder ist es die Situation? Ist es etwas, das man ändern kann? Vielleicht würde eine andere Aufteilung der häuslichen Pflichten helfen? Mehr Sex? Mehr Gespräche? Eine romantische Reise? Die Rückkehr in den Beruf?

Sobald das geklärt ist, ist die Frau schon einen riesigen Schritt weiter. Denn wenn es »nur« die Situation ist, kann sie zunächst versuchen, daran etwas zu ändern. Das wäre dann der nächste kleine Schritt. Über die möglichen Änderungsmaßnahmen kann die Beziehungsmüde wiederum ganz rational nachdenken – und dann noch einmal die inneren Experten nach deren Meinung dazu befragen. Wenn die erste Maßnahme nichts bringt, probiert sie die nächste.

Und so weiter.

Erst, wenn alle Bemühungen nicht fruchten, ist es Zeit, eine Entscheidung für oder gegen die Beziehung treffen. Dabei sollte die Ratio mit der Intuition im Einklang feststellen: »Das hier ist – angesichts der Umstände – einfach das Beste.« Dann wird man sich nie vorwerfen, nicht alles probiert zu haben. Was sich später daraus entwickelt, lässt sich außerdem nie vorhersagen. Aus Distanz kann sogar neue Nähe entstehen. Nicht wenige Paare finden einige Zeit nach einer Trennung auf einer ganz neuen Ebene zueinander.

Consulting von den Vorfahren

Ich selbst habe übrigens eine ganz spezielle »Expertenrunde« mit einer eigenen Geschichte …

Vor nicht allzu langer Zeit stellte ich überrascht fest, dass ich in eine Krise geschlittert war. Normalerweise ruhe ich in mir, aber ich hatte gerade viele Monate am Stück auf der

Bühne gestanden und ununterbrochen gearbeitet. Ich war erschöpft. Mein Privatleben köchelte aus Zeitmangel auf Sparflamme und ich bewegte mich – das ist mir heute klar – auf ein Burn-out zu. Ich bekam plötzlich Zweifel, grübelte darüber nach, ob das, was ich bisher in meinem Leben gemacht hatte, wirklich alles so richtig war. Ich fragte mich, warum ich dort war, wo ich war. Und ich fragte mich auch, wie meine Eltern mich und meinen Werdegang wohl sahen. Das Einfachste wäre in diesem letzten Punkt wohl gewesen, bei ihnen nachzufragen, aber davor schreckte ich zurück. Außerdem war mir natürlich klar, dass meine Krise im Grunde nichts mit meinen Erzeugern zu tun hatte. Das Problem lag in mir.

In dieser Situation hatte ein befreundeter Therapeut, der von meiner starken emotionalen Verbindung zu meiner Familie wusste, eine Idee. »Stell dir vor«, sagte der Freund, »dass dein Urgroßvater hinter dir steht, dein Großvater und dein Vater – und du stehst ganz vorne. Und nun frag doch einfach mal deinen Urgroßvater, wie er dich sieht. Danach fragst du deinen Opa das Gleiche und zum Schluss deinen Vater.«

Mir gefiel die Idee. Ich versetzte mich also in tiefe Entspannung. Nach und nach erweckte ich meine Ahnen in meiner Vorstellung zum Leben und befragte einen nach dem anderen. Zu meiner Überraschung waren die Männer viel milder, als ich es erwartet hatte. Sie erzählten mir unter anderem, wie auch sie ungefähr in meinem Alter eine Krise durchgemacht hatten, und dass dies ganz normal sei. Ich solle mich nur nicht verrückt machen, dann werde alles wieder gut. Obwohl das nur in meinem Kopf stattfand, war unmittelbar danach meine Krise vorüber. Restlos. Und es geschah noch etwas wirklich Erstaunliches: Das seit langer Zeit angespannte Verhältnis zu meinem Vater war auf einmal wie verwandelt. Ich hatte ja mit ihm gesprochen! Zwar nur in meiner Vorstellung, aber der Effekt auf unsere Beziehung zueinander war unmittelbar spürbar. Es war, als seien wir uns tatsächlich begegnet, dort, in meiner Phantasie – die Spannung zwischen uns war weg.

Ich war begeistert von diesem geradezu magischen Effekt.

Kurze Zeit nach diesem Ereignis fiel mein Blick eines Morgens auf meine Hand: Ich trage stets einen alten Ring am Finger, der schon meinem Urgroßvater gehört hat. Danach erhielt ihn mein Opa, dann mein Vater. Schließlich hat mein Vater ihn an mich weitergegeben und wenn er groß genug ist, wird mein Sohn den Ring bekommen. Es war wie ein Aha-Erlebnis: Ich hatte meine Berater ja immer bei mir! Für mich trägt dieser Ring nun eine noch stärkere positive Suggestion in sich als zuvor. Sobald ich ihn am Finger spüre, fühle ich, wie alle diese Männer automatisch geschlossen hinter mir stehen. Ihre kondensierte Lebenserfahrung fließt mir zu. Das macht mich stark und es wird einfacher, Entscheidungen zu treffen. Ich kann jeden Einzelnen befragen, wie er an meiner Stelle entschieden hätte. Statt eines einzigen Standpunktes bekomme ich vier Perspektiven und Impulse. Auch Sie können sich mit der unten stehenden Visualisierung leicht einen Kreis aus Unterstützern schaffen. Immer, wenn Sie sich unsicher oder kraftlos fühlen, können Sie Ihre virtuellen Unterstützer herbeirufen – einmal die Augen zumachen genügt:

DER KREIS DER FAMILIE

Du machst die Augen zu.
Stell dir vor, ein goldenes Licht schwebt vor dir.
Das Licht wird größer und größer.
Und auf einmal verwandelt es sich in ein Familienmitglied.
Es lächelt dich an.
Nun erscheint links von dir wieder ein goldenes Licht.
Auch dieses Licht wird größer und größer.
Ein weiteres Familienmitglied erscheint und lächelt dir zu.

Nun beginnt rechts von dir ein Licht zu glimmen.
Es wächst und wird ein drittes Familienmitglied.
Nun glimmt hinter dir ein Licht.
Du fühlst seine Wärme und siehst den Schein vor dir.
Du weißt, hinter dir steht nun die Person, die du am meisten
liebst.
Du gehst einen Schritt nach vorn.
Deine Familie folgt dir.
Du tust einen Schritt zur Seite.
Sie bleiben bei dir.
Deine Familie ist immer da, um dir zur Seite zu stehen.
Du musst nur die Hand ausstrecken.

Falls Sie zu Ihrer Familie keinen guten Kontakt haben, können Sie die Familienmitglieder natürlich auch durch Freunde ersetzen oder ergänzen. Oder vielleicht bitten Sie am liebsten um himmlischen Beistand:

DER KREIS DER ENGEL

Stell dich ruhig hin und schließ deine Augen.
Stell dir vor, dass vor dir ein goldenes Licht erscheint.
Spür seine Wärme, mach es größer, heller.
Dann stell dir vor, wie dieses Licht sich in einen Engel
verwandelt, der dich gütig anlächelt.
Lass ein weiteres Licht hinter deinem Rücken erscheinen.
Spür auf deinem Rücken die Wärme.
Lass auch dieses Licht sich in einen Engel verwandeln, der nun
hinter dir steht und dir den Rücken stärkt.
Lass mit dem goldenen Licht einen weiteren Engel auf deiner
linken Seite erscheinen und einen auf deiner rechten.
Lass die Engel einen Kreis um dich bilden, indem sie sich an
den Händen halten.

Wenn du ihre Güte, ihre Wärme und ihre Kraft spürst, mach einen Schritt nach vorne: Sie folgen dir.

Morgens nach dem Aufstehen schließen Sie noch einmal die Augen und lassen die Engel um sich herum erscheinen. Dann gehen Sie von ihnen beschützt und gestärkt in den Tag hinein.

Kapitel 10

Erfinden Sie Ihr Selbst: Wie Sie mit Metamodelling Ihr ideales Ich erschaffen und wie Ihnen auch soziale Netzwerke dabei helfen können

Wissen Sie noch, wie Sie sich als Kind gefühlt haben, wenn Sie zum Beispiel Feuerwehrmann oder Höhlenforscherin gespielt haben, oder was immer Sie gerne sein wollten? Daran, wie sich durch eine Idee die ganze Welt auf magische Weise verwandelt hat? Wie jedes Detail plötzlich Teil einer großen spannenden neuen Wirklichkeit wurde? Das Kinderzimmer, nein, die ganze Wohnung mutierte zur Einsatzzentrale (oder Tropfsteinhöhle). Die Kuscheltiere verwandelten sich in Kollegen (oder den Yeti), alles kreiste um die neue Identität. Im Grunde haben Sie dabei gar nicht gespielt. Sie *waren* der Feuerwehrmann. Sie *waren* die Höhlenforscherin. *Make believe* nennt sich so ein Spiel mit Haut und Haar im Englischen, eine viel treffendere Bezeichnung als die deutsche »Vorspiegelung«. Wir machen uns selbst glauben, dass wir das sind, was wir uns wünschen.

Die geliehene Intuition und ihre magische Verwandlungskraft

Leider verlernen die meisten von uns mit der Zeit dieses phantasievolle Gestalten der Realität. Dabei ist das, was wir da als Kind ganz von selbst getan haben, auch eine wunderbare Möglichkeit, unser Leben nach unseren Vorstellungen zu formen. Nicht nur im Spiel, auch im echten Leben. Das funktioniert mit dem sogenannten *Metamodelling*. Dabei handelt es sich um eine der wichtigsten Techniken sowohl aus der Hypnose als auch aus dem NLP, dem Neurolinguistischen Programmieren. Sie haben im vorigen Kapitel ja bereits den idealen »Imaginären Ratgeber« kennengelernt, doch das Metamodelling geht noch einen Schritt weiter. Metamodelling bedeutet übersetzt so viel, wie sich ein Modell seines erstrebten Ichs zu erschaffen. Dieses Modell wird dann dem jetzigen Ich übergestülpt. Nach und nach, Schritt für Schritt, füllen Sie es mit Leben. Auf diese Weise ist das Metamodelling eine konsequente Weiterentwicklung des Imaginären Ratgebers. Dabei tue ich erst einmal so – ich spiele *Make Believe* –, als sei ich in dem angestrebten Bereich bereits erfahren. Anschließend verankere ich diese »Erfahrung« so fest in meinem Unterbewusstsein, dass ich daran glaube. Das Resultat ist verblüffend: In der Folge handele ich oft intuitiv genau so, dass ich nach und nach in mein neues Ich hineinwachse.

Das ist gar nicht so schwierig, wie es jetzt vielleicht klingt.

Die große Frage: Wer wollen Sie sein?

Der erste Schritt dabei ist natürlich, sich zunächst genau zu überlegen, was man erreichen möchte. Wer man sein will. Denn wer nicht weiß, was er oder sie will, kann es auch nie erlangen. Nehmen Sie sich die Zeit, herauszufinden, was Sie sich wünschen. Dabei ist es egal, ob es sich um kleine Wünsche oder um große Lebensziele handelt. Wollen Sie ein berühmter Profifußballer werden, oder in Ihrer Freizeit endlich mal einen Halbmarathon laufen? Möchten Sie einfach nur im Alltag gelassener werden und sich nicht mehr so schnell aufregen? Ein Instrument lernen? Zum Gärtner umschulen? Oder wünschen Sie sich, ein hervorragender Koch zu sein, so wie der kleine Rattenjunge Rémy im Animationsfilm »Ratatouille«? Seien Sie dabei so präzise, wie es nur geht. Durch die Arbeit mit Hypnose habe ich gelernt: Wenn ich etwas haben will, muss ich lernen, genau zu formulieren, wie ich es haben möchte. Bei einer Hypnose sage ich zum Beispiel ganz konkret: Ich möchte, dass du dir vorstellst, dein Arm sei so steif wie ein Brett. Du kannst ihn nicht beugen. Nur diese präzise Sprache versteht das Unterbewusstsein. Sagte ich dagegen: Mach mal irgendwas mit deinem Arm, wäre das Ergebnis genauso diffus wie die Anweisung.

Darum ist es so wichtig zu wissen, was und wohin man will im Leben. Sich das klarzumachen ist nicht egoistisch! Oft unterdrücken wir unsere Wünsche. Wir versuchen, nicht anzuecken. Wir vermeiden den direkten Weg. Seien Sie darum ehrlich zu sich selbst. Was wollen Sie? Wer wollen Sie sein? Wie wollen Sie Ihre Zukunft? So genau wie möglich. Ihr Unterbewusstsein nimmt Sie beim Wort.

Das Vorbild als Schablone

Im nächsten Schritt geht es darum, sich selbst die Fähigkeiten und Verhaltensweisen des angestrebten Ichs zuzuschreiben. Dafür gibt es einen einfachen Trick. Einen Trick, den gerade Menschen in kreativen Berufen – seien sie nun Maler, Sportler, Tänzer, Musiker, Schauspieler, Journalisten, Autoren, Modeschöpfer oder Wissenschaftler – zu Beginn ihrer Karriere ganz automatisch nutzen: Sie suchen sich ein Vorbild. Dieses Vorbild leuchtet ihnen wie ein Leitstern. Dieses Vorbild studieren sie, ihm eifern sie nach, bewusst und unbewusst. Ein angehender Schauspieler kopiert den Habitus eines Künstlers, den er bewundert. Die Art zu sprechen, vielleicht auch die Kleidung. Er geht in Bars, die von anderen Schauspielern frequentiert werden, taucht in das Leben ein, das er sich für seine Zukunft vorstellt und knüpft dabei eventuell schon für seine Karriere wichtige Kontakte. Ein junger Fußballspieler dagegen nimmt sich vielleicht einen der besten Kicker der Welt als Vorbild. Sagen wir Franck Ribéry. Er schaut sich jedes Spiel mit Ribéry an, stellt sich beim Training vor, er sei der Franzose.

Dabei ist es gar nicht wichtig, das Vorbild haargenau zu analysieren. Ein zu genaues Hinschauen kann sogar kontraproduktiv sein, denn dann werden zwangsläufig auch die Schwächen des Ideals sichtbar. Es ist das Bild des perfekten Fußballers, nicht das des realen Menschen, das der Nachwuchsspieler im Kopf hat. Und genau dieses Idealbild ist es, das sein Unterbewusstsein auf Erfolg programmiert. Dieses mentale Bild motiviert nämlich nicht nur, es gibt der Intuition auch den richtigen Input, wenn in Sekundenbruchteilen Entscheidungen auf dem Spielfeld getroffen werden müssen. Mit dem sehr wahrscheinlichen Ergebnis, dass unser aufstrebender Kicker kontinuierlich besser wird.

Das funktioniert auch mit einzelnen Eigenschaften. Jemand, der gelassener werden möchte, könnte den Dalai Lama als Ideal wählen, nach seinem Vorbild meditieren oder buddhistische Schriften lesen. Ein Gitarrist wiederum kopiert vielleicht zunächst die Riffs von Jimi Hendrix, bis die Saiten glühen, gründet eine Band und tourt wie einst Jimi unermüdlich durch die Clubs. Und eine Tänzerin eifert Pina Bausch nach und derjenige, der den Marathon laufen will, seinem Kollegen, der das schon zweimal geschafft hat.

In anderen Bereichen ist es – auf den ersten Blick – etwas komplizierter: Natürlich bin ich noch kein brillanter Physiker allein dadurch, dass ich mir intensiv mein großes Vorbild Albert Einstein vorstelle, mir wirres Haar wachsen lasse und mir täglich vor dem Spiegel die Zunge rausstrecke, wie es auf dem berühmten Foto von Einstein zu sehen ist. Aber nehmen wir mal an, ich bin Physikstudent. Nun sitze ich an einem kniffligen mathematischen Problem und frage mich: Wie würde Albert Einstein an dieses Problem wohl herangehen? Auf diese Weise bringt mich die – angenommene – Intuition des Vorbilds in eine eigene Aktion. Vor allem aber kapituliere ich nicht vor dem Problem – das würde nämlich Einstein mit Sicherheit nie tun – und lasse mir von der in der Physik so dominanten Ratio (oder meinem dominanten Professor) nicht einreden, dass ich das mit meinem vermeintlichen Spatzenhirn ja doch nicht herausbekomme. Es kann natürlich gut sein, dass ich nicht sofort auf die richtige Formel komme, aber ich begebe mich auf den Weg dorthin. Mit Einsteins Hilfe tue ich einfach so, als ob ich das Problem lösen kann – nur so wird die Lösung überhaupt möglich. Denn wer aufgibt, löst auch keine mathematischen Gleichungen. Das Schöne dabei ist: Mit jeder solchen Aktion füttere ich wiederum meinen eigenen Erfahrungsschatz und damit meine eigene Intuition.

Auch ich hatte früher ein großes Idol. In meinem Fall war das der »Hellseher« Hanussen. In den Zwanziger- und Dreißigerjahren war der Österreicher der berühmteste Magier im deutschsprachigen Raum. Als zwölfjähriger Junge hatte ich keine Ahnung, dass dieser Mann im wahren Leben ein sehr zweifelhafter Charakter gewesen war, der den Nazis in die Hände spielte – so lange, bis er selbst von ihnen ermordet wurde, nachdem seine jüdische Abstammung bekannt geworden war. Auch meine Mutter ahnte davon nichts, als sie sein Buch auf dem Flohmarkt entdeckte. Es trug den Titel »Das Gedankenlesen/Telepathie«. Weil sie wusste, dass ich mich für solche Dinge interessierte, kaufte sie es mir, um mich für einen ungeliebten Zahnarztbesuch zu entschädigen. Für mich wurde dieses Buch zum größten Schatz. Gedankenlesen zu können, das Versprechen des Titels, war ein großer Traum von mir. Ich machte mich also daran, mit meinen Kumpels und meiner Familie die Tricks aus dem Buch auszuprobieren. Insgeheim hatte ich nicht einmal damit gerechnet, dass sie funktionieren würden. Aber sie klappten! Ich hatte mich mithilfe der im Buch festgehaltenen Erfahrungen an etwas gewagt, zu dem mir eigene Erlebnisse noch fehlten. So machte ich die ersten Schritte in meine Zukunft als Gedankenleser.

EINMAL JAN BECKER SEIN?

Falls es Ihnen darum geht, Ihre telepathischen und intuitiven Fähigkeiten zu schulen, biete ich Ihnen hiermit an, sich einmal probehalber meine Intuition und Erfahrung zu leihen! Sie haben mich in diesem Buch und vielleicht auch in meinen anderen Büchern ja schon ein bisschen kennengelernt. Vielleicht haben Sie mich auch im Fernsehen gesehen, oder eine Show von mir besucht. Sie haben also eine Vorstellung davon, wie ich ticke. Fragen Sie sich einfach: Was würde Jan Becker in dieser Situation tun? Nehmen wir an, Sie möchten lernen, die Gedanken Ihres Partners telepathisch zu erspüren. Wenn Sie mein erstes Buch »Ich kenne dein Geheimnis« gelesen haben, haben Sie schon eine Idee davon, wie Gedankenlesen funktioniert – oder Sie schauen noch mal ins Kapitel 4 in diesem Buch. Dieses Vorgehen wäre in etwa damit zu vergleichen, dass ein angehender Fußballspieler die Spielweise seines Vorbilds analysiert. Dann versuchen Sie, sich in mich hineinzuversetzen. Sie sind ich. Sie haben jetzt meine langjährige Erfahrung zur Verfügung und sind entsprechend gelassen. Ihr Geist ist weit geöffnet und aufnahmefähig. Schließen Sie die Augen, stellen Sie sich vor, wie Sie meinen Gehstock umfassen, eins meiner liebsten, extra in London angefertigten Bühnenrequisiten. Sie merken, wie Sie sich fokussieren, ruhig werden und alles andere ausblenden. Lassen Sie nun Ihren Partner zum Beispiel an eine bestimmte Zahl denken und nennen Sie die Zahl, die Ihnen spontan in den Sinn kommt. Probieren Sie es aus, Sie werden verblüfft sein!

Das ideale Modell – vom Romanprotagonisten zum *Method Acting*

Ihnen fällt niemand ein, dem Sie nacheifern möchten? Oder Sie würden sich dadurch zu sehr auf eine Person festgelegt fühlen? Kein Problem. Sie müssen sich kein Vorbild nehmen, das es tatsächlich gibt. Sie können sich auch Ihr ideales Vorbild selbst erschaffen. Dabei können Sie positive Eigenschaften mehrerer Vorbilder verschmelzen. Oder Sie können gleich ein virtuelles Supervorbild mit Leben füllen. Das macht großen Spaß und Ihnen stehen dafür verschiedene kreative Werkzeuge zur Verfügung.

Viele Romanschriftsteller entwickeln zum Beispiel zunächst einen Fragenkatalog, anhand dessen sie ihre Protagonisten erschaffen. Statt eines Romanprotagonisten gestalten Sie sich auf diese Art Ihr Vorbild. Fragen Sie sich: Wie sieht mein Vorbild aus? Welche Kleidung trägt es? Welchen Beruf übt es aus? Ist es verheiratet oder Single? Welche Hobbys hat es? Einige Schriftsteller machen ein Interview mit der fiktiven Figur, das sie auf Band aufnehmen. Andere halten sogar eine imaginäre Sitzung auf der psychiatrischen Couch ab, um ihre Figur näher kennenzulernen. Als spannende Variante dieser Vorgehensweise können Sie einen Freund oder eine Freundin bitten, das Interview zu übernehmen. Er oder sie stellt Ihnen persönliche Fragen, während Sie sich voll und ganz in Ihr Vorbild hineinversetzen – so entwickelt es sich von ganz alleine, denn während Sie reden, wird Ihnen immer mehr zu Ihrer Vorbild-Persönlichkeit einfallen.

Sie haben vielleicht schon vom *Method Acting* gehört, kurz auch »The Method« genannt. Dieses Verfahren des intuitiven Schauspiels wird unter anderem am Lee Strasberg Theatre & Film Institute gelehrt – der berühmten New Yorker Schauspielschule, die von vielen Stars besucht wurde, etwa Paul Newman oder James Dean. Schulgründer Lee Strasberg hat das *Method Acting* basierend auf der Lehre des russischen Schauspielers und Regisseurs Konstantin Sergejewitsch Stanislawski entwickelt und verfeinert. Den Kern von Strasbergs Methode bilden vier Fragen. Der Schauspieler soll sich vor Verkörperung seiner Rolle fragen, a) wer er (in der Rolle) ist, b) wo er ist, c) was er genau an diesem Ort tut (und was er vorhat) und d) was passiert ist, bevor er an diesen Ort gelangt ist. Bereits durch Konzentration auf diese Fragen kommt die Imagination in Wallung. Das Interessante ist, dass Strasberg nun Entspannungstechniken einsetzt. Dadurch verwandelt sich das Ganze in eine hypnotisch wirksame Autosuggestion. Durch Entspannung wird der Körper in einen tranceartigen Zustand versetzt, das Unterbewusstsein wird geöffnet. Die Suggestionen – die Eigenschaften der fiktiven Figur – verschmelzen mit dem eigenen Erfahrungsschatz und stehen von dort aus der Intuition während der Dreharbeiten zur Verfügung.

Doch Strasberg ist noch raffinierter.

Er lässt seine Schauspielschüler nicht nur etwas ins Unterbewusstsein hineingeben, er lässt sie auch etwas herausholen: Aufgabe der Schüler ist es, passende eigene Erlebnisse auf die erdachte Figur zu projizieren: Wenn die Figur im Theaterstück zum Beispiel gerade einen nahestehenden Menschen verloren hat, soll der Schauspieler sich in eine ähnliche Situation aus der eigenen Historie versetzen, um die Emotionen tatsächlich nachfühlen zu können. So wird die fiktive Figur mit echten

Emotionen angereichert. Strasberg lässt den Schauspieler also dessen eigenes Ich effektiv mit der fiktiven Figur verschmelzen – kein Wunder, dass manche Schauspieler nach intensivem Rollenstudium mit dieser Methode Probleme haben, wieder in ihr früheres Leben zurückzukehren. Wahrscheinlich ist das restlos gar nicht möglich, denn solch intensive Erfahrungen hinterlassen für immer Spuren im Gehirn und die sind real – auch wenn die Rolle das nicht war.

Doch genau dies lässt sich auf positive Weise fernab jeder Bühne nutzen! Sie können diese Methode nachahmen, um Ihr ideales Vorbild mit Leben zu füllen. So werden Sie peu à peu zu Ihrem eigenen idealen Vorbild. Dazu müssen Sie nicht anfangen zu schauspielern und am besten versetzen Sie sich auch nicht in tieftraurige Situationen. Aber nutzen Sie Ihre Phantasie und fragen Sie sich noch einmal: Wer möchte ich gerne sein und was will ich können?

DAS GEGENÜBER ERFÜHLEN

Wenn ich selbst einer mir noch unbekannten Person gegenübersitze, etwa auf einer Party oder bei einem Essen mit Freunden, mache ich mir immer einen Spaß daraus, diesen fremden Menschen zu analysieren. Etwa: Hat diese Person noch Eltern? Lebt vielleicht nur noch die Mutter? Wie alt ist die Person? In welchem sozialen Umfeld lebt sie? Ist sie selbstsicher? Was ist ihr Beruf? Wovor hat sie Angst? Welche Sportart übt sie aus? Und so weiter.

So entwickele ich eine intuitive Vorstellung von meinem Gegenüber. Ich versuche, seine Lebensumstände zu erspüren. Das Schöne daran ist, dass sich meistens die Gelegenheit ergibt, die Vermutungen zu überprüfen, weil man ins Gespräch kommt. Diese Kombination aus Beobachtung und Überprüfung ist hervorragend dazu geeignet, intuitive Menschenkenntnis zu entwickeln – und sie macht obendrein noch großen Spaß, weil man mit jedem Mal treffsicherer wird. Man entdeckt immer mehr feine Nuancen im Verhalten, die Rückschlüsse auf die Persönlichkeit zulassen. Aber auch, wenn Sie keine Möglichkeit haben, Ihre Mutmaßungen einem Realitätscheck zu unterziehen – etwa im Bus oder im Wartezimmer beim Arzt – geben diese Gedankenspiele Ihnen Futter für die Gestaltung Ihres idealen Vorbilds.

Vorstellung und Realität sind für unser Gehirn eins

Wenn wir uns etwas bis ins Detail vorstellen und uns in eine Rolle hineinversetzen, kann unser Gehirn nicht unterscheiden, was wir uns nur vorstellen und was tatsächlich real ist. Ein Forscherteam von der Washington Universität in St. Louis hat vor Kurzem nachgewiesen, dass beim intensiven Lesen einer Geschichte die gleichen Gehirnregionen aktiv sind wie beim wirklichen Erleben. Fürs Gehirn macht es also keinen Unterschied, ob wir uns etwas »nur« vorstellen oder ob wir uns tatsächlich in der betreffenden Situation befinden. Darauf baut auch die Hypnose. Sie können das sofort mit einer einfachen und schnellen, aber sehr wirkungsvollen Selbsthypnose ausprobieren. Mit dieser Methode hat Dave Elman, ein US-amerikanischer Hypnotiseur, in den Fünfzigerjahren Anästhesien durchgeführt. Die blitzschnelle Hypnose hat ihn bekannt gemacht und wurde schließlich nach ihm »Elman-Induktion« benannt. Er hat sie zum Beispiel Zahnärzten beigebracht, die ihre Patienten anschließend ohne Betäubungsspritzen behandeln konnten. Elmans Interesse an der Hypnose war erwacht, als er als Kind miterlebt hatte, wie ein Hypnotiseur seinen schwer krebskranken Vater von Schmerzen befreien konnte. Als Teenager hypnotisierte er bereits seine Freunde, später arbeitete er als Showhypnotiseur, Musiker, Komponist und Radiomoderator. Sie können Elmans Methode dazu benutzen, sich zu entspannen und sich dann vollkommen in Ihr Vorbild hineinzuversetzen.

Lesen Sie zunächst die folgende Passage ein oder zwei Mal durch. So lange, bis Sie wissen, was Sie zu tun haben, denn während der Übung haben Sie die Augen geschlossen. Sie können allerdings auch Ihren Partner oder einen Freund bitten, das Skript vorzulesen.

DIE ELMAN-INDUKTION

Schließ deine Augen.

Stell dir vor, wie alle kleinen Muskeln um deine Augen herum vollkommen entspannen.

Lass dir Zeit.

Alle Spannung fließt aus den Muskeln.

Intensiviere die Vorstellung.

Die Muskeln um deine Augen sind maximal entspannt.

So entspannt, dass du die Augen nicht öffnen kannst.

Selbst dann, wenn du es versuchst.

Geh in der Vorstellung der unendlichen Entspannung auf.

Nun versuche, die Augenlider zu heben.

Haben Sie die Anleitung befolgt, wird es Ihnen nicht gelingen, die Augen zu öffnen. Erst, wenn Sie sich vorstellen, wie Ihre Muskeln an Kraft gewinnen, werden Sie Ihre Augen wieder öffnen können.

Diese Übung bringt Sie in direkten Kontakt mit Ihrer Vorstellungskraft und Ihrem Unterbewusstsein. Sie führt Ihnen vor, wie eine Phantasie sich unmittelbar in eine körperliche Realität umsetzen kann. Was Sie sich vorstellen, ist jetzt genauso real wie die Wirklichkeit – denn es *wird* ja unmittelbar Wirklichkeit. Sie erfahren: Wirklichkeit entsteht in Ihrem Kopf, allein kraft Ihrer Vorstellung.

Nun können Sie einen Schritt weitergehen. Malen Sie sich

einmal täglich in diesem wundervoll entspannten Zustand aus, wie Sie Ihr Vorbild ausfüllen. Sie können sich dazu imaginieren, wie Sie, als dieses neue Ich, problemlos Ihre Wünsche in die Tat umsetzen. Und zwar all dies so plastisch wie möglich.

Dann bekommen Ihre Wünsche wahre Zauberkraft. Sie werden zu *Self Fulfilling Prophecies* – zu sich selbst erfüllenden Prophezeiungen. Das ist nichts Mystisches, sondern ein gut erforschter psychologischer Mechanismus. Er tritt ein, wenn wir etwas von ganzem Herzen glauben. Magisch fühlt es sich dennoch an. Ihr Unterbewusstsein wird alles daran setzen, die Wünsche zu erfüllen, auch wenn Sie längst nicht mehr daran denken. Es wird auf faszinierende Weise Ihre Aufmerksamkeit, Ihr Denken und Ihr Handeln so lenken, dass Sie der Erfüllung Ihrer Wünsche immer näher kommen. Es wird Sie motivieren, Sie Gelegenheiten erkennen und beim Schopf packen lassen. Dadurch werden Sie in den Umrissen Ihres Vorbilds wachsen, so lange, bis Sie es ganz ausfüllen. Dann können Sie das Vorbild abstreifen und nur noch Sie selbst sein. Vorher sind allerdings die erstrebenswerten Eigenschaften, die einst nur das Vorbild hatte, auf Sie übergegangen. Die Wirklichkeit entsteht in Ihrem Kopf – darum ist es so wichtig, dass Sie nur Dinge denken, die Ihnen guttun. Was Sie denken, vor allem das, was Sie immer wieder denken, hat die Tendenz, wahr zu werden.

Sie können die Elman-Induktion natürlich auch dazu verwenden, Ihrem Unterbewusstsein jede gewünschte Suggestion zu vermitteln. Wenn es um eine Entscheidung geht, könnten Sie Suggestionen verwenden wie »Ich werde in dieser Sache die richtige Entscheidung treffen« oder »Ich erhalte einen Hinweis, der mir den Weg weist«. Möchten Sie Ihre Motivation stärken, sagen Sie »Ich bin voller Energie und packe mit Lust meine Aufgaben an« oder »Die Arbeit macht mir Spaß und geht leicht von der Hand«.

In meinem vorherigen Buch habe ich bereits die magische Wortmedizin vorgestellt, mittels der man sich in alle gewünschten Stimmungen versetzen kann. Stellen Sie sich doch einfach Ihre eigene Medizin zusammen: Je nachdem, was Sie erreichen möchten, schreiben Sie zum Beispiel alle Stichworte auf, die Ihnen zum Thema »Entspannung« einfallen – zum Beispiel Liegestuhl, Bett, Träume, Kissen, und so weiter. Zum Thema »gute Laune« schreiben Sie vielleicht Sonne, Lollipop, Lachen, Hüpfen etc. Lesen Sie Ihre Wortmedizin ein paar Mal durch. Anschließend machen Sie die Elman-Induktion. Dann denken Sie an Ihre Worte. Sie werden den Effekt unmittelbar spüren.

ERSTE HILFE-WORTE

Diese Übung hat Sofortwirkung. Bilden Sie aus folgenden Worten einen neuen Satz oder auch eine ganze Geschichte mit Ihnen selbst als Hauptperson: »aktiv«, »Erneuerung« und »glänzend«. Schon das Schreiben entfaltet eine enorme Wirkung.

Das digitale Ich als Werkzeug

Auch soziale Netzwerke können Sie sich auf dem Weg zu Ihrem idealen Ich zunutze machen. Es gibt immer ein reales Ich und ein digitales Ich. Die beiden ähneln sich zwar, aber sie sind nicht identisch. Bei den meisten Menschen entspricht die Facebook-Seite dem Idealbild, das sie von sich haben – es ist sozusagen ihre »bessere Hälfte«. Da werden nur die schönsten Bilder ausgesucht (und vielleicht sogar ein wenig nachbearbeitet), die klügsten Sprüche verbreitet, die man irgendwo aufgeschnappt hat und die intelligentesten Artikel verlinkt. Da wird die Leseliste mit der Thomas-Mann-Sammlung aufgewertet, die man zwar im Regal stehen, in die man aber noch nie einen Blick geworfen hat. Und in der CD-Liste finden sich coole Bands, von denen man in einigen Fällen nur ein einziges Lied kennt.

Der ein oder andere kommt sich angesichts dieser kleinen Schönheitskorrekturen ein bisschen wie ein Betrüger vor oder ist neidisch auf den coolen Zwilling seiner selbst. Dabei ist das die falsche Einstellung! Nutzen Sie Ihr digitales Ich lieber als Blaupause für Ihr angestrebtes Ich. Wer hindert Sie daran, so zu werden, wie Sie es sich wünschen? Verhalten Sie sich nach dem *Metamodelling*-Prinzip kongruent zu Ihrem Bild in den sozialen Netzwerken. Wenn Sie sich also danach sehnen, wieder so schlank und energiegeladen zu sein wie damals im Griechenland-Urlaub vor zehn Jahren (aus dem der Schnappschuss für Ihr heutiges Profilbild stammt), dann rufen Sie sich in Erinnerung, was Sie damals anders gemacht haben. Wie hat sich das Leben mit dem schlankeren Körper angefühlt? Wenn Sie tatsächlich gerne Literaturkenner wären, dann nichts wie ran an den Thomas Mann – Ihr digitales Ich hat die Wälzer ja schon längst gelesen ...

Vielleicht merken Sie beim Nachdenken über Ihre »Gefällt mir«-Klicks (oder beim Lesen von Thomas Mann) aber auch, dass Ihnen bestimmte Sachen gar nicht so wichtig sind. Dann modellieren Sie Ihr ideales Ich eben um. Bis es Ihnen wirklich gefällt und Ihre Intuition funkt: Ja, so möchte ich sein, denn *das* bin ich. Das ist das unter der Oberfläche verborgene Juwel. Ihr Facebook-Profil und Ihre Likes werden so zu einer virtuellen Unterschrift. Diese Unterschrift hilft Ihrem Unterbewusstsein bei der Orientierung – auch Ihr Profil wird so zur *Self Fulfilling Prophecy*.

DIE SCHATZKISTE

Die folgende kleine Übung können Sie dazu nutzen, um sich zum Anstreben eines Ziels zu motivieren. Und dazu, um auf dem Weg zu Ihrem Ziel die jeweils notwendigen intuitiven Entscheidungen zu treffen. Dabei ist es egal, um was für ein Ziel es sich handelt. Das kann etwas Konkretes sein, was Sie sich wünschen oder auch ein Gefühl, wie Glück oder Zufriedenheit.

Stellen Sie sich nun zunächst eine Skala von 0 bis 10 vor. Überlegen Sie, wo Sie sich auf dieser Skala gerade befinden. 10 repräsentiert dabei Ihr erreichtes Ziel, 0 den Anfang des Weges dorthin. Machen Sie sich ein Symbol, das Ihren Jetzt-Zustand darstellt. Das kann alles sein, was Ihnen spontan einfällt. Eine Leiter. Ein Luftballon. Eine Pflanze. Ein Tier. Ein Wort. Ein Bild. Eine Quelle. Auch hier gilt: Alles ist richtig, alles ist erlaubt.

Nun überlegen Sie: Wie müsste dieses Symbol verändert werden, um die 10 – Ihr Ziel – zu repräsentieren? Dann modellieren Sie das Symbol nach dieser Vorstellung um. Wenn Sie damit fertig sind, geht es weiter: Nun gestalten Sie sich einen Ort nach Ihren Wünschen. Auch hier folgen Sie Ihrer spontanen Phantasie. An diesem Ort fühlen Sie sich wohl und sicher und vollkommen ohne Ängste und hier befindet sich eine schöne alte Kiste. Sie gehen zu dieser Kiste und legen Ihr Ziel-Symbol vorsichtig hinein. Jedes Mal, wenn Sie das Gefühl haben, Sie müssten sich motivieren, um Ihr Ziel zu erreichen, wenn Sie Zweifel plagen oder Sie sich sonst unsicher fühlen auf Ihrem Weg, schließen Sie die Augen. Gehen Sie an Ihren wunderschönen Ort zu Ihrer Kiste. Öffnen Sie sie und schauen Sie Ihr Symbol an. Da ist es, Sie können es erreichen. Folgen Sie Ihrer Intuition.

Wenn es Ihr Ziel ist, etwas loszuwerden – wenn Sie zum Beispiel mit dem Rauchen aufhören wollen oder endlich Ihre Aufschieberitis überwinden möchten –, können Sie die gleiche Übung anwenden. Nun ist die Skala jedoch eine umgekehrte: 0 symbolisiert Ihr Ziel, 10 den Beginn des Weges. In diesem Fall überlegen Sie sich: Wie müsste das Symbol aussehen, wenn das, was ich loswerden will, ganz weg ist?

Viel Erfolg!

Kapitel 11

Die andere Seite der Intuition:
Wann sie in die Irre führen kann —
und wie Sie das verhindern

Es sollte bis hierhin klar geworden sein: Ich bin ein großer Fan der Intuition. Ich bin überzeugt, dass sie uns auf die für uns richtigen Wege zu führen vermag. Sie ist unser personalisiertes GPS. Doch manchmal wird leider sogar die Intuition an der Nase herumgeführt. So wie ein Kompass, der in ein Magnetfeld gerät. Ein Navi, das die Verbindung zum Satelliten verliert. Oder ein Schiff, das einem – manchmal von anderen absichtlich aufgestellten – falschen Leuchtfeuer folgt, auf Grund läuft und von Strandpiraten ausgeraubt wird. In solchen Fällen gibt uns die Intuition den falschen Tipp. Manchmal halten wir auch andere Impulse aus unserem Unterbewusstsein fälschlicherweise für unser Bauchgefühl – ähnlich wie bei den Phobien, um die es in Kapitel 8 ging. Darum ist es wichtig zu wissen, wo die Fallstricke verborgen sind. Die gute Nachricht dabei lautet: Es ist fast immer ein Leichtes, ihnen auszuweichen. Sie sollten nur wissen, worauf Sie achten müssen.

Das Ermittlerteam aus Intuition und Ratio

Sich allein auf die Intuition zu verlassen kann also seine Tücken haben. Nicht unbedingt, wenn man spontan entscheidet, welche Eissorte man auf dem Hörnchen haben möchte, aber sobald die Entscheidungen weitreichendere Folgen haben als die Nahrungsaufnahme der nächsten Viertelstunde. Intuitiv zu entscheiden heißt nicht, die Ratio komplett auszuknipsen. Im Gegenteil, unser Verstand ist ein wertvoller Helfer bei der Umsetzung intuitiver Entscheidungen. Wären Intuition und Ratio Kriminalkommissare, ergäben sie ein sehr gegensätzliches Ermittlerteam. Eines, das sich gerne mal streitet, aber am Ende doch perfekt ergänzt.

Denken Sie noch einmal an den Traum vom Fliegen, eine intuitive Sehnsucht der Menschheit. Diejenigen, die diesem Wunsch gefolgt sind, ohne die Ratio zu benutzen, haben sich vielleicht ein paar Flügel gebastelt. Dann sind sie vom Berg gesprungen und haben gemerkt (falls sie noch etwas gemerkt haben): »Oha, das war vielleicht doch keine so gute Idee!« Ohne die Mitwirkung der Ratio wäre nie ein tragfähiges Flugzeug gebaut worden. Oder denken Sie an jemanden, der sich für ein Urlaubsziel entscheiden möchte. Sagen wir, er schwankt zwischen Kenia, Indien, einer karibischen Insel oder Südfrankreich. Einfach blind »nach Gefühl« loszufahren, kann ein tolles Erlebnis sein. Es kann aber auch nach hinten losgehen, wenn man das Ziel nicht bereits kennt. Etwa, wenn man ohne Medikamente und Mückenschutzmittel in einem Malariagebiet landet. Oder mitten in der Monsun- oder Hurricane-Saison seinen Strandurlaub antreten möchte. Dumm auch, wenn man ohne zu überlegen schnurstracks in ein Krisengebiet fährt, in dem man um Leib und Leben fürchten muss. Also liest man zunächst Reiseberichte und Reiseführer, studiert die Empfehlungen des Auswärtigen Amtes, die Impfempfehlungen des Robert-Koch-Instituts und die Wetterprognosen. Doch nach dieser rationalen Recherche kommt am Ende trotzdem ganz selbstverständlich das Bauchgefühl als Zünglein an der Waage zum Zug – schließlich ist es für die meisten Menschen im Urlaub wichtig, Spaß zu haben und sich wohl zu fühlen. Und wer dem Spaß und Wohlbefinden folgt, folgt seiner Intuition!

Die üblichen Verdächtigen: Drum prüfe, wer zu routiniert befindet

Bei einigen Entscheidungen geht es allerdings um weit mehr als nur das eigene Wohlbefinden. Manchmal hängt davon die eigene Freiheit ab oder sogar Leben und Tod. Ein erfahrener Richter hat in zahlreichen Jahren der Berufstätigkeit bestimmt eine treffsichere Intuition entwickelt. Würde er einfach intuitiv seinem Bauch vertrauen, läge er vermutlich in vielen Fällen mit seinem Urteil richtig. Trotzdem erwarten Angeklagte völlig zu Recht ein auf Fakten und Beweisen basierendes Urteil. Wer garantiert sonst, dass der Richter nicht schlechte Erfahrungen mit jemandem gemacht hat, der dem Angeklagten ähnlich sah – und ihn nur darum für schuldig befindet?

So weit hergeholt ist das leider nicht. Ich habe kürzlich in einem Zeitungsartikel gelesen, dass in den USA deutlich mehr farbige Gefangene zum Tode verurteilt werden. Sie stellen auch 40 Prozent der Häftlinge in den Todeszellen, obwohl sie nicht mehr als 13 Prozent der Bevölkerung ausmachen. Daraus könnte man nun folgern, dass afroamerikanische US-Amerikaner krimineller sind als weiße. Das ist jedoch ein fataler Trugschluss! Wissenschaftler haben mit einem ausgeklügelten Computerprogramm die Daten Tausender Gefangener ausgewertet und nachgewiesen, dass die Faktoren, nach denen entschieden wird, wer von den Häftlingen in der Todeszelle wirklich zum Tode verurteilt wird und wer nicht, überhaupt nichts mit der Art des Verbrechens zu tun haben. Den Ausschlag gaben Faktoren wie ethnische Zugehörigkeit, Geschlecht und Bildung, nach denen sich offenbar Richter und Geschworene unbewusst – intuitiv – richteten. Spätestens wenn das Schicksal anderer Menschen von intuitiven Entscheidungen abhängt, sollte auch die treffsicherste Intuition einer gründlichen Prüfung durch die Ratio unterzogen werden.

Ein anderes Beispiel: Am Max-Planck-Institut für Bildungs-
forschung in Berlin hat ein Psychologe intuitive Entscheidungen am Beispiel von 31 Schweizer Zollbeamten mit einer
durchschnittlichen Berufserfahrung von 16 Jahren untersucht.
Die Teilnehmer der Studie erhielten kurze Beispiel-Steck-
briefe von Passagieren. Daraufhin sollten sie angeben, welche
Personen sie am ehesten überprüfen würden, weil sie es für
wahrscheinlicher hielten, dass die Betreffenden illegale Substanzen schmuggelten. Neben den Zollbeamten wurde eine
Gruppe von 40 Laien mit der gleichen Aufgabe betraut.

Die meisten Beamten trafen ihre Entscheidungen rasch und
routiniert und waren sich sehr schnell einig, wer verdächtiger
war als andere. Dabei richteten sie sich, genau wie in ihrem
Berufsalltag, nach einer inneren Checkliste. Sobald ein Krite-
rium dieser Liste gegeben war, gaben die Beamten an, den Rei-
senden im Normalfall zur Gepäckkontrolle gebeten zu haben.
Am ausschlaggebendsten war dabei für die Zollbeamten das
Land, aus dem der Flug kam, gefolgt von der Anzahl der mit-
geführten Gepäckstücke. Erst danach kamen weitere Kriterien zum Einsatz.

Die Laien aus der Kontrollgruppe brauchten länger als die
Profis, um zu befinden, wen sie kontrollieren wollten. Sie
kamen zu unterschiedlichen Ergebnissen und hielten sich
eher mit Details wie Blickkontakt und Schrittgeschwindigkeit
auf, die für die Zollbeamten überhaupt nicht ausschlaggebend
waren.

Die Forscher zogen nun daraus den Schluss, dass die Zollbeamten als Experten eine effizientere Intuition entwickelt
hatten. Tatsächlich sieht das auf den ersten Blick so aus.

Ich denke jedoch, das ist ein etwas voreiliger Schluss. Die
Sache hat nämlich ein paar Haken.

Die Zöllner hatten den Forschern berichtet, dass es keine
allgemein gültigen Richtlinien gebe, nach denen sie sich zu
richten hätten. Sie hätten völlig freie Hand, wen sie kontrollier-

ten und wen nicht. Die Kriterien, durch die sich potenzielle Schmuggler für die Zollleute verdächtig machten, beruhten dabei selten auf eigener Erfahrung. Bestimmte Verdachtskriterien wurden unter den Zollbeamten mündlich an Kollegen weitergegeben. Irgendjemand hatte einmal eine einzelne Erfahrung mit einem Schmuggler gemacht und alle anderen richteten sich fortan danach. Im Grunde handelte es sich also um Vorurteile. Leider wirken Vorurteile wie ein Wahrnehmungsfilter und werden schnell zu sich selbst erfüllenden Prophezeiungen.

Das Prinzip dabei ist einfach: Wenn Zollbeamte zum Beispiel vorzugsweise Männer überprüfen, die mit mindestens zwei Koffern aus Frankreich anreisen, dann steigt die Wahrscheinlichkeit enorm, dass aus Frankreich anreisende Männer mit mindestens zwei Koffern auch irgendwann des Schmuggelns überführt werden. Alle anderen Passagiere flanieren ja währenddessen unbehelligt vorbei – was in ihren Koffern steckt, bleibt ihr Geheimnis. Wenn die Zollbeamten dagegen vorwiegend allein reisende blondierte Frauen mit Hund kontrollieren, wird die Schmuggelstatistik in dieser Gruppe steil ansteigen. Völlig unabhängig davon, ob die Damen insgesamt gesehen wirklich so schmuggelfreudig sind. Ganz einfach, weil die anderen Passagiere nicht oder kaum kontrolliert werden.

Die Statistik bestätigt sich auf diese Weise immer zwangsläufig selbst. Es entsteht ein Muster, das durch den Filter des Vorurteils in eine bestimmte Richtung verzerrt ist.

Ein Auffrischungskurs für die Intuition

Die Lösung wäre es, die Intuition für eine Weile wieder auf die Schulbank zu schicken. Dazu müssten die Zollbeamten einfach einige Monate nicht nach ihren eingefahrenen Kriterien vorgehen, sondern nach einem neutralen Algorithmus. Etwa, dass jeder Dritte kontrolliert wird, unabhängig davon, ob er »verdächtig« wirkt oder nicht. Dann würden die Zollbeamten möglicherweise merken, dass harmlos aussehende Familienpapis aus Österreich es faustdick hinter den Ohren (oder im Koffer) haben oder ältere Damen aus den Niederlanden krimineller sind, als sie aussehen (auch das sind natürlich nur aus der Luft gegriffene Beispiele!). Oder aber, die alten Kriterien bestätigen sich, auch das ist nicht ausgeschlossen. Wahrscheinlich ist, dass die eingefahrenen Kriterien einen Feinschliff erhalten und ergänzt werden. Nach diesen neuerlichen Monaten »auf der Schulbank« hätte die Intuition der Zollbeamten jedenfalls eine Auffrischung bekommen und wäre nun vermutlich treffsicherer denn je.

Analog dazu könnten Richter nach dem Stichprobenprinzip bestimmte Fälle noch einmal nachkontrollieren. Grundschullehrer, die Kinder mit Namen wie Kevin oder Chantal für dümmer halten – wie in einer alarmierenden Umfrage kürzlich herauskam –, könnten nach einem festgelegten Schema auch einmal die Arbeiten der vermeintlich schlaueren Alexanders und Constanzes auf Herz und Nieren prüfen – oder von einer neutralen Person prüfen lassen. Damit könnten sie dem unguten Trend entgegenwirken, dass immer nur die Kinder ins Visier geraten, die angeblich Dummköpfe sind und bei denen so jedes falsche Komma auffällt. Wahrscheinlich würde sich auch hier das Bild etwas zurechtrücken lassen.

Falls auch Sie also bestimmte intuitive Routinen haben, nach denen Sie sich bei Auswahlverfahren, Urteilen, Verdächtigungen oder Diagnosen richten, kann es sich lohnen, diese mal bewusst eine Weile rational zu hinterfragen. Auch im Privaten ist es durchaus möglich, dass Sie überrascht wären, würden Sie einmal statt des Rackers unter Ihren Kindern den vermeintlichen Unschuldsengel etwas genauer unter die Lupe nehmen, wenn mal wieder ein Streich ausgeheckt worden ist …

Hinterfragen Sie Ihre Motive — werden Sie nicht zum Brandstifter

Sie kennen bestimmt die Geschichten von Feuerwehrleuten, die sich plötzlich als Brandstifter entpuppen. Weil sie selbst den Brand legen, sind diese Leute immer als Erste am Brandort. Sie retten die Menschen, die sie selbst in Gefahr gebracht haben und heimsen dafür auch noch Ruhm, Ehre und oft auch Prämien ein. Der Beruf als Feuerwehrmann ist dabei nur Mittel zum Zweck – ein ziemlich drastisches Beispiel dafür, aus den falschen Beweggründen zu handeln. Diese Leute folgen nicht ihrer Intuition, wenn sie den Beruf des Feuerwehrmanns ergreifen. Sie folgen der Gier nach Anerkennung.

Das Beispiel der Feuerwehrleute ist natürlich ein Extremfall. Aber es macht deutlich, wie wichtig die Frage ist, *warum* man etwas tun will. Nehmen wir zum Beispiel das *Metamodelling* aus dem vorigen Kapitel. Wenn Sie in Ihrem Leben etwas verändern wollen, weil es Ihr oberstes Anliegen ist, *anderen* zu gefallen – und nicht, das zu tun, was Ihnen selbst gefällt –, dann werden Sie immer den falschen Signalen lauschen. Ganz einfach, weil Sie in diesem Fall nicht nach innen horchen, sondern nach außen. Sie suchen nach Bewunderung und Applaus. Dieser Wunsch verkleidet sich zuweilen als Intuition, denn er kann als ein sehr starkes Gefühl in Erscheinung treten. Etwas, das man im ersten Moment für einen somatischen Marker halten könnte. Das ist gefährlich. In Wirklichkeit entfernen Sie sich damit Schritt für Schritt von sich selbst und Ihrem Herzen. Sie machen sich von der vorweggenommenen Reaktion anderer abhängig – also von einem gedanklichen Konstrukt. Einem Phantom. Es ist darum wichtig, dass Sie sich kritisch fragen: *Warum* will ich das? Was ist es genau, was ich suche? Was bezwecke ich?

Allerdings ist es gerade für Anfänger auf einem bestimmten

Gebiet nicht immer einfach, den Blick davon abzuwenden, wie man bei anderen ankommt. Ich kann mich davon selbst nicht freisprechen. Auch wenn ich jede Sekunde meiner Arbeit liebe und nicht nur den Applaus, gab es doch Momente, in denen ich mich zu sehr am Außen orientiert habe. Wenn ich zu Beginn meiner Karriere auf eine Bühne getreten bin, dann hatte ich den Anspruch, dass alle im Publikum das, was ich da vorführe, nicht nur gut, sondern großartig finden müssen. Das war sehr energiezehrend, denn das führte zu einer unglaublichen Selbstkritik und Überempfindlichkeit. Durch den Versuch, *alles* für *alle* perfekt zu machen, fühlte ich mich außerdem enorm gestresst. Auf jede winzige Reaktion im Publikum habe ich gelauert. Waren da hochgezogene Augenbrauen? Hat der da nicht spöttisch gegrinst?

An einem Abend im Hansa-Theater in Hamburg passierte dann der Super-GAU: Ich wollte eine ältere Dame für eine Nummer auf die Bühne bitten. Doch sie machte keine Anstalten, sich von ihrem Sitz zu erheben. Dann fuhr sie mich barsch an: »Das ist doch alles Humbug, junger Mann!« Heute lache ich darüber, aber damals gefror mir das Blut fast in den Adern vor Schreck. Ich war überzeugt, vollkommen danebengehauen zu haben mit der ganzen Show und war tagelang zerknirscht. Ja, mir kam sogar kurz der Gedanke, ob ich nicht doch lieber etwas anderes machen sollte. Ich wäre beinahe in die Perfektionismus-Falle getappt und hätte mich aus lauter Angst, etwas »falsch« zu machen, von dem abbringen lassen, was ich am liebsten tue.

Ein paar Wochen später traf ich dann zufällig einen Mann auf der Straße, der mir erzählte, er sei genau am bewussten Abend auch da gewesen. Ich machte mich schon innerlich auf weitere niederschmetternde Kritik gefasst. Doch es kam anders. Der Mann hatte die Show keineswegs als Humbug empfunden. Ganz im Gegenteil. Er erzählte, seine Schwester, die ich schließlich statt der alten Dame auf die Bühne geholt hatte, sei seit diesem Abend völlig aufgeblüht. Ihre frühere krankhafte Schüchternheit sei wie weggeblasen, sie sei ein neuer Mensch und lerne täglich neue Leute kennen. Sie hatte aus der Mitwirkung an der Hypnosenummer enormes Selbstbewusstsein gezogen, weil sie gemerkt hatte, welche Wunder die innere Einstellung wirken kann. Ein und dieselbe Show hatte also komplett konträre Reaktionen hervorgerufen.

Wozu, fragte ich mich, hatte ich mich selbst so zerfleischt?

Heute, mit mehr Erfahrung, weiß ich: Alle gleichermaßen zu begeistern, kann nie gelingen! Weder mit einer magischen Show noch mit irgendetwas anderem. Alle gleichermaßen glücklich zu machen ist völlig unmöglich. Es liegt an den anderen Menschen, was sie wahrnehmen, nicht an uns. In meinem Publikum werden immer Skeptiker und Nörgler sitzen. Dann gibt es die, die wollen nur gut unterhalten werden, und es wird immer einige geben, die ehrlich begeistert sind. Der wichtigste Mensch, dem das, was ich tue, gefallen muss, der bin allerdings ich. Auf den Typen muss ich hören. Natürlich bedeutet das nicht, dass mir Kritik völlig egal ist – schließlich will ich immer besser werden und mein Publikum unterhalten. Feedback ist wichtig. Aber eben nicht von allen und jedem. Darum baue ich eher auf die Meinung einiger kompetenter Lehrer und Mentoren und kritischer Freunde, die mir wichtig sind, als auf die fremder Damen, die meine Shows rundheraus für Humbug halten. Das ist natürlich ihr gutes Recht – aber ich weiß es besser.

Die entscheidende Frage lautet demnach: Ist das, was ich mache, für mich bereichernd? Wenn die Antwort »ja« lautet, hat es seinen Sinn bereits erfüllt. Das Schöne ist: Meine Begeisterung springt auf das Publikum über. Je mehr ich meinem Herzen folge, je mehr Spaß ich selbst habe, umso besser werde ich. Dann bin ich authentisch. Das schlägt sich in meiner Ausstrahlung nieder – denken Sie an die Spiegelneuronen. Wenn ich dagegen allen gefallen möchte, überträgt sich meine

Anspannung. Dann habe ich nicht nur weniger Erfolg, ich zerreiße mich außerdem – und damit sind die Erfüllung und der Sinn futsch. Meine Identität, das Kostbarste, was ich besitze, bröckelt. Also, fragen Sie sich immer mal wieder: Tu ich das, was ich tue, für mich – oder, um auf andere zu wirken? Ich weiß, das ist nicht so einfach. Vielleicht glauben Sie ja, dass Sie, so wie Sie sind, nicht so viel wert sind. Dass Sie nur geliebt werden, wenn Sie sich anders geben, als Sie eigentlich sind. Schöner. Erfolgreicher. Witziger. Reicher. Das wäre allerdings ein Paradox: Wenn Sie nämlich geliebt werden für einen äußeren Schein, den Sie künstlich mühsam konstruiert haben, dann gilt das Gefühl der anderen ja gar nicht Ihnen. Das Gefühl der anderen gilt der Fassade, hinter der Sie sich verstecken. Tief drinnen werden Sie das wissen – und immer trauriger und einsamer werden. Nicken Sie heimlich, wenn Sie das lesen? Dann ziehen Sie die Notbremse. Wenn Sie Schwierigkeiten haben, sich anzunehmen, fangen Sie am besten klein an. Beginnen Sie damit, sich Gutes zu tun. Verwöhnen Sie sich. Setzen Sie erst kleine Wünsche in die Tat um, später größere Träume. Behandeln Sie sich selbst wie einen Menschen, der es wert ist, gut behandelt zu werden und seinem Herzen zu folgen. Sie haben es verdient, glücklich zu sein. Sie haben es verdient, Dinge, die Ihnen gefallen, auszuprobieren, ohne für den winzigsten »Fehler« gleich verurteilt zu werden. Erinnern Sie sich an die sich selbst erfüllenden Prophezeiungen? Wenn Sie sich lieben, werden Sie auch liebenswert. Aber nicht nur der Drang danach, vor anderen gut dazustehen, lenkt davon ab, was gut für uns ist, und leitet damit die Intuition in die Irre. Manchmal verkleiden sich auch untergejubelte »Bedürfnisse« als unsere eigenen Wünsche …

Echte Wünsche oder geweckte Bedürfnisse?

Wir werden überall mit idealisierten Bildern überschüttet (übrigens nicht zu verwechseln mit den für uns selbst optimalen Bildern!): in der Werbung, in Fernsehserien, im Film, in Zeitschriften, im Internet und auch in den sozialen Netzwerken. Was uns da als Durchschnittsleben und Normalität verkauft wird, ist eine Illusion. Dieses Leben voller kluger, entspannter und schöner Menschen in stets glücklichen Familien in einem perfekten Haus, das trotz goldiger Kinderschar perfekt aufgeräumt und geputzt ist und in dessen Garten immer die Sonne scheint wie bei der berühmten »Rama-Familie«, das gibt es nicht – jedenfalls nicht dauerhaft. Wer das zu seinem Maßstab macht, wird zwangsläufig scheitern. Das Leben für jeden einzelnen Menschen besteht aus Höhen und Tiefen. Die Tiefen verkaufen sich nur nicht so gut. Darum zeigt die Werbung ausschließlich Höhen – und diese dann auch noch völlig überzeichnet.

Natürlich weiß unser Verstand all das. Eigentlich. Doch da gibt es einen Haken. Auf die schönen Bilder reagiert nicht unser Verstand, sondern darauf reagieren unsere Emotionen, das Unbewusste. Genauso, als würden wir diese schönen Dinge gerade selbst erleben. Sie erinnern sich: Unser Unterbewusstsein kann illusionierte Dinge erst einmal nicht von dem unterscheiden, was wir tatsächlich erleben. Das Ganze läuft wie folgt ab: Unser Urteil »Oh, wie schön« beim Betrachten verführerisch angenehmer Bilder ist in Sekundenbruchteilen fertig, ob wir wollen oder nicht. Das hat meist einen einfachen Grund: Die Bilder sind von in Psychologie geschulten Fachleuten so ausgeklügelt, dass sie genau dieses Gefühl hervorrufen. Das angenehme Gefühl markiert nun – als somatischer Marker – die parallel damit aufgenommenen Bilder mit dem Etikett »wichtig, nicht vergessen«. Es schleust sie auf diese

Weise direkt ins Unterbewusstsein. Sie mischen sich dort wie fremde Spione unter unseren eigenen, echten Erfahrungsschatz. Einmal drin, können sie wie eine Art Computervirus wirken: Sie verzerren unsere wirklichen Wünsche und verwirren unsere Intuition.

Es wurde etwa in Tests nachgewiesen, dass Frauen, die Zeitschriften durchblättern, in denen unterdurchschnittlich dünne und digital bearbeitete Models die Mode präsentieren und etwa fünfzehnjährige Mädchen die Faltencremes, sich nach der Lektüre besonders dick und unattraktiv fühlen. In der Psychologie nennt man das *Priming*: Ein erster Wahrnehmungsreiz – in diesem Fall das Betrachten der Models – setzt den Maßstab, an dem alle folgenden Reize – zum Beispiel der Blick in den Spiegel – gemessen werden. Parallel sind Wünsche nach einer Diät, Wundercremes, neuer Kleidung und schlimmstenfalls einem ganz neuen Selbst geweckt worden. Wünsche, die vorher noch nicht da waren.

Darum ist es wichtig, hin und wieder mal unsere interne »Wunschliste« nach ungebetenen Gästen zu durchsuchen und gegebenenfalls eine Kurskorrektur vorzunehmen. Wenn Sie sich Ihre Ziele und Wünsche genau anschauen, genügt oft schon eine einzige Frage in einem entspannten Moment: »Ist mir das eigentlich wirklich wichtig?« Echte Sehnsüchte fühlen sich meist auch so an: echt. Falsche Sehnsüchte zeichnen sich eher durch Gedanken aus wie »Klar, das wäre schon toll, aber ...«. Echte Sehnsüchte tauchen immer wieder auf. Manchmal über Jahre. Falsche melden sich meist plötzlich zu Wort. So, wie wir Appetit auf Pommes Frites bekommen, weil gerade jemand mit welchen an uns vorbeigelaufen ist und wir den Duft noch in der Nase haben.

Oder eben, weil ein Marketingstratege geschickt ein vermeintliches Bedürfnis geweckt hat, ohne dass wir das gemerkt hätten. In meinem Buch »Du wirst tun, was ich will«, in dem es unter anderem um hypnotische Verführung im Alltag geht, habe ich schon ausführlicher erklärt, mit welchen psychologischen Kniffen in der Werbung und beim Verkauf gearbeitet wird und wie mit der subtilen Gestaltung von Supermärkten, Kaufhäusern und Bekleidungsgeschäften Menschen sehr erfolgreich dazu bewegt werden, möglichst viel und möglichst teuer einzukaufen. Mein Tipp lautet darum: Machen Sie es sich beim Einkaufen zur Gewohnheit, nach dem ersten intuitiven Impuls für eine Ware noch einmal zu fragen: »Warum kaufe ich das hier eigentlich? Brauche ich das wirklich? Macht mich das glücklich?« Dabei wird schnell klar: Kein Mensch benötigt zum Glücklichsein immer das jeweils neueste Smartphone, ein Designer-Kleidungsstück, das das Zweifache des Monatsgehalts kostet, oder das am besten ausgestattete Auto. Doch sobald es nicht primär um Konsum geht, kann es auch ein bisschen kniffliger werden. Wenn Sie unsicher hinsichtlich Ihrer wirklichen Wünsche sind und Sie diese von unechten unterscheiden wollen, können Sie zum Beispiel Ihren Imaginären Ratgeber befragen, den ich Ihnen im neunten Kapitel vorgestellt habe. Alternativ oder zusätzlich hilft die folgende Übung:

DIE DOKU ÜBER IHR LEBEN

Wieder steht am Beginn der Übung die Entspannung. Führen Sie zu diesem Zweck zum Beispiel die zuvor beschriebene Elman-Induktion durch. Es funktioniert aber auch jede andere Form der Entspannung. Autogenes Training, Meditation, Progressive Muskelentspannung oder ein Bad in der warmen Wanne. Sie wissen am besten, womit Sie gut loslassen können.

Sind Sie entspannt und Ihr Atem fließt? Dann schließen Sie die Augen und stellen Sie sich vor, Sie würden eine Fernsehdokumentation über die Erfüllung Ihres Herzenswunsches sehen. Mit Ihnen als Hauptperson. Nehmen wir beispielsweise an, Sie spüren in letzter Zeit eine Sehnsucht nach einem Häuschen auf dem Land – oder umgekehrt, nach einem tollen Stadtloft. Nun sehen Sie in Ihrem inneren Fernseher, wie Ihr Wunsch bereits erfüllt ist und die Reporter Sie am ersehnten Ort bei Ihrem alltäglichen Leben filmen. Aber Achtung! Es handelt sich um eine Dokumentation, keine Soap Opera. Da flimmern nicht nur die Bilder vorbei, die man aus Werbung und Zeitschriften kennt, sondern auch das, was in der Werbung nie vorkommen würde: Unkrautjäten, ein Hahn, dessen Krähen einen mitten in der Nacht aus dem Schlaf reißt, Güllegeruch vom Feld nebenan, neugierige Nachbarn, schlechtes Wetter, kein Kino und kein Café weit und breit, die Freunde ganz woanders und so weiter (beim Loft wären solche Dinge: Straßenlärm, Parkplatznot, Abgase, kein Grün …).

Horchen Sie dabei in sich hinein. Wie fühlt sich alles an? Sie werden den Unterschied zwischen echten und von außen geweckten Wünschen spüren. Wenn etwas wirklich Ihr Wunsch ist, fallen die Nachteile kaum ins Gewicht (oder sie erscheinen vielleicht sogar als Vorteile), weil Sie die Idee im Kern gut finden. Bei den oberflächlichen Wünschen gerät man bei den Nachteilen schnell in eine Abwehrhaltung.

Auf diese Weise bekommen Sie die falschen Bilder zwar nicht unmittelbar aus dem Kopf – aber Sie erhalten nun die Möglichkeit, sie mit anderen, echten Bildern zu »überschreiben«. Visualisieren Sie jetzt bewusst nur noch diejenigen Bilder, die Ihren wirklichen Sehnsüchten entsprechen. Sie können mit dieser Methode alles abklopfen, vom Kinderwunsch bis zur Idee, den Job hinzuschmeißen und stattdessen die Welt zu umsegeln.

Traumatische Erfahrungen bremsen die Intuition

Auch traumatische Erfahrungen können die Intuition behindern. Das Wort »Trauma« kommt aus dem Griechischen und bedeutet »Wunde«. Ein Trauma ist eine Wunde, die von selbst nicht verheilt. Unverarbeitete Traumata halten uns zwar keine begehrlichen Mohrrüben vor die Nase wie falsche Wünsche. Doch ähnlich wie Phobien – zu denen traumatische Erfahrungen auch führen können – hemmen sie uns. Sie sind wie seelische Verkrustungen, die den freien Fluss der Lebensenergie aufhalten und die Aufmerksamkeit auf sich ziehen. Statt der richtigen Impulse tauchen zum Beispiel Bilder aus der Vergangenheit auf, die das Bauchgefühl ausbremsen. Oder es kommt zu plötzlichen Handlungsblockaden oder Fluchtimpulsen in bestimmten Situationen.

Eine Klientin von mir, die ich in der Hypnosetherapie behandelt habe, wurde im Alter von vier Jahren von ihrem Vater nachts gewürgt und möglicherweise auch missbraucht. Dass sie unter einem psychischen Trauma litt, merkte man ihr nicht an. Sie ist heute eine sehr erfolgreiche Geschäftsfrau, aber dieses Trauma hat sie im Leben begleitet. Bei ihr hatte es auf verschlungenen Wegen unter anderem dazu geführt, dass sie große Hemmnisse hatte, geschäftliche Entscheidungen zu treffen und neue Ideen zu entwickeln. Dabei hatte die Situation von damals natürlich nichts mehr mit der erwachsenen Frau von heute zu tun. Die Verbindung bestand allein in einer Erinnerung. Meiner Klientin war das rational vollkommen klar, aber das Unterbewusstsein funktioniert eben nach eigenen Gesetzen. Mit unserer Ratio haben wir nur sehr begrenzten Zugriff auf tief verwurzelte Erfahrungen, das Gleiche gilt für Gewohnheiten. Darum können Menschen auch nicht so ohne Weiteres mit dem Rauchen aufhören, obwohl sie vom Kopf her wissen, dass Rauchen schädlich ist, und sie aufhören wollen.

In der Hypnosetherapie bin ich daher mit meiner Klientin Schritt für Schritt zurückgegangen. So lange, bis sie bei der traumatischen Situation in ihrer Kindheit angelangt war. Ob diese Situation exakt so geschehen ist, wie meine Klientin sich an sie erinnerte, ist dabei übrigens nicht wichtig. Das Entscheidende bei einem Trauma ist, dass es für den Betroffenen belastende Konsequenzen in der Gegenwart hat. Unter Hypnose hat meine Klientin die damalige Situation aufgesucht und neu bewertet. Sie hat sich als erwachsene Frau von Mitte vierzig neben das Kind von damals gestellt und ihm Tipps gegeben, wie es sich am besten verhält. Außerdem hat sie das kleine Mädchen beruhigt und ihm klargemacht, dass die Situation nicht seine Schuld ist und es sich keine Vorwürfe machen muss. Damit hat sie das Band zwischen belastender Vergangenheit und Gegenwart gekappt. Die Erfahrung ist dennoch weiterhin vorhanden, sie gehört zu ihr und ihrer Geschichte, aber sie hat keinen Einfluss mehr. Meine Klientin hat die schlimme Erfahrung neutralisiert – nun kann das Trauma das Bauchgefühl nicht mehr verwirren. Seit der Sitzung ist ihre Blockade weg, die sich wie ein Dominoeffekt durch ihr Leben gezogen und sie behindert hat. Ihr Geschäft floriert wie nie zuvor.

An dieser Stelle möchte ich jedoch eine Warnung aussprechen: Die Übungen in diesem Buch können Ihnen helfen, Zugang zu Ihrem Unterbewusstsein herzustellen. Sie können Ihnen auch helfen, Ihren Schwierigkeiten auf die Spur zu kommen. Aber wenn Sie vermuten, unter einem Trauma oder einer tief verwurzelten Phobie zu leiden, sollten Sie sich nicht auf eigene Faust zu therapieren versuchen. Suchen Sie sich bitte professionelle Hilfe! Meiner Erfahrung nach hilft Hypnosetherapie schneller und komplikationsloser dabei, das Trauma zu identifizieren und zu neutralisieren, als klassische und oft sehr langwierige Psychotherapie. Statt den Zugang zur Intuition mühsam über Jahre wieder freizulegen, sprengt sie die

Blockade meistens einfach weg – und die Intuition kann wieder frei fließen.

Das Wichtigste für den Zugang zur Intuition ist dabei, dass Sie nicht falschen Vorspiegelungen aufsitzen oder versuchen, sich zu verbiegen, um anderen zu gefallen. Spüren Sie aufmerksam in sich hinein, was Sie wirklich wollen und fühlen, dann wird Ihre Intuition Sie auch nicht im Stich lassen.

Ein paar Worte mit auf die Reise

Meine lieben Leser,

vielen Dank, dass Sie sich mit mir auf die Reise zur Intuition begeben haben. Diese Reise ist eine voller Staunen und faszinierender Aussichten, eine Reise, die nie zu Ende geht. Sie dauert unser gesamtes Leben an und, ja, womöglich auch darüber hinaus – wer weiß das schon? Sie haben die vielen Facetten der Intuition kennengelernt und gesehen, wie sie jedem von uns in ganz unterschiedlichen Lebenslagen zur Seite stehen kann.

In jedem Augenblick unseres Daseins.

Jedenfalls dann, wenn wir sie einladen und bereit sind, ihr zuzuhören. Wenn wir bereit sind, uns aus dem Geschnatter der Gedanken und der Hektik des Alltags zu lösen und für Stille zu sorgen – Stille in uns, in der wir die Stimme der Intuition deutlich hören. Wie das besser klappt, dazu haben Sie viele Anregungen in diesem Buch gefunden. Sie wissen jetzt, in welchen Situationen Sie aufpassen müssen, weil sich auch andere Gefühlsregungen manchmal als Intuition verkleiden können. Sie wissen, wie sich echte intuitive Erkenntnisse von falschen unterscheiden lassen. Sie wissen auch, dass Sie die Intuition anlocken können – mit kleinen Ritualen, Selbsthypnosen und Phantasiereisen.

Ja, lassen Sie am besten Ihr ganzes Leben eine Phantasiereise sein. Geben Sie Ihrer Intuition Raum in Ihrem Herzen –

jeden Tag. Wenn Sie merken, dass Sie den Kontakt verlieren, unterbrechen Sie den alltäglichen Fluss des Lebens. Sagen Sie Stopp. Dann treten Sie bewusst wieder mit dem Außergewöhnlichen in Kontakt, der Quelle des Wissens, die in Ihnen ruht. Wie das geht, habe ich Ihnen gezeigt. Träumen Sie. So lange, bis Ihre Träume Wirklichkeit werden und Ihr Alltagstrott sich auflöst. Machen Sie sich bereit für Unerklärliches. Für Wunder. Lassen Sie die Grenzen der Wirklichkeiten verschwimmen, erschaffen Sie Ihre eigene Wirklichkeit.

Intuitiv.

Ich wünsche Ihnen magische Erfahrungen!

Ihr Jan Becker

Berlin, August 2014

Literaturverzeichnis

Andreas, Mark: *Sweet Fruit from the Bitter Tree*. Boulder 2011

Delgado, R. Mauricio; Leotti, A. Lauren: *The Inherent Reward of Choice*. In: Psychological Science, 10, 2011

Dias, Brian G; Ressler, Kerry J: *Parental olfactory experience influences behavior and neural structure in subsequent generations*. In: Nature Neuroscience 17, 89 – 96, (2014), doi: 10.1038/nn.3594

Duhigg, Charles: *Die Macht der Gewohnheit*. Berlin 2012

Gino, Francesca: *How Anxiety Can Lead Your Decisions Astray*. In: Harvard Business School Blog Network, October 2013

Hanussen-Steinschneider, Erik Jan: *Das Gedankenlesen/Telepathie*. Wien 1920

Hofer, Sonja B.; Mrsic-Flogel, Thomas D.; Bonhoeffer, Tobias; Hübener, Mark: *Experience leaves a lasting structural trace in cortical circuits*. In: Nature, 10, 2008

Hoy, David: *Psychic and Other ESP Party Games*. New York 1965

Hunt, Valerie V.: *Infinite Mind. Science of the Human Vibrations of Consciousness*. Malibu 1996

James, Lori E. & Burke, Deborah M.: *Phonological Priming Effects on Word Retrieval and Tip-of-the-Tongue Experiences in Young and Older Adults*. In: Journal of Experimental Psychology: Learning, Memory and Cognition, 2000, 26 (6), 1378 – 1391

Jodorowsky, Alejandro: *Psychomagic. The Transformative Power of Shamanic Psychotherapy*, Rochester/Vermont 2010

Raichle, Marcus E.: *Im Kopf herrscht niemals Ruhe*. In: Spektrum der Wissenschaft, 6, 2010

Schwabe, Lars; Wolf, Oliver: *Stress modulates the engagement of multiple memory systems in classification learning*. In: Journal of Neuroscience, 32, 2012

Schwabe, Lars; Tegenthoff, Martin; Höffken, Oliver; Wolf, Oliver T.: *Mineralocorticoid Receptor Blockade Prevents Stress-Induced Modulation of Multiple Memory Systems in the Human Brain*. In: Biological Psychiatry, doi: 10.1016/j.biopsych.2013.06.001 (Epub), 2013

Speer, Nicole K.; Reynolds, Jeremy R.; Swallow, Khena M.; Zacks, Jeffrey M.: *Reading Stories Activates Neural Representations of Visual and Motor Experiences.* In: Psychological Science, 8, 2009

Walder, Bob: *Quantum Intuition – boosting creativity and reducing stress.* In: http://www.chforum.org/library/choice6.shtml

Yaniv, I.; Choshen-Hillel, S.: *When guessing what another person would say is better than giving your own opinion: Using perspective-taking to improve advice-taking.* Journal of Experimental Social Psychology, 48, 1022–1028, 2012

Außerdem:

Interview mit Allan Snyder: http://www.psychologytoday.com/blog/beautiful-minds/201001/conversations-creativity-allan-snyder

Studie von Thorsten Pachur: http://www.sciencedirect.com/science/article/pii/s0001691813001145

JAN BECKER SEMINARE
FÜR DAS BUSINESS, DEN ALLTAG UND DEN SPORT

DU WIRST TUN, WAS ICH WILL

LERNEN SIE ZU HYPNOTISIEREN

Lernen Sie in Jan Beckers Seminar versteckte Hypnose-Techniken zu erkennen und selbst anzuwenden. Erfahren Sie, wie man mit hypnotischen Methoden einfacher seine Überzeugungen vermittelt und leichter Ideen und Wünsche realisieren kann. Lernen Sie, wie man Strategien der Manipulation gezielt für seine Zwecke einsetzen kann. Erleben Sie ein exklusives Wochenend-Seminar mit Jan Becker.

JAN BECKER SEMINARE
FÜR DAS BUSINESS, DEN ALLTAG UND DEN SPORT

SELBSTHYPNOSE
NEHMEN SIE IHR EIGENES LEBEN IN DIE HAND

In diesem Seminar lernen Sie Methoden, um den hypnotischen Prozess in sich selbst zu aktivieren, Selbstinduktionen, Vertiefungstechniken und maßgeschneiderte Strategien zur Förderung der persönlichen Weiterentwicklung und individuellen Veränderung. Dieses Seminar zeigt Ihnen, dass die Selbsthypnose eine Fähigkeit ist, die jeder erlernen kann und vor allem, von der Sie sofort profitieren können!

ALLE TERMINE UND INFORMATIONEN FINDEN SIE AUF WWW.JAN-BECKER.COM UND PER TELEFON UNTER +49 (0)30 9120 657 00